读财报精选成长股

成长型投资者选股的18大指标

喻修建 喻皓炜 著

图书在版编目（CIP）数据

读财报精选成长股：成长型投资者选股的18大指标/喻修建，喻皓炜著. --北京：地震出版社，2024. 8.
ISBN 978-7-5028-5666-3
Ⅰ. F830. 91
中国国家版本馆CIP数据核字第2024S62E60号

地震版 XM5068/F(6494)

读财报精选成长股

——成长型投资者选股的18大指标

喻修建 喻皓炜 著

责任编辑：李肖寅
责任校对：凌　樱

出版发行：地震出版社
北京市海淀区民族大学南路9号　　邮编：100081
发行部：68423031　68467991
总编室：68462709　68423029
http：//seismologicalpress. com
E-mail：dzcbslxy@163. com
经销：全国各地新华书店
印刷：河北文盛印刷有限公司

版（印）次：2024年8月第一版　2024年8月第一次印刷
开本：787×1092　1/16
字数：288千字
印张：13. 25
书号：ISBN 978-7-5028-5666-3
定价：56. 00元

“事实上，证券分析正在逐步进入对未来进行合理预期的时代。因此，只要对于未来的预期足够谨慎，并且计算出的价值显著高于支付价格，成长型股票的研究方法可能比一般投资理论更能提供一个可靠的‘安全边际’。”

——本杰明·格雷厄姆（投资大师，华尔街教父）

前　言

为什么要选择成长股？

在股市投资中最基本的能力是什么？尽管这很难用一句话确切地讲清楚，但我仍可能会用两个字直接地回答：选股。相对于择时来说，选股更为关键，就像选择比努力重要一样。

在《手把手教你选股与估值》（经济管理出版社 2022 年 9 月第 1 版）一书里，我曾经说：逾 10 年的投资实践让我深刻地认识到，对大多数人来说，只有基于财务报表为基础逻辑出发的投资才是真正可学、可用、可掌握且行之有效的方法，也是我在多年的投资过程中一直坚持使用的方法。

虽然，财务报表的分析能力并不是一个投资者的核心能力，而且财务报表中确实可能存在很多调节、粉饰甚至造假的空间，但据此认为财务报表毫无用处则是大错特错了。因为，财务分析能力是一个不可或缺的基础，也是投资世界中的一种“通用语言”。

尽管会计制度及财务报表存在种种缺陷，但迄今尚没有任何手段能够比财报更加细致和全面地反映出一个公司整体经营活动的情况。几乎可以这样认为：失去了对财务报表的解读能力，就相当于公司分析的大门被关上了。

这原本是“华尔街教父”本杰明·格雷厄姆提出的价值投资理念的基础。基于从上市公司披露的财务报表中的众多数据归类、解读和分析的逻辑出发，去挑选出具有长期持续竞争优势的公司股票。这是最适合普通投资者的方法，用这种投资理念来挑选适合投资的股票最好不过。

所以，面对起伏不定的目前 A 股市场中 5300 多家上市公司，如何挑选出优质的好股票，无疑是众多投资者进入股市后必须面临的一道亟待解答的问题。甚至可以这样说，选股是投资最终能否赚钱的关键要素和必要条件。

在我所接触到的很多投资者认为，投资最重要的是选择股票买入和卖出的时间点，比如在价格最低时买入，在价格最高时卖出，做一个完美的“波段”（真正持续赚钱的人似乎不多）。但从更长周期来看，从琳琅满目的上市公司中挑选出值得长期持有的好股票，其实才是获得最终良好回报的关键。

作为格雷厄姆最有成就的高徒，巴菲特年过花甲时，在菲利普·费雪和搭档查理·芒格的影响下，开始重新审视格雷厄姆的投资策略。巴菲特发现具有长期相对竞争优势的公司是创造财富的巨大原动力，选择并持有这些优秀公司股票的时间越长，就会越富有。

几乎可以这样说，巴菲特的投资神话归纳为一句话，那就是：寻找具有持久竞争优势，能够保持盈利持续增长的优秀公司，以低于价值的价格买入。与之对应的是，另一个世界级投资大师彼得·林奇也说，投资股市绝不是为了赚一次钱，而是要持续地赚钱。

那要选择什么样的股票才能够持续地赚钱呢？我们先来看一个计算公式：

$$收益终值 = 本金 \times (1 + 收益率)^{n}(投资时间)$$

在这个等式中，可以知道决定一笔投资的复合收益率的关键要素有三个：1. 最初投入的本金有多少？2. 能获得多高的收益率？3. 能持续多长的获利时间？显然，假设投入的本金足够多，收益率也足够高，也能够持续很长的时间，最终必然会产生超额收益。

理想很丰满，现实很骨感。

在投资实践中，这三个条件几乎不可能同时被完全满足，有点像蒙代尔的“不可能三角”理论。大多数人最初的本金都不会太多，而高收益率与长时间本身就是一对矛盾体——收益率越高越难保持，那些动辄年化收益率100%的“股神”往往隔不了多久就销声匿迹了。

归纳起来讲，确保收益的可持续性非常关键。

把这个要素搁在公司身上，那就是选择经营生命周期处于成长初中期的公司，它们在一个具有广阔发展空间的行业赛道内，已经锻造出了区别于竞争对手，而又很难被模仿或复制的竞争优势，这种优势可能为公司带来长期的巨大收益，未来具有无限的可能性和持续性。

因为从内在价值的角度来看，我们需要投资的是它的未来。

什么样的公司有未来？显然是那些未来优势型的“成长股”。在投资界纵横近40年的成长型投资大师路易斯·纳维里尔也告诉我们说，投资成长股是战胜市场的有力法宝。

相对以净资产为判断标准的传统价值投资而言，成长股提供了很长的买入时机和安心持有周期，不必要经常兑现收益而频繁地买卖股票。在股市里，很多时候少即是多。

这不仅会大幅减少投资者犯错的概率，而且也提供了一种相对轻松自由的生活方式，至少没必要整天守着电脑盯盘，每一次价格的涨跌起伏都牵动着紧张的神经。因为，成长股背后的公司往往竞争优势积累深厚，自身的经营业绩具有很大的提升空间，行业赛道处于长期发展的初中期阶段，成长的动力非常强。

对众多普通投资者来说，最重要的是，成长股往往在未来业绩上涨了N倍之后，市场仍然看不到它的天花板，再配合持续优秀的经营业绩依然可以获得市场的高估值。也就是我们常说的“戴维斯双击”。

当然，符合未来优势型特征的成长股是比较稀少的，至少有以下几个特点可以进行初步的认识与判断。

首先，这家公司处于经营周期的初中阶段，无论是公司自身的经营层面还是行业的发展层面都具有巨大的潜力；其次，公司在整个行业的产业链条中已经初步建立了比较强的差异化竞争优势（“护城河”），而这种优势很难为其他对手模仿或者复制，且能够为公司带来长期的超额经营收益；最后，公司眼下的经营业绩和未来巨大的成长潜力，还并没有充分反映其竞争优势。

一个不争的事实是，几乎从“供给侧结构性改革”开始，中国正在弱化低价值、低质量的经济活动，比如房地产开发、基础设施建设以及低附加值商品的出口。在过去20多年里，这些曾经是中国经济增长的驱动力，但在最近几年，驱动力正在迅速转向高质量、更高附加值的行业，这将带来巨大的成长股的投资机会。

具体来讲，中国新兴行业会创造更多价值，比如云计算、半导体、智能电动车、医药、生物技术、高端消费、先进制造业、自动化等。这些行业的成长型公司已经被市场挖掘出来了，而且正在变得越来越有价值。

在某种程度上，其中有些成长型公司的市值和他们未来的长期潜力，与10年前的腾讯或者阿里巴巴相似。

在我看来，真正的成长股并不是未来的“空中楼阁”或者“海市蜃楼”，而应该既有基本面价值支撑，又有诱人的成长空间（或者是第二增长曲线），在某种意义上是能够穿越经济周期波动的秘密武器，更是未来投资成功的有力保障。

举例来说，国内创新药的龙头企业恒瑞医药，每年的业绩增速均保持在20%以上，是典型的成长股，表现在股价上，就是一路长牛。所以，成长股通常是指那些成长性极好，业绩增速超出平均水平的股票，叠加市值＝估值×净利润的戴维斯双击带来的倍增效应。

在投资实践中，有不少投资者习惯于把低PE看作价值股，把高PE看作成长股。正如前所说，在投资本质上这两者是统一的，好的成长股应该有价值为支撑，而好的价值股也必定是成长的，因为成长是最好的价值。

如果说这二者之间非要有区别的话，我认为可能只是“价值股”的短期价值占比更高，而“成长股”则远期贡献更大。

特别需要提醒的是，价值股如果估值能够快速修复，短期能带来巨大的回报，反过来则要小心识别“低估值陷阱”。而投资成长股的好处是做时间的朋友，享受长期复利带来的“滚雪球”。

怎样才能筛选和挖掘出“成长股”？这些高成长性的公司有什么财务特征？我根据自身10余年投资实践中汲取的深刻教训和积累的点滴经验，将通过财务报表挑选成长股的方法总结成了为实践所验证的一些指标。

这些指标大多数都是最基础的经济指标，比如说利润增长率、经营性现金流等，另一部分是高度量化的指标。这些指标并不复杂，也不需要高深的数学知识，都简单易学。

任何一笔显而易见的好投资，都不需要复杂或者艰涩的精确计算。

贯穿本书，我都站在股权投资者实操的角度，尽最大可能摒弃晦涩的术语和难懂的公式，力求通俗易懂、简明扼要地系统讲解基本面投资方法的共性问题，按照精选成长股的价值指标、分析方法的阶段性进行整体研判，远离毁灭价值的垃圾企业，找到价值被低估的成长性公司，用大量鲜活的案例帮助读者建立一套符合个性的稳定盈利系统，成为股市稳赚的赢家。

第一、二章主要讲述成长股投资的理念和策略，以及在此基础上初步认知与建立财务报表的大体轮廓；第三、四、五章教读者如何阅读利润表、资产负债表、现金流量表和所有者权益变动表，一步步教会读者如何通过一些简单有效的财务指标，解读具有持续竞争优势的成长性公司；第六章至第十章则教读者从一些具体的财务报表指标去寻找和分析成长股，精选出那些持续创造价值的优质公司；第十一章是本书的重要内容之一，通过鲜活生动的成长股案例分析实战解读，手把手教读者如何识别及选择优质的成长股，以获得最大回报。

作为一个散户投资者，最好专注于一种方法，比如购买成长股或成长类资产，从琳琅满目的股票市场中挑选、聚焦、投资那些价值被低估的成长性公司股票。一旦投资者对他们选股的分析能力更加从容自信，在很多时候都不用担心市场的波动。选择正确的成长股，在复利力量的帮助下，未来将获得持续稳定的超额收益。

在这里，要特别感谢大家的支持和帮助：感谢投资大咖唐朝、张明辉、张新民、林明樟、肖星、张咏、老谭等老师和朋友。他们悉心指导和分享的很多精彩观点给了我很大启发，受益匪浅，本书中有不少地方也借鉴和引用了他们的部分观点。

感谢地震出版社的支持与厚爱，以及编辑老师们为本书早日出版问世不辞辛苦地付出。特别需要强调的是，这本书是继《指数基金投资精解》之后，我在地震出版社的第二本著作，也是在出版社前证券编辑室薛广盈主任和编辑老师们的多次督促下，才得以顺利完成。

另外，需要特别说明的是，本书的第一、二章是由喻皓炜同学完成的初稿，基于他的年龄、知识结构和阅历实践等还尚处于学习与摸索中，我在此基础上进行了手术式的修改调整，所以原本他是不愿署名的。实际上，在我此前出版的几本书的写作过程中，他进行了包括部分素材、数据查阅、图表制作等在内的不少辅助性工作。

所以，鉴于这些事情都是他在紧张忙碌的学习之余所付出的辛苦和劳作，在整本书稿多次校正更改确定之后，终于说服他同意署名，也权当对他的一种鞭策吧。路漫漫其修远兮，尔将上下而求索。

最后，感谢我的家人一直以来的支持、理解和信任，每当遇到困难与挫折的时候，是他们毫无怨言地默默陪伴着我度过了那些充满焦虑的困顿时光。

由于本书的写作基于我个人极其有限的投资实践经验和教训，一些判断和评论都带有鲜明的个性特点和时间烙印，疏漏在所难免，不足之处请朋友们批评指正，相互学习、共同进步。

愿大家永远充满力量！

喻修建

目　录

第一章

投资成长股的“超额收益”

> 投资成长股，投资者一方面可以享受公司业绩成长的红利，另一方面还能享受估值上升的红利。股价 = 每股盈利 × 市盈率，每股盈利（EPS）和市盈率（PE）两个指标都上涨，股价自然会同步快速上涨。这也就是投资领域大名鼎鼎的“戴维斯双击”。

在我看来，投资应该专注于某一种方法，比如购买成长股或者成长类资产，或者专注于某一个特定行业。对于大多数个人投资者（散户）来说，我们选择的第一个投资策略应该是购买成长股。

在国内的A股市场上，很多股票可能更适合做成长股投资，因为A股市场中的好股票，尤其是中小盘股有一个特点——价格贵。单纯从传统的价值投资角度来看，这些股票的价格明显太贵了，但如果这些股票的未来成长性很好，就能够用成长性来弥补它从静态估值角度看的估值偏贵问题。

事实证明，这是能够获得“超额收益”的投资方法。投资成长股，投资者一方面可以享受公司业绩成长的红利，另一方面享受估值上升的红利。我们都知道，股价 = 每股盈利 × 市盈率，每股盈利和市盈率都上涨，股价自然会同步快速上涨。这也就是投资领域大名鼎鼎的“戴维斯双击”。

对于成长股投资者来说，买入的理由非常简单，那就是——高成长。理论上讲，成长股的上行空间短期内是看不到天花板的，如果选择了优质的公司，那么这些股票就可以持有许多年。

相对于传统型价值投资不断“捡烟蒂”的做法，投资成长股要轻松得多。其间，还因为“戴维斯双击”等因素助力与推动，它们的价格也会快速上涨到投资者起初买入时的很多倍。

第一节　越来越聪明的投资者

投资不是你的选择，而是时代对你的要求。

在零利率、负利率等长期预期之下，尤其最近几年，全球经济陷入集体疲软，2020年新冠肺炎疫情的暴发，更让全世界经济雪上加霜。即使是在疫情结束之后，为了拯救经济下滑的势头，全球主要经济体都不约而同地实施了货币大放水，避免资产贬值成为全球性挑战。

在全球大放水的背景下，中国不可能独善其身。于是，我们不得不开始新一轮与资产缩水贬值的赛跑。从历史上看，房地产通常是最佳的资产保值工具，但是对众多普通老百姓，尤其是工作不久的年轻人来说，投资房产对资金的要求太高，流动性也极差。

在“房住不炒”的调控之下，不仅炒房的难度大幅提升，而且通过房产获取暴利的空间也比以前小了很多。这一届年轻人，买房的兴趣明显不及“70后”“80后”，在资产缩水压力面前，他们对抗贬值的首选不是房产。

一、少数人获胜的游戏

相较于楼市，股市是门槛更低的投资渠道，越来越多的投资者开始入市炒基（金）、炒股（票）等。截至2023年底，股市现有个人投资者超过2.2亿人，占全市场投资者的99.76%。其中，持股10万元以下及10万元至50万元的投资者占比分别为87.87%、8.12%。随着越来越多的人开始借助于资本实现财富增值，权益类投资尤其是股票市场正在日渐兴旺。以A股为例，经过近几年的快速扩容，目前已达5300多家上市公司。但是，到底有多少人真正了解投资呢？

一个不争的事实是，A股的投资者结构以散户为主，即使在牛市行情下，大多也是赚了指数赔了钱。从投资过程来看，众多投资者追涨杀跌频繁交易，能够体会到更多大起大落的快感，但是从投资结果来看，最终能够赚钱的为数不多，大部分投资者在A股市场都逃不过被“割韭菜”的命运，也就是俗称的“一赚两平七亏损”。

表面上看，股市投资的进入门槛非常低，甚至比路边摆个烧烤摊儿还简单便捷，任何人只要去证券公司经过简单的风险测试流程之后，都可以立即开设一个股票账户，跟银行账户关联起来就可以进行交易了，一个账户还可以购买沪深股、港股和美股等。

目前，沪深股和港股至少100股起售。比如，100股伊利股份（600887.SZ）才2850元（2024年3月11日盘中价），如果你判断伊利这家公司的财务状况透露出的基本面较好，具备未来内生性增长的空间，以及看好以潘刚为首的团队的管理能力等，那么只需要2850元就可以投资了。

实际上，任何投资者都可以在A股市场上目前5300多家上市公司股票中自由地做出自己的买卖选择，尤其是在智能手机全面普及的情况下，从决策到交易完成只需要在手机上输入几个数字即可。

是不是挺简单？没有学历限制，不需要“996”，没有年龄和外貌的要求，不受天气和地理因素的影响，也没有时间和空间限制，只要在法定的交易时间段内操作……可以说，进入股市投资基本上没有任何门槛。

但这个游戏的另一面是，真正在股市投资中成为一个获利者或者大赢家，却不得不面临极高的竞争壁垒。残酷的现实是，绝大多数投资者都撞得头破血流，亏损惨重。

《上海证券报》曾经做过一个统计，过去30多年时间里，美国股市涨幅排名前五的行业涨幅分别为：信息服务229.77倍、批发零售131.34倍、生物医药77.86倍、电子半导体电讯57.65倍、消费品41.09倍。

这可是最成功的美国市场，但即使是在这样超长期以来的持续上涨、不断孕育出超级大牛股的市场里，究竟有多少投资者取得了持续不断的良好回报、赚得盆满钵满？答案是：没多少。不仅没有多少人赚钱，在整个美国证券历史中反倒是充斥着血本无归的惨剧。

投射到尚处于发展初期的中国股市中来，可以说更是“哀鸿遍野”。正如投资大师李杰所说，无论在任何市场进行股票投资，都注定了将是一个最后只有少数人获胜的游戏。如果你在哪个阶段看到了大多数人都在赚钱，那更需要小心谨慎了，因为历史告诉我们，每一次都没有例外。

巴菲特的确曾经说过“投资很简单”这句话，然而后半句是：“但并不容易”。太多人大大高估了前半句对自己的适用程度，而远远低估了后半句所隐含的极高壁垒。

二、个人投资者的优势

经过了前几代投资者的深刻教训之后，新一代投资者开始越来越理性和成熟。明智理性的投资决策既是一门科学，更是一门艺术，它是价值投资的核心宗旨，但它也没有那么高深莫测。

事实上，它只需要我们认识一些最基本的常识和原则，而这些原则是任何一个具有一般智商的人都能掌握的。

用巴菲特的话说，“投资并非智力竞赛，高智商的人未必能击败智商低的人”。他同时强调说：“我从来没有发现高等数学在投资中有什么作用，只要懂小学算术就足够了”。随后，他又在为格雷厄姆所著《聪明的投资者》一书的新版序言中这样说：

> “投资者能否取得优异的投资成果，既取决于你在投资方面付出的努力和拥有的知识，也取决于在你的投资生涯中股市的愚蠢程度有多大。股市的行为越愚蠢，有条不紊的投资者成功的机会越大。遵从格雷厄姆的建议，你就能从股市的愚蠢中获利，而不会成为愚蠢行为的参与者。”

实际上，作为一个散户的个人投资者，最朴素的想法可能是如何追上投资机构里那些专业的基金经理，因为他们往往拥有庞大的研究团队作为支撑，在行业定性、数据分析、实地调研等方面具有无法比拟的优势。

其实，对于个人投资者来说，与机构投资者竞争并不像以为的那样困难。正如所有投资者在试图战胜市场时都有自己的劣势，个人投资者也有着机构投资者所缺乏的优势，而且在某种意义上这些优势对于最后的投资业绩的影响是不可低估的。

第一，规模。巴菲特很好地总结了机构投资者的问题：“鼓鼓囊囊的钱包是取得卓越投资成果的敌人。尽管有和以往一样多的好公司，但我们无法买入与（我们的）资金不相匹配的公司股票。我们只有在可以投入至少1亿美元的时候，才会考虑购买这样的证券。这一最低投资额，大大缩小了我们的投资空间。”

相反，这对个人投资者来说则是一个巨大的优势，由于可投资金比较少，投资者可以在较小的公司中进行有意义的投资，而这些目前较小规模的公司却往往充满了潜力巨大的成长性，极可能成为未来某个细分行业的头部企业。

第二，分散性。这是个人投资者的第二个优势，因为在任何投资都无法确保100%成功的前提下，对投资标的进行适度分散和配置可以降低波动性，从而大大减少本金大额亏损的风险。机构投资者因为管理的受托资金数额巨大，这会导致他们必须将投资组合分散到至少数百只股票上。

事实上，市场上真正有投资价值的好股票稀罕得很，很难找到那么多具备持续竞争优势的公司，大多是“滥竽充数”。因此，个人投资者投资10家、20家左右的优质公司就够了，他们自然就比机构投资者拥有更大的优势。

第三，能力圈。虽然机构投资者有着豪华的研究团队，但他们的精力却被分摊在数百个公司上，整个团队不仅要顾及所有行业，而且还要对每一个行业的公司进行广泛的覆盖，很难具体到某一个公司反而并没有什么专注性。这是由机构的特性所决定的。

每个人都有一个能力圈，个人投资者的“能力圈”可以更好地在小型投资组合上发挥作用，将其应用于投资组合中相对较少的股票上，因此能力圈的影响可能很大。再加上，因为专注和长期的跟踪研究，个人投资者对具体公司的商业模式、品牌优势、竞争壁垒等价值内涵上的把握可能会超过大多数机构投资者。

打个比方，如果说机构投资者的能力圈是抹在数百片面包上的黄油，个人投资者的能力圈则像是抹在一块面包片上的黄油。

第二节　正确认知，是股票投资的基石

在某种意义上，认知就像一个人的价值观，是根本性的，所有的股票投资行为都建立在这个基础之上，而不是飘忽不定的“十八般武艺”，一会儿是技术派博弈，一会儿是基本面分析。

对于众多个人投资者来说，在构建自己的盈利体系中，关于股票投资的正确认知非常重要，它甚至将决定投资者对“投资股票靠什么赚钱”的基础认知。正如我在《简单赚钱》（西南财经大学出版社2020年5月第1版第2次印刷）一书里说：一个人能够拥有的财富多寡，在很大程度上由他的认知能力来决定。

任何试图从股票投资中赚钱的人都应该明白，赚钱是认知能力的产物。说得形而上一些，我们在追求投资盈利的过程中，实际上是认知与自然同步的过程。赚钱就是用头脑中的认知理念去顺应财富的自然之道，当两者能够统一的时候，赚钱就水到渠成了。

对于众多个人投资者而言，我认为对于股票与市场等认知内容，或者叫作投资者的底层逻辑，需要从以下四个方面进行熟知与解读：

认知一：股票是投资上市公司的载体

之所以要把股票看作生意的一部分是一个“最佳视角”，是因为当人们试图通过股票的短期买卖去赚取超过企业经营性收益的投资回报时，由于股票价值与价格之间的复杂关系，会让自己处在一个相对来说并不有利的冒险之中。

于是，“把股票当作一项生意去投资是最聪明的投资。”

巴菲特在将格雷厄姆这一重要投资思想成功实践了数十年后，于2004年致股东信中说：“看过伯克希尔公司股票组合的人或许以为这些股票是根据线性图、经纪人的建议或是公司近期的获利预估来进行买和卖的。其实查理和我从来都不曾理会这些，而是以企业所有权人的角度看问题。这是一个非常大的区别。事实上，这正是我几十年来投资行为的精髓所在。”

股票不仅仅是市场上可以买卖的证券，实际上代表的是对公司所有权的证书，是对公司的部分所有权。这个概念为什么重要呢？把市场上的股票投资当作实业来投资，公司随着整体经济持续增长的时候，价值本身也会被不断创造。

那么，在创造价值的过程中，作为部分所有权的拥有者（或股东），我们持有部分的价值也是随着公司价值的成长而增长。我们以股东形式来投资，支持了这个公司，我们在公司价值创造和增长的过程中分享我们应得的利益。

也就是说，我们投资这只股票就是投资了这家上市公司，这家上市公司盈利了、成长了，我们也就赚到钱了。而且，我们所赚到的钱并不是其他投资者亏损的钱，也就是俗称的“割韭菜”，而是上市公司的成长带来的利润增长，以及随之而来的分红或者资本增值等。

这时候，股票投资就不是投资者之间互搏的零和游戏。

认知二：正确理解市场和股票价格波动

这是一个说起来容易做起来异常艰难的事情。尽管不容易做到，但巴菲特认为它或许是“对于投资者赚钱最有帮助的”。

格雷厄姆把市场价格的波动形象地比喻成一位情绪不定但又很执着的“市场先生”，他不管公司经营情况稳定与否，都会按照自己的情绪好坏向投资者报出一个高低不定且起伏颇大的价格。

格雷厄姆说：“这些信号给投资者误导的次数不比有用的次数少。从根本上讲，价格波动对投资者只有一个重要的意义：当价格大幅下跌后，提供给投资者买入的机会；当价格大幅上涨后，提供给投资者出售的机会。”

1987年，巴菲特在致股东信中说：“‘市场先生’是来给你服务的，千万不要受他的诱惑而被它牵着鼻子走。你要利用的是他饱饱的口袋，而不是草包般的脑袋。如果他有一天突然傻傻地出现在你的面前，你可以选择视而不见或好好地加以利用。要是你占不到他的便宜反而被它愚蠢的想法所吸引，则你的下场可能会很凄惨。”

现在交易渠道和支付方式的便捷，可以随时随地买卖股票，但这个市场从来都不会告诉你，真正的价值是什么。它告诉你的永远只是价格是多少，所以你只能把它当作一个可以利用的工具。这是第二个重要的理念认知，但这个理念和 90% 以上的投资者的理解正好相反。

认知三：股票投资的安全边际

投资的本质是对公司未来进行预测，是公司未来创造现金流的折现值，但凡预测的结果都不可能具有 100% 的确定性，所以当我们做分析和判断的时候，就必须要预留很大的空间，叫作安全边际。

如果对未来的预测是错误的，我们至少不会亏损太多；即使预测是正确的，比如说有 80%、90% 的把握，当那 10%、20% 的可能性出现时，会对内在价值产生不利影响，但只要有足够的安全边际，就不会损失太大。

格雷厄姆说：“根据古老的传说，一个聪明的人将世间的事情压缩成一句话：这很快将会过去。面临着相同的挑战，我大胆地将成功投资的秘密提炼成四个字的座右铭：安全边际。”

关于安全边际在自己投资体系中的重要地位，巴菲特分别在 1992 年和 1997 年致股东信中强调：“这是投资成功的关键所在”“这是智能型投资的基石所在”。

与此同时，虽然巴菲特追随着格雷厄姆，但他对“安全边际”与资产也进行了独立研究，以评估出真实价值。他还开始关注盈利能力、管理层能力以及类似于品牌等其他具备比较优势的无形资产。

这些研究方法，代表了用发展的眼光看待公司的价值，以及其在未来保持价值和成长的能力。

对于一个成长型公司来说，公司未来的价值远比现在的价值重要得多。正如有投资大师所说的那样：成长股的投资者取决于能够比过去的平均获利更多的一种预期获利能力，这样他可能会在计算安全边际时，将这些期望中的利润代替过去的记录。

归纳起来，安全边际至少可以在以下三方面为投资者提供重要帮助：一是为公司估值时可能出现的高估提供缓冲地带；二是以较低价格买入将提供更高的投资回报收益；三是当公司的实际增长高于预期时，投资者会同时在盈利和估值两个方面获得收益，也就是通常所说的“戴维斯双击”。

认知四：确认能力圈的边界

经过 50 多年的投资实践，巴菲特的投资理论增加了一个重要概念：能力圈。每个人的知识、经验和能力是不一样的，真正懂的东西非常有限，它的大小和边界构成了我们的能力圈。

1986 年，巴菲特在伯克希尔年报中首次提出了投资最重要的原则——能力圈。他说：“投资者真正需要具备的是正确评估所选择企业的能力。请注意‘选择’一词。你不需要精通许多公司，你只需要能够评估在你的能力圈范围内的几家公司就够了。在你所选择的公司的名字周围画一个圈，然后去掉没有内在价值、没有好的管理和没有经受考验的不合格的公司。”

他在后来再次强调：“最重要的不是能力圈的大小，而是你能够确定能力圈的边界。如果你知道了能力圈的边界所在，你将比那些能力圈虽然比你大 5 倍却不知道边界所在的人要富有得多。”

能力圈概念最重要的就是边界，没有边界的能力就不是真的能力。对于大多数投资者而言，重要的不是他知道什么，而是他明白自己不知道什么，只要能够尽量避免犯重大错误，投资者只需要做很少几件正确的事情就足以成功了。

但是知易行难，投资者往往有强烈的好奇心，容易被各种各样的情况所迷惑。巴菲特的搭档查理·芒格说：“每个人都必须找出你的长处，然后必须发挥你的优势，如果你试图在最差的方面获得成功，我敢肯定，你的事业将是一团糟！”

对于成长股的投资也是如此。如果说，投资者在选择股票时不遵守能力圈的范围划定而盲目买入，其后果是严重的话，那么对成长股进行投资不遵守能力圈的边界，其后果则是灾难性的。

投资市场本身是所有人的集合，市场存在的目的就是发现人性的弱点。如果你不明白自己在做什么，那么这个市场一定会在某一个时刻把你打倒，而且结局将非常凄惨。

只有在这个意义上，投资才真正具有无法规避或者分散的巨大风险，这个不是股票价格的起伏波动，而是资本金永久性丧失。

这个风险是否存在，就取决于你是否具有这个能力圈。而且这个能力圈不要太宽泛，要把它的每一块边界都定义得清清楚楚，只有在这个看似狭小的边界里面才有可能通过持续长期的努力建立起真正对未来的预期。

这四个认知集合起来就构成了股票投资全部的含义和最根本的理念，不仅简单清晰，而且无数的事实佐证了它的长期有效，是一条通往财富自由之路的阳关大道。

如果接受这四个基本理念，投资者就可以以足够低的价格买入自己能力圈范围内的公司长期持有，通过公司本身内在价值的成长以及价格对价值的回归取得长期、稳定的超额收益。

第三节　投资成长股的“超额收益”

在谈论这个话题之前，我们有两个概念需要了解。

一个是成长型公司。成长型公司指长期以来比大部分公司在营业收入、净利润等方面的增长要快，并且能够给投资者带来更高投资回报率的一类公司。比如说，如果大部分公司的年增长率都在15%左右，那么成长型公司的增长率则要高于15%，并且可以让投资者获得更可观的回报。

另一个是成长股。简单地讲，成长股可以被定义为那些在过去数年时间内表现得比大部分股票优秀，每股增长率高于其他一般股票，并且在将来仍可能继续表现得卓越的股票。

一、成长股的价值投资之道

在10余年跌跌撞撞与摸爬滚打的投资过程中，我也曾经走过很多茫然与困惑交织的弯路，也在不同阶段尝试过各种投资方法：从瞎子摸象、打听消息到定量投资、程序化交易；从追涨杀跌的热点概念炒作到看K线图的技术分析……

我在实践中深刻地体会到，对大多数人来说，只有基于财务报表为基础逻辑出发的基本面投资才是真正可学、可用、可掌握且行之有效的，因此它成为我在多年的投资过程中一直坚持使用的投资方法。

这就是“股神”巴菲特在其老师本杰明·格雷厄姆的价值投资理念基础上进化提升后提出的成长型投资策略，基于从上市公司披露的财务报表中的众多数据归类、解读和分析的逻辑出发，去挑选出具有长期持续竞争优势的公司股票（或者叫作“成长股”），也是最适合普通投资者的方法，用这种价值投资理念来挑选适合投资的股票最好不过。

与他的导师不同，巴菲特发现具有长期相对竞争优势的公司，才是最终创造财富的巨大原动力，持有这些优秀公司的成长性股票的时间越长，收益就会越高。格雷厄姆也许会认为这些超级优秀的公司股价过高，但巴菲特认为根本没有必要等到“大减价”的时候才进场，只要支付相对合理的价格，他同样可以从那些优秀公司身上赚得盆满钵满。

在过去数十年中，投资市场被划分为两大派系：价值型投资和成长型投资。据说，法兰克·罗素公司针对价值股和成长股已经发展出两套独立的指数体系。但像巴菲特这样的投资者却认为，这仅仅只是一种名义上的区别，实际上两者并无差异。

“在我们看来，这两种分析方法就像连体婴儿一样，难分你我。”巴菲特在致股东的信中说：“计算价值时，增长一直都是重要的组成部分，而增长变量既可以小到忽略不计，也可以大到力压千钧。此外，这种作用既可以是积极正面的，也可以是消极反面的。”

同样，他对“价值投资”的提法嗤之以鼻。“我们认为价值投资这个概念简直多余。若投入资金不是为了追求更多的价值回报，那还算什么投资？如果已经知道付出的价格高于其实际价值，却仍然寄希望于卖出更高的价钱，这种行为就可以贴上投机的标签。”

实际上，巴菲特早在1989年年报中就开始对“雪茄烟蒂”式的投资进行反思：我所犯下的第一个错误，就是买下伯克希尔公司的控制权，虽然我很清楚公司的纺织业务没什么发展前景，但却因为价格实在太便宜了，让我无法抵挡买入的诱惑。

“在大街上见到一只雪茄烟蒂，短得只能再抽一口，也许冒不出多少烟，但‘买便宜货’的方式却要从那仅剩的一口中发掘出所有的利润，如同一个瘾君子想要从那短得只能抽一口的烟蒂中得到天堂般的享受。”

认识到格雷厄姆价值投资策略的局限性后，巴菲特逐渐抛弃了“雪茄烟蒂”式的投资。在他的搭档查理·芒格的影响下，吸收了费雪投资优秀成长型公司的思想，逐步深刻地认识到：

> 以一般的价格买入一家非同一般的好公司（基于持续竞争优势的成长型价值投资策略），要比用非同一般的好价格买下一家一般的公司（格雷厄姆的捡烟蒂价值投资策略）要好得多。

巴菲特与强调有形资产的格雷厄姆不同，他更关注公司的无形资产。

1985年，巴菲特谈及自己投资策略的变化时说：“我现在要比20年前更愿意为好的行业和好的管理多支付一些钱。格雷厄姆倾向于单独地看统计数据，而我越来越看重的是那些无形的东西。”可见此时的巴菲特，相较于其导师的理论，已经有了明显的进化。

作为格雷厄姆最优秀的学生，巴菲特在导师的价值投资理论基础上，形成了自己的一套更简单有效的成长型价值投资策略。这些年来，巴菲特的选股方法好像基本上没有变化，但进化后的成长型价值投资理念已经是一个非常严密的系统，且日趋完善。

必须要强调的是，在本书后面章节中所说的成长股投资，并非脱离价值存在甚至针锋相对的投资方法，而是在本质上与价值投资趋于相同，即巴菲特在格雷厄姆价值投资理论基础上提升进化后建立的成长型价值投资理念与体系。

二、巴菲特选股的两大秘诀

应该说，迄今为止关于投资的流派、方法等纷繁复杂，见仁见智，没有任何方法是无懈可击的，总有各自不同的“短板”，所以不可能“总是对”，也不一定“马上对”。就自己的经验来说，我还是会建议个人投资者重点学习一种主要方法，切忌“三心二意”。

吉姆·斯莱特在《祖鲁法则》一书里总结说，投资有三种主要的方法：

一是选择成长股。选择那些有出色成长前景的股票，并且享受它们带来的附加价值，比如年复合增长的每股收益。

二是看资产状况。买入那些按照资产净值计算，股价低于内在价值的公司股票，或者在更极端的情况下，股价低于公司的流动资产净值的公司股票。也就是格雷厄姆所提倡的选择“烟蒂股”。

三是技术分析。基于价格波动、动量和图表进行股票买卖，而不管这些公司的经营情况和财务状况如何等。

人们常常将成长型投资和价值型投资区分开来，因为价值一词意味着对净资产的折价，但这仅仅是一个最简单粗略的区别。目前市场上成功的投资者，大部分都是偏成长股的投资者，但他们的方法本质上是在所选择的成长股范围内寻求价值。

而在成长股中寻找价值提供了一种“双击”投资：当价格异常被纠正时的短期收益，以及当利润符合增长时的长期收益。相比之下，出色的成长股要比纯粹资产状况好的股票走得更远。

巴菲特发现，自己曾经买入的股票按照格雷厄姆的“50% 收益法则”卖出后，其中很多股票在随后几年内还继续保持着蓬勃上涨的势头，这些公司的股票价格攀升到远远高于抛售时的价位。

打个比方，就像原本费力挤上了一辆高速列车，但在列车到达站点之前就提前下车了，因为他不知道列车最终将驶向何方。

巴菲特遂开始对这些“超级明星股”进行深入的探究和分析，希望能够破解它们的股价上涨之谜。于是，他开始夜以继日地研究这些公司的财务报表，探索这些公司具有如此美妙的长期投资价值的内在逻辑，以此作为选择股票与估值的出发点。

巴菲特发现，几乎所有“超级明星股”都得益于某种竞争优势，也就是后来他再三强调的“商业护城河”和竞争壁垒。这些优势能够为公司带来类似于垄断的竞争地位，使其产品能供不应求或者不断提价。自然地，它们也能比竞争对手赚取更多的利润。

如果一个公司的竞争优势在未来较长的一段时间内持续不变，也就是竞争优势具有持续稳定性，那么公司价值必然也会随之保持增长。巴菲特认为，既然公司价值能够实现持续增长，那么如果尽可能长期持有这些投资，则有更大的概率和机会从这些优秀公司的竞争优势中获取财富……

在搭档查理·芒格的影响下，巴菲特慢慢抛弃了原来只关注便宜货的投资策略，开始尝试长期投资优秀成长型公司的策略。他深知，只要投资了一家具有持续竞争优势的成长型公司的股票，他最终就会成为一个坐拥亿万美元资产的超级富豪。

1973 年，巴菲特向华盛顿邮报公司投资 1062 万美元——一家具有持续竞争优势的成长股。在长达 35 年的时间里，他一直持有这项投资。1985 年赚了 50 倍，把 1000 万美元变成了 5 亿美元；2008 年，这笔投资的价值涨到了天文数字 14 亿美元。

1976 年，巴菲特投资 1940 万美元买入了曾经让格雷厄姆赚了大钱的 GEICO 公司股票，至1980年底持续累计投资4714万美元，到1989年底的时候已经上涨了22倍。

1988年，巴菲特买入了可能是他一生赚钱最多的一只股票：可口可乐。1988－1989年，他累计买入可口可乐10亿美元，结果赚钱的速度和数额让他大为吃惊。1991年，巴菲特在致股东的信中说："三年前当我们大笔买入可口可乐股票的时候，伯克希尔公司的净值大约是34亿美元，但是现在仅仅是我们持有可口可乐的股票市值就超过了这个数字"。事实上，直至1998年底，巴菲特仅在可口可乐一只股票上就赚取了120亿美元。

巴菲特的投资神话，或者说让他成为世界超级富豪的长期价值投资之道，可以归纳总结为："我们始终寻找那些业务清晰易懂、业绩持续优异，由能力非凡并且为股东着想的管理层来经营管理的公司。这种目标公司并不能充分保证我们投资盈利：我们不仅要在合理的价格上买入，而且我们买入的公司的未来业绩还要与我们的估计大致符合。总之，这种成长型价值投资方法——寻找超级明星（成长股）——给我们提供了走向真正成功的唯一机会"。

简单地说，巴菲特选股的成功秘诀在于两大关键点：

如何辨别出一家公司是否具有持久竞争优势的优质企业？（成长股）

如何估算这家具有持久竞争优势的优秀公司值多少钱？（合理价格）

要回答这两个投资决策的关键问题，唯一的办法就是阅读与分析财务报表，以此作为选股与估值的出发点。

三、选股，是每个投资者的基本功

按照监管规定，上市公司每季度、每年都要按时向股东公布上一期的财务报表（告），所有的财务数据都反映在财务报表中，公司的运营状况、生意特征、商业模式等内容，几乎都可以在财报中找到蛛丝马迹和内在逻辑。投资者据此进行解读与分析。

因此，在价值投资的基础上挑选成长股的第一技能就是识别优秀的具有长期竞争力和"护城河"的公司，而这正是以价值型成长投资为目标的财报分析的关键。可以说，财报分析是成长股价值投资的起点。买入那些优秀的公司，长期持有，与它们共同成长，从而获得持续、稳定的良好投资收益，通过复利来"滚雪球"实现财富的长期增长。

巴菲特无数次在致股东的信中说，自己阅读最多的就是企业的年度财务报告：

"有些人喜欢看《花花公子》，而我喜欢看公司年报。"

"必须阅读无数家公司的年度报告和财务报表。"

“我阅读我所关注的公司年报，同时我也阅读它的竞争对手的年报，这些是我最主要的阅读材料。”

巴菲特认为分析企业财务报表是进行成长型价值投资选股与估值的基本功：

> 你必须了解财务会计，并且要懂得其微妙之处。它是企业与外界交流的语言，一种完美无瑕的语言。除非你愿意花时间去学习它——学习如何分析财务报表，你才能够独立地选择投资目标（选股）。你在股市赚钱的多少，跟你对投资对象的了解程度成正比。即使有公司想弄虚作假，起码在一些行业，同样也能通过财务报表的各种数据进行辨别。

他还强调说：“当管理层想要向你解释清楚公司的实际情况时，可以通过财务报表的规定来进行。但不幸的是，当他们弄虚作假时，起码在一些行业，同样也能通过财务报表的规定来进行。如果你不能辨别出其中的区别，你就不必在金融投资行业待下去了。”

目前，A 股市场上拥有 5300 多家上市公司，牛短熊长、暴涨暴跌等非理性行为是常态。从长期来看，有些股票在上市以后的一二十年时间内上涨了数百倍，比如片仔癀、伊利股份、海天味业、云南白药、贵州茅台等，投资者赚得盆满钵满；有些股票却在十数年内跌幅高达 80% 以上，甚至被 ST 或者勒令强制退市，让众多投资者损失惨重，比如 ST 康美、ST 圣莱、长生生物、康得新等。

不得不承认，A 股市场是一个加速发展和转轨并存的市场，各项基础制度尚在不断健全之中，而众多未经训练的中小散户，缺乏专业知识与理性判断，热衷于概念炒作、频繁交易和对股票价格进行技术图形分析，最后亏损累累。

面对股价起伏不定的众多上市公司，如何挑选出优质的好股票并实现持续的增长，无疑是众多投资者进入股市后必须面临的一道亟待解答的问题。甚至可以这样说，选股是投资最终能否赚钱的关键要素和必要条件。

选股并非简单地凭着感觉或者听小道消息去进行，而是要在正确的时间（时机），选择正确的股票（标的）。

股票价格的涨跌，固然会受到政治环境、经济周期以及人的主观情绪影响，但本质上股票最终肯定会回归其内在价值，这也就是格雷厄姆所说的“市场短期是投票机，长期是称重器”。

通过对财务报表的解读与分析，我们可以挖掘出具有持久竞争优势的优质公司的股票。公司的财务报表可以反映出，这是一个能够让你亏钱的平庸公司，还是一个拥有持久竞争优势、让你赚钱的公司。

也许，包括众多新手在内的投资者都知道研读财务报表，以此作为精选成长股的重要性，但可能被那些枯燥的数字和图表吓着了，同时还担心分析财务报表需要很多专业知识，要学会太难了。实际上，正如投资大咖刘建位先生所说：分析财务报表很简单，它只需要小学算术，只需要看几个关键指标，只需要分析那些业务相当简单，报表也相当简单的公司。

读懂财务报表很简单，让我们一起来尝试吧！

第二章

财报的由来与基本结构关系

巴菲特曾经说："你必须了解财务报告，它是企业与外界交流的语言，一种完美无瑕的语言。"财务报表主要为资产负债表、利润表和现金流量表，三张报表密不可分，相辅相成，是价值投资的起点。

财务报表是反映企业或预算单位一定时期资金、利润状况的会计报表。国内财务报表不包括董事会报告、经营管理分析及财务情况说明书等列入财务报告或年度报告的资料。

任何一个成长股投资者都离不开对上市公司财务报表的解读与分析。读财务报表是了解所有上市公司最为直接和简便的方法。

同时，还有许多其他问题需要从财报中进行挖掘，比如：这家公司长期以来的利润、收益和现金流量都一直在增长吗？它是否处于一个有着长远增长潜力的行业赛道？公司在扩张服务或者产品线方面的前景如何？等等。

按照规定，任何一家上市公司每年都要向股东公布上一年的年度财务报告，简称年报。年报的种类、格式、编报要求，均由统一的会计制度做出规定，要求企业定期编报。一份完整的财务报表需要包括资产负债表、利润表（损益表）、现金流量表或财务状况变动表、附表和附注等，公司向股东汇报过去一年的经营情况，其中最重要的就是财务报表，几乎所有的财务数据都反映在财务报表之中了。

第一节　财务报表是怎样炼成的

如上所述，财务报表通常指公司的三张会计报表，即利润表、资产负债表和现金流量表。利润表反映公司在一定会计期间的经营成果，比如收入、成本和利润等；资产负债表反映公司在一定时期（通常为各会计期末）的财务状况，比如资产、负债和股东权益状况等；现金流量表反映公司在一定会计期间现金流入和流出的情况。

归纳起来就是，利润表反映公司赚了多少利润，资产负债表反映公司有多少资产，现金流量表反映公司有多少现金。

一、财报是怎么做出来的

财报是会计人员做出来的，但肯定不是会计人员臆想猜测做出来的，而是根据统一的会计制度和公司在经营活动中业务发生的各项数据汇总编制而成。

业务决定财务，财务反映业务。会计账户处理的一般程序是这样的：经营活动→原始凭证→（分录）会计凭证→（过账）会计账簿→（编表）会计报表。实际上，可以更简洁地描述为三个流程：经营活动→会计系统→财务报表。

对于投资新手来讲，估计阅读起来仍然会感到吃力。别着急，这里只需要搞清楚大概脉络即可，不必对各个项目细究。接下来，我们就以A公司举例说明：

经营活动（1）：通过股东募集资金100万元，向银行借入长期贷款100万元，原始凭证应该分别是公司注册时的验资报告和借款合同。这个经营活动一方面导致公司账户上的现金存款增加200万元，另一方面导致所有者权益和长期借款分别增加100万元。

经营活动（2）：用账户上的现金采购50万元原材料（或商品），原始凭证应该主要是购买材料的发票，这个业务一方面导致公司在银行的现金存款减少50万元，另一方面库存相应增加了50万元。

经营活动（3）：生产出商品后销售了60万元，原始凭证应该是订购合同、销售发票等，这个经营活动一方面导致银行现金存款增加60万元，另一方面公司营业收入增加60万元，成本增加50万元（结转商品成本）。

如果A公司成立以来，只发生了上述三次经营活动，那么它所对应的资产负债表、利润表和现金流量表应该如表2－1所示。

表2－1　A公司财务报表情况

单位：万元

资产负债表		利润表		现金流量表	
项目	期末余额	项目	本期发生额	项目	本期发生额
货币资金	200(1) －50(2)＋60(3)	收入	60(3)	经营现金	60(3)－50(2)
负债	100(1)	成本	50(3)	投资活动	—
权益	100＋100(3)	利润	10	筹资活动	100(1)＋100(1)

二、公司经营三件事

每一家公司都在从事着生产或服务等各种经营活动，每天都会发生各种交易，看起来纷繁复杂，但这些经营业务在财务人员看来，归根结底无非也就是三件事：经营、投资和融资。

从另一个抽象的角度来看，一家公司几乎所有的经济活动，都是在不断地重复着一个“从现金到现金”周而复始的循环过程。具体来讲，公司的三件事和不断重复的循环都包括哪些呢？

继续举例来说吧。

经过详细筹划，张三准备开办一家公司，在市场监管局核名注册后正式开业。公司一旦开始营运，头等大事就是钱，首先需要股东投入启动资金，这是一个融资活动。张三投入这笔钱之后，自然就在这家公司享受权益，这笔钱就被归入股东权益之中。

资金到位后，接下来便是购置固定资产了。于是，张三拿着所有（或部分）股东投入的这笔钱修建厂房、买生产设备以及办公家具等，这是一个投资活动。这家公司因此多了一些固定资产，但其资产总量并没有发生变化。

目前，这家公司的资金已经到位，并且完成了自身的基础设施建设，接下来就要进行生产了。于是，张三开始到处招聘员工、采购原材料、生产产品、销售产品、回收货款，最后又收回来了钱。这些都属于经营活动。如果赊销欠款过多的话，回收的现金就会变得很少。

这就是公司营运的整个过程，从现金开始以现金结束，不断地循环往复，涉及经营、投资和融资三类活动，始终交替进行。但经营、投资和融资，其目的不是循环，而是赚更多的钱，保证股东的投入不会受到损失。

当然，一家公司在市场上真正的经营过程中，其流程会复杂得多，具体包括很多不同的业务，比如与招聘相关的薪酬业务，以及采购、生产、销售、回款等。

三、从现金到现金的循环

虽然投资和融资活动，尤其是对外部展开的投融资活动也是一个从现金到现金的过程，但是它们大多数时候需要相当长的回报周期，循环的时间比较长，且这个过程纷繁复杂。

而任何一家公司最核心的赚钱活动，几乎都是依赖于自己的主营业务，持续而稳定地产生现金流，且这个从现金到现金的循环可以非常鲜活生动地描述公司的经营状况。

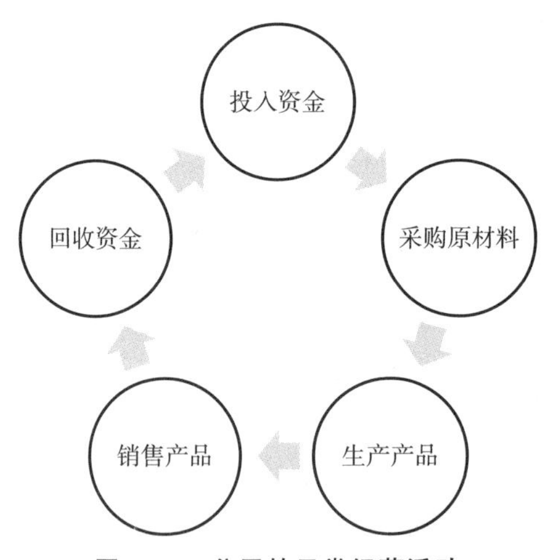

图 2－1　公司的日常经营活动

一，公司在进行原材料采购的时候，可能是预先支付货款，也可能是先拿货、再付款，还可能是一手交钱、一手交货，但不管哪种采购方式的付款条件，都会在财务报表中的预付账款、应付账款、现金的数额来表现。

二，一般情况下，公司在买入原材料后，都不会立即开始投入生产，而是会先存放在仓库里。原材料在库房的存放时间，将在一定能程度上体现出一家公司的采购规划和管理能力，后文会进行详细解读。

三，接下来就是将原材料投入生产，制造出产品。在这个过程中，资金是以在产品的形式存在的，而存在时间的长短，也体现出这家公司的生产管理水平。

四，产品生产出来后，通常不会直接从生产线上运送往各地销售，而是会被再一次存放在仓库里，也就是所说的“产成品”。产成品在库房里存放的时间，则取决于公司的销售能力。

五，产品卖出去之后，大多数时候会变成应收账款或应收票据，再隔一段时间后公司才能收回货款，拿到真金白银。当然，也有像贵州茅台、海天味业等公司的紧俏产品，供不应求，会要求客户预先支付货款再发货，这就是财务报表中形成的预收账款（现在改为合同负债），以一种经营负债的形式出现。

以上整个过程，在财务报表的相关科目中都有详细记录。

采购的付款条件体现在应付账款或预付账款科目中；采购成果是否合理，体现在原材料的存放周期中；原材料在生产为商品的过程中叫作在产品（也叫“半成品”），在产品的周期体现了公司生产部门的效率；生产出来的产成品（也叫“商品”）在没有售出之前大都存放在仓库里，存放时间的长短体现了公司营销部门的销售能力；产品售出后变成了应收账款，它的回款周期体现了公司应收账款的管理能力。

从付钱采购原材料，到最后收回应收账款变成真金白银，这就是一个公司的日常运营，即从现金到现金的一个完整循环过程。有人曾经问：财报的过程重要，还是结果重要？我以为，任何没有过程的结果其“虚假性”最后必然会破灭！

一定程度上，财务报表不仅可以反映公司运营的全部面貌，而且可以具体到每一个环节的业务，以及公司中任何一个部门的运营状况和效率，完全都可以从财务报表各个科目的数据中找到踪迹。

每一张财务报表的背后，都是一家公司鲜活的具体业务。

第二节　财务报表的框架结构

接下来，我们认识一下公司的几张基本的财务报表，混个“脸熟”，通过报表和业务之间的关系，让大家先找一找感觉，了解和梳理关于财务报表的基础知识。在后面的章节中，我们将对三张报表逐一深入解读。

一般认为，财务报表是指用货币形式表现公司一定时期经营成果、财务状况和现金流量的“体检报告”，通常包括利润表、资产负债表、现金流量表和所有者（股东）权益变动表等。从范围来说，还包括合并财务报表和母公司财务报表。鉴于我们是对上市公司的整体情况进行分析和判断，因此除非特别标注外，本书中均以合并财务报表为分析对象。

到底这些报表应该怎么看呢？为了便于理解，在本书中我们将主要介绍前三张财务报表，只要大家真正读懂了前三张财务报表及其关联关系，就完全可以看懂股东权益变动表了。

“利润表是面子，资产负债表是底子，现金流量表是日子”。一般情况下，投资者最关注的是公司的盈利情况，因为良好的业绩是股价的根本和持久的支撑，但实际上作为“家底”的资产负债表更为重要，利润和现金流等价值都是在资产的基础上创造出来的。

一、第一张报表：利润表

利润表是反映上市公司在某一个时间段内的经营成果的财务报表，它会注明“××年××月××日—××年××月××日”，指的就是这张利润表反映的是这家公司在这一段时期内的经营成果。

一般来说，在每个会计期间，财务人员都会为股东编制季度、半年和年报利润表。通过阅读和分析利润表，投资者就能够对公司传递出的相关财务信息进行判断，例如利润率、每股收益、营业收入的稳定性和发展趋势等。

在判断一个公司是否得益于持续竞争优势时，所有利润表上的关键因素都是不可或缺的。

下面以珀莱雅化妆品股份有限公司（以下简称“珀莱雅”）2022年度的三张财务报表，即利润表、资产负债表和现金流量表为例进行说明。

珀莱雅是一家构建新国货化妆品的产业平台公司，主要从事化妆品类的研发、生产和销售。旗下已经拥有“珀莱雅”“悦芙媞”“彩棠”“INSBAHA”“CORRECTORS”等品牌，公司自有品牌已覆盖大众精致护肤、彩妆、高功效护肤等美妆领域。

下来看第一张报表——利润表。珀莱雅2022年度合并利润表，详见表2-2。

表2-2　珀莱雅2022年合并利润表

单位金额：人民币元

项目	附注	2022年度	2021年度
一、营业总收入	七、61	6,385,451,424.00	4,633,150,538.43
其中：营业收入	七、61	6,385,451,424.00	4,633,150,538.43
利息收入			
已赚保费			
手续费及佣金收入			
二、营业总成本		5,191,391,396.39	3,892,457,794.07
其中：营业成本	七、61	1,934,850,203.65	1,554,155,646.61
利息支出			

续表

项目	附注	2022 年度	2021 年度
手续费及佣金收入			
退保金			
赔付支出净额			
提取保险责任准备金净额			
保单红利支出			
分保费用			
税金及附加	七、62	56,394,508.94	40,680,295.80
销售费用	七、63	2,785,837,352.95	1,991,534,076.73
管理费用	七、64	327,296,749.37	236,988,519.23
研发费用	七、65	128,009,104.49	76,583,650.83
财务费用	七、66	-40,996,523.01	-7,484,395.13
其中:利息费用		13,019,503.91	9,759,260.83
利息收入		51,707,124.62	28,096,157.42
加:其他收益	七、67	39,065,105.62	16,458,269.45
投资收益(损失以“-”号填列)	七、68	-5,658,023.28	-7,337,735.84
其中:对联营企业和合营企业的投资收益		-5,658,023.28	-7,337,735.84
以摊余成本计量的金融资产终止确认收益			
汇兑收益(损失以“-”号填列)			
净敞口套期收益(损失以“-”号填列)			
公允价值变动收益(损失以“-”号填列)			
信用减值损失(损失以“-”号填列)	七、71	-5,057,425.43	-24,834,947.18
资产减值损失(损失以“-”号填列)	七、72	-164,884,555.28	-53,513,590.04
资产处置损失(损失以“-”号填列)	七、73	60,155.60	-112,183.24
三、营业利润(亏损以“-”号填列)		1,057,585,284.84	671,352,557.51
加:营业外收入	七、74	1,178,886.33	249,852.89
减:营业外支出	七、75	4,613,645.24	3,801,835.06
四、利润总额(亏损以“-”号填列)		1,054,150,525.93	667,800,575.34
减:所得税费用	七、76	222,866,719.56	110,746,888.31
五、净利润(净亏损以“-”号填列)		831,283,806.37	557,053,687.03
(一)按经营持续性分类			
1. 持续经营净利润(净亏损以“-”号填列)		831,283,806.37	557,053,687.03

续表

项目	附注	2022 年度	2021 年度
2. 终止经营净利润(净亏损以“－”号填列)			
(二)按所有权归属分类			
1. 归属于母公司股东的净利润(净亏损以“－”号填列)		817,400,223.93	576,119,025.56
2. 少数股东损益(净亏损以“－”号填列)		13,883,582.44	－19,065,338.53
六、其他综合收益的税后净额		－670,928.97	－978,607.97
(一)归属母公司所有者的其他综合收益的税后净额		－670,928.97	－978,607.97
1. 不能重分类进损益的其他综合收益			
2. 将重分类进损益的其他综合收益		－670,928.97	－978,607.97
(6)外币财务报表折算差额		－670,928.97	－978,607.97
(二)归属于少数股东的其他综合收益的税后净额			
七、综合收益总额		830,612,877.40	556,075,079.06
(一)归属于母公司所有者的综合收益总额		816,729,294.96	575,140,417.59
(二)归属于少数股东的综合收益总额		13,883,582.44	－19,065,338.53
八、每股收益:			
(一)基本每股收益(元/股)		2.90	2.87
(二)稀释每股收益(元/股)		2.87	2.81

(资料来源:珀莱雅 2022 年财务报表)

利润表是反映公司在某一个时间段内盈亏状况的报表，也是投资者最喜欢看的表。财务报表的摘要或者简报里大部分是利润表，因为资本市场是逐利的，投资者也最关心钱的问题，所以利润表就是上市公司的“成绩单”。

乍看之下，表格里 50 多行内容比较复杂，有些专业词语也很艰涩，但简单归纳起来就是一个公式：收入－费用＝利润。这其实也是利润表上众多数字之间的关系，进一步解读，我们把所有能够增加利润的项目都叫作“收入”，把所有导致利润减少的项目都称为“费用”。

这样梳理下来就更加简单易懂了。比如，在利润表里，营业收入、营业外收入、投资收益、公允值变动收益等，这些增加利润的项目都统统认为是收入；与之对应的，营业成本、营业税金及附加、销售费用、管理费用、财务费用、研发费用、资产减值损失，以及所得税、营业外支出等都看作费用。

上市公司的利润表根据“利润 = 收入 − 费用”的公式分三步编制，不同步骤下的数据反映利润的不同来源：

第一步，以营业收入为基础，减去营业成本、税金及附加、销售费用、管理费用、财务费用、资产减值损失，加上公允价值变动收益和投资收益，计算出营业利润；

第二步，以营业利润为基础，加上营业外收入，减去营业外支出，计算出利润总额；

第三步，以利润总额为基础，减去所得税费用，计算出净利润。

利润表的重点就是收入、费用，加加减减之后就得到了利润。从表象上来看，利润表就是告诉你公司的经营情况怎么样，有没有赚到钱。但揭示的深层次问题，其实是背后的公司战略如何，资产负债表的结构怎么样。

通过从利润表里挖掘的这些信息，基本上就可以判断出这个公司的经济增长原动力。对于投资者来说，利润的来源比利润本身更有价值和意义。

关于利润表的各种构成因素，我们会在本书后面章节深度解读。

二、第二张报表：资产负债表

在某种意义上，资产负债表也可以被称为公司的经营战略表。

那什么是资产呢？用专业的定义来讲比较拗口：公司拥有或者控制，由过去的交易引起，能够用货币计量且能够为公司带来未来经济利益流入的经济资源。简单点说吧，资产是能够用货币表现的经济资源，也是公司一切经营活动的起点，收入、利润、现金流等都是在资产这个基础上发生的。

资产负债表遵循“资产 = 负债 + 股东权益”这一恒等式，把上市公司在特定时间点所拥有的资产和所承担的负债及属于股东的权益分类反映出来。

资产负债表不像利润表那样有固定的报表周期，不存在一个年度或一个季度的资产负债表的说法。财务部门一般会在每个会计期的最后一天编制资产负债表，我们把它看作在那个特定时刻公司财务状况的一张“快照”。

珀莱雅 2022 年度合并资产负债表，见表 2 − 3。

表 2 − 3　珀莱雅合并资产负债表

2022 年 12 月 31 日　　　　金额单位：人民币元

项目	附注	2022 年 12 月 31 日	2021 年 12 月 31 日
流动资产：			
货币资金	七、1	3,161,003,085.05	2,391,048,249.81
交易性金融资产			
衍生金融资产			
应收票据			

续表

项目	附注	2022年12月31日	2021年12月31日
应收账款	七、5	102,157,898.41	138,626,627.90
应收款项融资	七、6		3,242,000.00
预付款项	七、7	91,483,523.15	58,406,647.11
应收保费			
应收分保账款			
其他应收款	七、8	73,564,083.63	66,043,707.81
其中:应收利息			
应收股利			
存货	七、9	669,051,326.73	447,938,758.29
合同资产			
持有待售资产			
其他流动资产	七、13	49,735,996.57	53,534,962.39
流动资产合计		4,146,995,913.54	3,158,840,953.31
非流动资产:			
长期股权投资	七、17	138,533,377.46	169,959,536.27
其他权益工具投资	七、18	146,402,400.00	56,402,400.00
其他非流动金融资产			
投资性房地产	七、20	68,654,700.81	70,321,868.00
固定资产	七、21	570,376,309.67	558,981,209.20
在建工程	七、22	207,378,935.86	108,678,896.27
使用权资产	七、25	6,410,634.25	
无形资产	七、26	420,316,883.26	397,145,124.29
开发支出			
商誉			
长期待摊费用	七、29	19,142,604.46	29,756,474.11
递延所得税资产	七、30	48,305,338.82	38,796,018.02
其他非流动资产	七、31	5,554,726.06	44,167,303.56
非流动资产合计		1,631,075,910.65	1,474,208,829.72
资产总计		5,778,071,824.19	4,633,049,783.03
流动负债:			
短期借款	七、32	200,195,890.41	200,251,506.85
向中央银行借款			
拆入资金			
交易性金融负债			

续表

项目	附注	2022年12月31日	2021年12月31日
应付票据	七、35	69,626,352.12	79,156,771.40
应付账款	七、36	475,427,484.23	404,026,241.16
预收款项	七、37	464,328.26	173,769.85
合同负债	七、38	174,602,833.91	91,151,985.32
应付职工薪酬	七、39	124,938,749.36	78,649,049.72
应交税费	七、40	152,918,871.45	99,893,176.97
其他应付款	七、41	216,392,183.41	62,161,153.55
应付手续费及佣金			
一年内到期的非流动负债	七、43	2,549,452.14	
其他流动负债	七、44	10,820,499.59	9,521,415.32
流动负债合计		1,427,936,644.88	1,024,986,070.14
非流动负债：			
长期借款			
应付债券	七、46	724,491,557.93	695,586,778.80
租赁负债	七、47	3,718,119.41	
长期应付款			
长期应付职工薪酬			
预计负债	七、50	59,282,928.68	10,812,084.88
递延收益	七、51	6,399,811.33	6,416,263.33
递延所得税负债	七、30	19,019,431.67	8,408,158.81
其他非流动负债			
非流动负债合计		812,911,849.02	721,223,285.82
负债合计		2,240,848,493.90	1,746,209,355.96
所有者权益(或股东权益)			
实收资本(或股本)	七、53	283,519,469.00	201,009,966.00
其他权益工具	七、54	50,903,510.12	50,956,622.11
资本公积	七、55	914,815,786.22	834,272,205.66
减:库存股	七、56	164,976,000.00	5,628,128.21
其他综合收益	七、57	-1,918,603.07	-1,247,674.10
专项储备			
盈余公积	七、59	141,759,734.50	100,634,780.00
一般风险准备			
未分配利润	七、60	2,300,384,763.19	1,696,978,064.52
归属于母公司所有者权益(或股东权益)合计		3,524,488,659,96	2,876,975,835.98

续表

项目	附注	2022 年 12 月 31 日	2021 年 12 月 31 日
少数股东权益		12,734,670.33	9,864,591.09
所有者权益(或股东权益)		3,537,223,330.29	2,886,840,427.07
负债和所有者权益(或股东权益)总计		5,778,071,824.19	4,633,049,783.03

(资料来源:珀莱雅 2022 年财务报表)

资产负债表包括两个部分:第一部分列出所有的资产,其中包括有生产、经营和投资等类型的资产项目,比如现金、存货、房产、机械设备等;第二部分是负债和所有者权益,负债又分为流动负债和长期负债两种类别。

不管怎样,"资产 = 负债 + 股东权益"这一等式是永远成立的,因为公司的资产要么属于债权人,要么属于股东,或者说债权人和股东投入公司的资源都是公司的资产。比如,在上面这张报表中有关资产总计的年末金额为 5,778,071,824.19 元。

我们看一下,资产总计在这张报表的上部(也可以在左边),负债和所有者权益总计在下部(也可以在右边),年末金额也是 5,778,071,824.19 元。所以,我们关注的重点不是资产总计的具体数字,而是这两者之间的关系。

需要强调的是,成长股资产负债表里的资产,实际上仅仅是公司全部资源的一部分,也就是可以用货币形式表现的资源,也许还有更值钱并能创造价值的资产隐藏在水面下,比如专利技术、人力资源、品牌价值等,因为大多数无形资产由于会计的特殊性而不记入资产负债表。

三、第三张报表:现金流量表

在日常生活中,我们经常会被问到:"这家公司赚钱吗?"提问者真正想问的是这家公司的盈利情况。表面上看,这是涉及利润报表的事情,但实际上并非如此,因为"赚钱"不是"利润",利润并不是钱。

这就是权责发生制与收付实现制的不同。所谓权责发生制是指产品一旦发货,就会被记录到销售收入科目,不管购买者何时支付货款。但在收付实现制下,公司要收到货款现金之后才能计入账目。

一般情况下,几乎所有的公司都会给它们的客户提供各种信用,它们发现使用权责发生制更具有灵活性和优越性,因为这种方法允许它们将赊销作为收入记录在利润表上,同时在资产负债表上也增加应收账款。

所以,既然权责发生制允许赊销作为收入记账,那么对公司来说,就有必要将实际发生的现金流入与流出单独列出。这就是现金流量表发明并被极度重视的缘由。

上市公司按规定披露的三张财务报表中,只有现金流量表是采用收付实现制编制而成的,也就是说它收到的才是"真金白银"。净利润可以从一家公司的利润表上找到,但到底是否赚钱则需要关注现金流量表上这家公司的经营活动现金流量（主营业务上的赚钱能力）。

如果一家公司有利润同时又赚钱，这是最好的状态；如果一家公司有利润却不赚钱，那么需要想办法赚钱，不然日子很难过；如果一家公司没有利润但赚钱，虽然可以暂时过日子，但如果不想办法增加利润，则最终仍会解散；如果一家公司没有利润也不赚钱，结局大家都可以猜测到了。

我们先来看一下珀莱雅 2022 年度的合并现金流量表，见表 2－4。

表 2－4　珀莱雅合并现金流量表

2022 年 1—12 月　　　　　　　　金额单位：人民币元

项目	附注	2022 年度	2021 年度
一、经营活动产生的现金流量：			
销售商品、提供劳务收到的现金		7,088,465,977.21	5,130,176,845.31
客户存款和同业存放款项净额增加			
向中央银行借款净增加额			
收到的税费返还			80,005.56
收到其他与经营活动有关的现金	七、78(1)	99,500,140.40	54,614,521.56
经营活动现金流入小计		7,187,966,137.61	5,184,871,372.43
购买商品、接受劳务支付的现金		2,241,842,834.78	1,616,390,215.85
客户贷款及垫款净增加额			
存放中央银行和同业款项净增加额			
支付给职工及为职工支付的现金		558,582,470.38	441,156,078.19
支付的各项税费		660,096,624.31	432,668,333.55
支付其他与经营活动有关的现金	七、78(2)	2,616,308,090.91	1,864,985,801.02
经营活动现金流出小计		6,076,830,020.38	4,355,200,428.61
经营活动产生的现金流量净额		1,111,136,117.23	829,670,943.82
二、投资活动产生的现金流量：			
收回投资收到的现金			
取得投资收益收到的现金			
处置固定资产、无形资产和其他长期资产收回的现金净额		3,751,463.96	47,622.98
处置子公司及其他营业单位收到的现金净额			
收到其他与投资活动有关的现金			
投资活动现金流入小计		3,751,463.96	47,622.98
购建固定资产、无形资产和其他长期资产支付的现金		170,963,405.43	194,102,666.70

续表

项目	附注	2022 年度	2021 年度
投资支付的现金		131,003,609.10	70,029,200.00
支付其他与投资活动有关的现金	七、78(4)		77,739,374.88
投资活动现金流出小计		301,967,014.53	341,871,241.58
投资活动产生的现金流量净额		-298,215,550.57	-341,823,618.60
三、筹资活动产生的现金流量:			
吸收投资收到的现金		165,676,000.00	700,000.00
其中:子公司吸收少数股东投资收到的现金		700,000.00	700,000.00
取得借款收到的现金		300,000,000.00	946,996,018.87
收到其他与筹资活动有关的现金			
筹资活动现金流入小计		465,676,000.00	947,696,018.87
偿还债务支付的现金		300,000,000.00	299,000,000.00
分配股利、利润或偿付利息支付的现金		182,663,748.85	154,245,329.76
其中:子公司支付给少数股东的股利、利润			
支付其他与筹资活动有关的现金	七、78(6)	48,263,571.88	4,835,393.12
筹资活动现金流出小计		530,927,320.73	458,080,722.91
筹资活动产生的现金流量净额		-65,251,320.73	489,615,295.96
四、汇率变动对现金及现金等价物的影响		-670,928.97	-978,607.97
五、现金及现金等价物净增加额		746,998,316.96	976,484,013.21
加:期初现金及现金等价物余额		2,378,334,768.09	1,401,850,754.88
六、期末现金及现金等价物余额		3,125,333,085.05	2,378,334,768.09

(资料来源:珀莱雅 2022 年度财务报表)

现金流量表是以现金和现金等价物为基础编制而成的。现金不用解释了，现金等价物是指公司持有的期限短、变现能力强、易于转换为现金和价值变动风险小的投资，比如银行理财产品、短期国债和股票等，因此现金等价物几乎可以等同于现金。

现金流量表同利润表一样，反映的是某一段时间的情况。公司的财务部门每个季度和每个会计年度都会编制一份现金流量表。

现金流量表可分为三个部分：经营活动现金流量、投资活动现金流量和筹资活动现金流量。通过这三类活动的现金流入和流出情况，可以进一步帮助我们了解和评估公司获取现金的能力。

第三节　财务报表的内在关系

在读过珀莱雅 2022 年年度财报之后，平常对财务报表接触不多的朋友也许会感到疑惑：一家公司不就是生产商品，然后把它卖出去吗？哪需要这么多纷繁复杂的报表？细数起来还真是的，有利润表、资产负债表、现金流量表，还有股东权益变动表等。

实际上，利润表、资产负债表、现金流量表是最基本的三张财务报表，现在按要求增加编制了一张补充报表——股东权益变动表。因为考虑到篇幅问题，所以在本书中我们不会单独列出股东权益变动表和附注进行解读（投资者可对应着报表阅读与分析），但即使这三张表已经可以全面地分析和判断一家公司的基本经营情况。

一、为什么需要三张报表

任何一家公司存在的价值，就是“投入现金，赚回更多的现金”。那么，这个经营活动的过程是如何反映到这家公司的财务报表上的呢？

我们仍然从利润表入手，因为它主要被用来描述一家公司的经营活动。还记得在张三创立公司开业运营的过程中，最早与利润表发生关系的是销售产品，然后是支付的销售、管理等各种费用、所得税以及研发费用等。

在经营活动中发生交易后，也会存在应收账款、应付账款等项目，它们会被列在资产负债表里。资产负债表就像一个“大箩筐”，还装入了很多其他的项目，比如固定资产、长期投资、银行贷款、短期借款、所有者权益等，它们都属于投资或融资行为。所以，资产负债表虽然与经营活动“沾亲带故”，但跟投资、融资才算是真正的“血亲”。

通过利润表和资产负债表，已经让我们基本上清楚了一个公司的经营、投资和融资等经济活动，那为什么还需要第三张报表呢？因为我们有些时候看到的并不是事实的真相，这跟权责发生制和收付实现制的财报制度有关。

这种情况下，现金流量表就“闪亮登场”了。它既涵盖了经营活动的现金流，也包括了投资和融资活动的现金流。换句话说，它把公司的整个经济活动重新描述了一遍。这不是多此一举吗？答案是：否。

一方面，现金流量表梳理的大量数据，是对公司的经营活动和业绩做出了证实；另一方面，与利润表和资产负债表不同的是，现金流量表更多是站在风险的视角，揭示公司持续经营和风险状况的能力。

所以，这三张报表站在了两个不同的视角。第一个维度上，现金流量表描述了一家公司能否活下去，即站在风险的视角；第二个维度上，利润表和资产负债表则揭示了这家公司活下来后它将来可能发展成什么样子，有多少家产，又能产生多少收益，即从收益的视角。

要了解一家公司，这两个维度是不可或缺的，因为它们共同构成了一个有机的整体，完整地描述了公司包括竞争力等在内的所有经济活动的综合状况。这也就是为什么每家公司都需要三张报表，而且一定是这三张报表的原因。

作为一个投资者，我们在做出买入或者卖出股票的决策时，会侧重从不同的财务报表获取信息。

二、三张报表的钩稽关系

对于任何财务人员来说，最熟悉的就是三张报表：利润表、资产负债表和现金流量表。

在这三张报表中，利润表主要是反映一段时间内公司的盈利状况，赚多少钱，亏多少钱，这张表最重要的一个钩稽关系是“收入－成本费用＝利润”；资产负债表是一个公司整体财务状况在某一个特定日期的综合反映，这张表最重要的一个钩稽关系是“资产＝负债＋所有者权益”；现金流量表反映一定时期公司流入了多少钱，流出了多少钱，还剩下多少钱在银行里，这张表最重要的一个钩稽关系是“现金流入－现金流出＝现金余额”。

这三张报表之间的内在逻辑关系，我借用政治学术语，把它高度概括为：一个中心，两个基本点。一个中心，这里指资产负债表。两个基本点，这里指利润表反映资产负债表中未分配利润的增减变化，以及现金流量表反映资产负债表中货币资金的增减变化。

换句话说，财务报表中唯一的主表就是资产负债表，利润表、现金流量表都是资产负债表的附表。为什么呢？

第一，如果没有利润表，可以通过资产负债表中的净资产期末数与期初数进行比较，计算出当年的利润数额；第二，要是没有现金流量表，可以通过对货币资金的期初期末余额增减变化，计算出当年现金及现金等价物净增加额。但是，这两张报表的各项数据更为清晰和详细。

我们再来看看这三张报表彼此之间的内在关系。

三、利润表与资产负债表

利润表和资产负债表有什么关系呢？利润表的未分配利润项＝资产负债表中未分配利润的期末数－期初数。未分配利润就是公司取得收入，支付成本费用，减去税金，付完利息，将利润分给股东之后，最后剩余下来的钱。因此，利润表是股东权益中的盈余公积和未分配利润的基础。

看一看珀莱雅 2022 年度资产负债表（部分），见表 2－5。

表 2-5 珀莱雅 2022 年度资产负债表（部分）

金额单位：人民币元

项目	附注	2022 年 12 月 31 日	2021 年 12 月 31 日
所有者权益(股东权益)			
实收资本(或股本)	七、53	283,519,469.00	201,009,966.00
其他权益工具	七、54	50,903,510.12	50,956,622.11
资本公积	七、55	914,815,786.22	834,272,205.66
减:库存股	七、56	164,976,000.00	5,628,128.21
其他综合收益	七、57	-1,918,603.07	-1,247,674.10
盈余公积	七、59	141,759,734.50	100,634,780.00
未分配利润	七、60	2,300,384,763.19	1,696,978,064.52
归属于母公司所有者权益(或股东权益)合计		3,524,488,659.96	2,876,975,835.98
少数股东权益		12,734,670.33	9,864,591.09
所有者权益(股东权益)		3,537,223,330.29	2,886,840,427.07
负债和所有者权益(或股东权益)总计		5,778,071,824.19	4,633,049,783.03

（资料来源：珀莱雅 2022 年度财务报告）

截至 2021 年 12 月 31 日，珀莱雅的资产负债表中“盈余公积”和“未分配利润”之和为 17.98 亿元。到 2022 年 12 月 31 日，这两个项目之和为 24.42 亿元，即 2022 年比 2021 年多出了 6.44 亿元。那这 6.44 亿元是怎么来的呢？为什么突然之间就多了这么多钱？

我们再来看一看珀莱雅 2022 年度的净利润，详见表 2-6。

表 2-6 珀莱雅 2022 年度净利润

金额单位：人民币元

项目	附注	2022 年度	2021 年度
五、净利润		831,283,806.37	557,053,687.03
(一)按经营持续性分类			
1. 持续经营净利润		831,283,806.37	557,053,687.03
2. 终止经营净利润			
(二)按所有权归属分类			
1. 归属于母公司股东的净利润		817,400,223.93	576,119,025.56

（资料来源：珀莱雅 2022 年度财务报告）

珀莱雅 2022 年归属于母公司股东的净利润为 8.17 亿元。接下来再看珀莱雅 2022 年度偿还债务支付的现金和现金分红金额，详见表 2-7。

表 2－7　珀莱雅 2022 年度偿还债务和分配股利的金额

单位金额：人民币元

项目	附注	2022 年度	2021 年度
偿还债务支付的现金		300,000,000.00	200,000,000.00
分配股利或偿还利息支付的现金		182,663,957.72	152,530,597.10

（资料来源：珀莱雅 2022 年度财务报告）

在 2022 年度，珀莱雅分配了约 1.83 亿元的现金分红。

2022 年的归母净利润 8.17 亿元减去 2022 年分掉的 1.83 亿元现金分红，约等于 6.34 亿元。这个金额与资产负债表中“盈余公积”和“未分配利润”的增加金额基本一致（小额差距跟利息收入或支出等有关），这也说明利润表与资产负债表之间的联系。

净利润 =（期末盈余公积 + 期末未分配利润）+ 本期实施的分红 －
（期初盈余公积 + 期初未分配利润）

如果公司赚钱了，就必然会增加股东权益；如果公司亏损了，就会减少股东权益。因此，资产负债表的恒等式也可以表述为：

资产 = 负债 + 所有者权益 + 收入 － 费用

这个动态表达式还有一个重要的作用，就是揭示财务造假的思路。比如，一家公司要虚增利润，那么它必然要虚减负债或虚增资产。虚减负债是很困难的，因为需要债权人的配合，造假成本比较高。因此，大部分造假就会选择虚增资产，也可以说虚增利润就会虚增资产。

四、现金流量表与资产负债表

现金流量表和资产负债表有什么关系呢？我们已经知道，现金流量表是公司货币资金在某一个年度内收支变化情况的反应。一般来说，现金流量表是对资产负债表第一行“货币资金”项目的全部或者主体年度内变化情况的说明，用一个公式来表述就是：期末资产负债表中的现金 = 期初资产负债表中的现金 + 现金流量表中的现金净增加额。

先看一下珀莱雅 2022 年度的货币资金，见表 2－8。

表 2－8　珀莱雅 2022 年度货币资金

单位金额：人民币元

项目	附注	2022 年	2021 年
流动资产：			
货币资金	七、1	3,161,003,085.05	2,391,048,249.81

（资料来源：珀莱雅 2022 年度财务报告）

从表2－8可知，珀莱雅2022年比2021年的货币资金增加了约7.70亿元，这7.70亿元是怎么来的呢？我们再看看其现金及现金等价物净增加额和年末现金及现金等价物余额，详见表2－9。

表2－9　珀莱雅2022年现金及现金等价物净增加额及年末余额

单位金额：人民币元

项目	附注	2022年	2021年
五、现金及现金等价物净增加额		746,998,316.96	976,484,013.21
加：期初现金及现金等价物余额		2,378,334,768.09	1,401,850,754.88
六、期末现金及现金等价物余额		3,125,333,085.05	2,378,334,768.09

（资料来源：珀莱雅2022年度财务报告）

现金流量表具体反映了这增加的7.70亿元中所有现金及现金等价物的变化情况。如表2－9所示，珀莱雅2022年初现金及现金等价物比上一年增加了约9.76亿元，但2022年现金及现金等价物净增加额为－2.3亿元，两者相加后约等于7.46亿元，与货币资金增加的7.70亿元存在差别，主要是因为珀莱雅可能在这个年度内有一部分资金使用受到限制等情况。

五、利润表与现金流量表

利润表和现金流量表之间的内在关系比较复杂，要通过很多数据计算才能说明情况。它们之间的相同点是，都是一个时期的报表，反映一段时间内的经营活动情况。不同点在于，它们的编制基础不同，利润表是权责发生制，而现金流量表是收付实现制。

先看一下珀莱雅2022年度的营业收入和净利润，详见表2－10。

表2－10　珀莱雅2022年度营业收入和净利润

单位金额：人民币元

项目	附注	2022年	2021年
一、营业收入	七、61	6,385,451,424.00	4,633,150,538.43
五、净利润		831,283,806.37	557,053,687.03

（资料来源：珀莱雅2022年度财务报告）

珀莱雅2022年度的营业收入为63.85亿元，净利润为8.31亿元。再来看珀莱雅2022年销售商品、提供劳务收到的现金和经营活动产生的现金流量金额，详见表2－11。

表2－11　珀莱雅2022年度收到的现金和现金流量净额

单位金额：人民币元

项目	附注	2022年	2021年
一、经营活动产生的现金流量：			
销售商品、提供劳务收到的现金		7,088,465,997.21	5,130,176,845.31
经营活动产生的现金流量净额		1,111,136,117.23	829,670,943.82

（资料来源：珀莱雅2022年度财务报告）

从表2－11可以看出，珀莱雅2022年销售商品、提供劳务收到的现金为70.88亿元，经营活动产生的现金流量净额为11.11亿元。

利润表和资产负债表上的这两组数据之间有什么关系呢？营业收入与销售商品或劳务收到的现金、净利润与经营活动产生的现金流量净额所计算出的比值，对研读和分析财报以及寻找具有持续竞争优势的成长性公司的价值非常大。这里不展开阐述，后面的章节会有详细的计算和解读。

不管怎样，正如前文所说，利润表、现金流量表和股东权益变动表以及其他各种报表，在本质上都是对资产负债表某一个项目或某一组项目的展开说明。我们只要明白，现金流量与利润表和资产负债表之间有紧密的内在关系，因此读财报时，需要把三张报表结合起来分析。

第三章

为赚钱的过程拍视频：利润表

凡是不以赚钱为目的的公司，都是“耍流氓”。利润表是一张反映公司在一段时间内经营成果的报表，它揭示公司的钱是如何赚取的？赚钱能力强不强？但持续性好和真实性高才是高质量的利润。

大多数公司都是在满足市场需要的情况下，合法地赚取利润。因此，绝大多数公司是以盈利为目的的经济组织，这也是我们挑选股票的一个前提条件。

任何一家公司的经营活动，实际上都是在进行一个从现金开始又回到现金的循环往复的过程。乍看之下，这个循环过程好像并不复杂，不过就是“采购原材料→生产产品→销售产品→收回现金”，但事实上并非如此简单。

为了赚钱，公司必须先得付出一系列代价，比如租赁场地、购置设备、采购原料、招聘员工、广告宣传等，以及支付各种各样的开支，也就是费用。在扣除了这么多耗费之后，公司到底有没有赚到钱呢？所以，我们需要一张利润表。

利润表也叫作“损益表”，从字面上解读，损益表就是体现损失和收益的一张表，它的基本观念很简单，就是让股东看出一家公司在这一段时间内是赚钱了或者亏钱了（收益或损失）。换句话说，任何会计科目，凡是与赚钱或亏钱有关的科目，把它全部放在利润表里就对了。

利润表是资本市场最喜欢看的报表，也可以称之为资本市场表。而上市公司发布的年度财务报告，其中的摘要或是简报里大部分数据内容都来自利润表，因为投资者最关心钱的问题，所以利润表也是上市公司的“成绩单”。

第一节　利润表一览

为了便于阅读，下面先展示一下千禾味业 2022 年的利润表信息（略有删减），见表 3－1。

表 3－1　千禾味业 2022 年利润表

2022 年 1—12 月　　单位金额：人民币元

项目	附注	2022 年度	2021 年度
一、营业总收入		2,436,471,672.19	1,925,286,294.09
其中：营业收入		2,436,471,672.19	1,925,286,294.09
二、营业总成本		2,026,838,681.39	1,669,845,150.73
其中：营业成本		1,545,770,407.17	1,147,871,732.00
税金及附加		20,935,801.51	16,340,427.33
销售费用		330,952,760.60	387,948,874.88
管理费用		72,964,563.24	64,998,547.08

续表

项目	附注	2022 年度	2021 年度
研发费用		64,524,845.73	55,389,752.79
财务费用		-8,308,696.86	-2,704,183.35
其中:利息费用		1,376,299.18	22,665.01
利息收入		9,442,974.58	3,081,856.16
加:其他收益		7,387,772.96	7,428,577.28
投资收益(损失以"-"号填列)		2,520,496.26	8,584,382.72
信用减值损失(损失以"-"号填列)		-5,894,051.99	-1,362,119.44
资产减值损失(损失以"-"号填列)		-13,521,383.27	
资产处置收益(损失以"-"号填列)		221,856.94	-98,999.08
三、营业利润(亏损以"-"号填列)		400,347,681.70	269,992,984.84
加:营业外收入		2,178,792.91	3,608,532.00
减:营业外支出		865,499.30	12,359,050.48
四、利润总额(亏损总额以"-"号填列)		401,660,975.31	261,242,466.36
减:所得税费用		57,707,967.16	39,840,870.93
五、净利润(净亏损以"-"号填列)		343,953,008.15	221,401,595.43
(一)按经营持续性分类			
1. 持续经营净利润(净亏损以"-"号填列)		343,953,008.15	221,401,595.43
2. 终止经营净利润(净亏损以"-"号填列)			
(二)按所有权归属分类			
1. 归属于母公司股东的净利润(净亏损以"-"号填列)		343,953,008.15	221,401,595.43
六、其他综合收益的税后净额			
(一)归属于母公司所有者的其他综合收益的税后净额			
(二)归属于少数股东的其他综合收益的税后净额			
七、综合收益总额		343,953,008.15	221,401,595.43
(一)归属于母公司所有者的综合收益总额		343,953,008.15	221,401,595.43
(二)归属于少数股东的综合收益总额			
八、每股收益:			
(一)基本每股收益(元/股)		0.3588	0.2310
(二)稀释每股收益(元/股)		0.3588	0.2310

(资料来源:千禾味业 2022 年度财务报表)

利润表是反映公司在一定时期经营盈亏状况的会计报表。比如表3－1中的第五大项“净利润”，反映了这个时期公司获得的净利润，也就是辛苦一年之后所取得的经营成果。

前面讲过，利润表上的基本逻辑关系可以简单表述为：

净利润＝收入－成本费用

简单的理解就是，收入是那些能够增加公司净利润的项目，比如：营业收入、投资收益、利息收入、其他收益、营业外收入等；成本费用就是那些使公司净利润减少的项目，也是公司为获得利润必须发生的损耗，比如：营业成本、税金及附加、三大费用、利息支出、资产减值损失、营业外支出等。

结合千禾味业2022年度利润表来看，千禾味业2022年全年实现营业总收入24.36亿元，2021年约为19.25亿元。千禾味业的营业收入金额等于营业总收入金额，说明其主营业务突出，没有盲目发展多元化，全部由销售商品实现的营业收入构成。

接着往下看，营业总成本20.27亿元，营业总成本中的直接营业成本为15.46亿元，税金及附加约0.21亿元，销售费用为3.31亿元，管理费用0.73亿元，研发费用0.65亿元，财务费用－0.083亿元。把财务费用拆开，我们可以看到，利息费用仅为0.014亿元，而利息收入则为0.094亿元。也就是说，贷款产生的利息费用极少，而在银行里的存款产生了利息收入，远大于利息支出，说明千禾味业的资金比较宽裕。

包括投资收益在内的其他收益项目，加加减减之后的总额为0.03亿元，其中资产减值损失为0.14亿元，对联营公司和合营公司等没有投资及其产生的投资，加总之后的所有收益在净利润中的占比非常小，几乎可以忽略不计，这可能跟千禾味业的管理有关，更愿意采取直接投资控股合并报表的方式。

营业利润约为4.00亿元，加上营业外收入减营业外支出，最后得出利润总额仍约为4.02亿元，再减去0.58亿元所得税费用，净利润约为3.44亿元。

一、营业总收入

利润表的第一部分就是营业总收入。

1. 营业收入

营业收入指的是公司在某个会计期间所获得的营业额，会计期间一般为一个季度或者一年。它也是一家公司销售商品或提供劳务实现的收入，比如千禾味业的营业收入就是销售酱油、食醋等调味品和焦糖色等食品添加剂实现的收入。

有的公司除了主营业务之外，还呈现出多元化发展，收入来源也就复杂多样。这时候，这家公司的营业总收入就会有更细的分类。比如，李四开了一家教育培训机构，除了语数外等文化课辅导外，培训机构里还在卖书、卖咖啡，此外李四还向自动售卖机的商家出租场地。这时候，李四公司的营业总收入，除了主营的课程辅导收入外，还有卖书、卖咖啡和场地出租等收入。

一般来说，如果不考虑外延式收购兼并的增长，公司收入的增长主要有三种途径，即产品潜在需求增长、市场份额扩大和产品价格提升。不同的增长路径的可靠性不同，这需要我们从商业模式和所处市场阶段进行定性分析。

另外，收入这个环节很容易造假。经营业务复杂的公司，或者业绩不好的公司，某一个时间段内突然业绩大增，不一定是健康良性的。这需要我们找出各种不同的数据，来仔细分析后做出判断。

2. 利息收入

在有的利润表结构中，其营业总收入一栏里除了包括营业收入之外，还有利息收入。这个项目在一般的公司财报中比较少见，通常只有银行等金融机构才会有。但有一种情况例外（增发、募资除外），那就是，如果这家公司的经营状况比较好，赚到的钱都是真金白银，现金流充裕，除了常规的投资理财赚取收益，银行账户上往往会存留一大笔货币资金，以应对公司在经营过程中随时可能出现的意外情况。

因此，这家公司在银行账户上的存款，就会产生利息收入。

3. 手续费及佣金收入

除此之外，营业总收入中还有一个手续费及佣金收入的项目，这个项目通常也只有在金融机构报表中才会出现，其他行业的公司财报中几乎不会列出。

二、营业总成本

继续往下看，接着就是营业总成本。营业总成本是公司为了获得营业收入而消耗的各种资源，它包括了若干细分项，如营业成本、销售费用、管理费用、研发费用和利息费用等。

1. 营业成本

营业成本就是公司销售商品的直接代价，代表公司销售商品、提供劳务发生的费用。比如说，一本书的售价是 100 元，在生产过程中会用掉 50 元的纸张、油墨等原材料，还要付给印刷工人工资 5 元，设备和厂房等折旧费 10 元，那么利息费用等，是不计入产品成本的，而是在营业总成本项下的销售费用、利息费用等科目展示。这本书的营业成本就会变成 65 元。

在会计上，产品的生产成本包括料、工、费三项，也就是构成产品的原材料成本、生产过程中的人工成本，以及生产过程中的机器设备和厂房等的损耗费用。容易让人混淆的是，有些费用与产品生产没有直接关系，比如销售部门的营销费用以及融资发生的费用。

任何一项生意都会产生成本，原材料、人工、加工、运输、销售等，每一个环节都需要成本，一家好公司的基本素质就是要能合理控制好这些成本。在一定程度上，成本的控制就是公司运营能力的体现，也是公司优秀管理层的价值所在，尤其是在买方市场上，比如超市、水果店、百货公司等，最后比拼的就是成本的控制力。

2. 税金及附加

税金及附加是指公司在经营活动中应负担的相关税费，包括消费税、营业税、城市维护建设税和教育费附加等。公司通过“营业税金及附加”科目，核算公司经营活动相关税费的发生和结转情况。

这是税，但并不是所得税，因为赚到了钱才需要缴纳所得税，流转税则是不管你是否赚到钱，只要是有经营活动发生就都得缴纳。常见的流转税有营业税和增值税，这两者又有不同。营业税是一种价内税，已经包含在商品价值或价格之内，而增值税是价外税，也就是税款不包含在商品价格内的税。

打个比方，你去一家杂货铺买零食，一共付给了老板100元。但事实上，如果杂货铺的营业税率是5%，那么老板虽然从你这里获得了100元，但实际只收入了95元，其余5元是税收。也就是说，营业税是由经营者承担的一种税收成本。

再比如说，我们在华为专卖店买一部价值8000元的手机，除了需要支付这8000元以外，还需要支付17%的增值税，也就是1360元。我们为了获得某种商品必须额外支付增值税，所以增值税是由消费者承担的税费。

3. 销售费用

销售费用是指公司在销售商品和材料、提供劳务的过程中发生的费用，也就是为了促销和推广产生的费用，比如说把货物从仓库运输到销售场所的运费、仓储费、广告费以及其他为了促销而支出的费用、销售人员的工资、门店的租金等。

总之，一切与销售有关的费用，都归纳入销售费用科目之中，其通常随着营业收入的变化而变化。

4. 管理费用

管理费用是指与公司在销售商品和材料、提供劳务的过程中发生的费用，简单地说，也就是为了管理公司所发生的各种费用。比如说管理部门各种人员的工资，比如说行政开支、办公楼的折旧等，都是管理费用。

一方面，不同类型工作人员的工资属于不同的项目，比如管理人员的工资属于管理费用，而销售人员的工资则属于销售费用。另一方面，不同类型的固定资产折旧也属于不同的项目，比如商店的折旧属于营业费用，厂房的折旧属于生产成本，办公楼的折旧属于管理费用。

一般来说，管理费用包括由公司统一承担的管理人员的薪酬、差旅费、办公费、劳动保险费、职工待业保险费、业务招待费、工会经费、咨询费、诉讼费、技术转让费、修理费、房产税、城镇土地使用税、印花税、审计费以及其他管理费用等。

5. 研发费用

研发费用是指公司为搞研究和开发而产生的各种费用，计入了利润表的相关资源消耗，包括研发部门的人员工资、研发过程中投入的各项费用、与研发有关的固定资产折旧费和无形资产摊销费以及新产品设计费等。

按照目前的会计准则规定，公司为开展研发活动产生的支出，在会计记录上可以有两种处理方法：一是将这些支出全部作为研发费用计入利润表之中，叫作“费用化”；二是将这些支出全部或者部分作为无形资产列入资产负债表中，叫作“资本化”。

6. 财务费用

所谓财务费用，是指公司在生产经营过程中为筹集资金而发生的各项费用，包括生产经营期间发生的利息支出、汇兑净损失、金融机构手续费、汇票贴现费用，以及筹资发生的其他财务费用如债券印刷费、国外借款担保费等。

简单点说，就是公司为向别人借钱需要付出一定的利息作为代价，也会因为在银行存款而获得一些利息，这些利息都记录在这个项目里。换句话说，利润表上的财务费用，是借款利息减去存款利息的净额。这就导致财务费用既可能是一个正数，也有可能是一个负数。

打个比方，张三的公司筹集了很多资金，这些钱目前还都存放在银行账户里，因此公司就会获得利息收入。另一方面，如果这笔钱不是通过借贷，而是通过股权融资获得，公司不仅不会支付利息，而且财务费用就变成了一个负数，负的“财务费用”就是财务净收益，它实际上是帮助公司增加利润的。

7. 资产减值损失

资产减值损失是指因资产的账面价值高于其可回收金额而造成的损失。会计准则规定资产价值范围主要是固定资产、无形资产以及除特别规定外的其他资产减值的处理。这是利润表中一个很有意思的项目，也是一个容易被操纵造假的“事故多发地”。

当有“证据”表明公司的资产在报告期末的市场价值显著低于账面价值时，就会发生减值。具体来讲，可能发生资产减值损失的对应科目，主要是固定资产、无形资产、商誉、存货、应收账款、可供出售金融资产、持有至到期投资等。

比如说，应收账款会发生减值，要计提坏账准备；存货会发生减值，要计提存货跌价准备；商誉会发生减值，要计提商誉减值准备。其他如固定资产、无形资产、长期股权投资等资产都会发生减值，都要计提相应的减值准备。

打个比方，老喻杂货铺进了一批进价为 20 元一个的杯子，原本打算按照 40 元一个的价格卖出去，结果这批货并没有按照预期计划销售出去。在年底结算的时候，还有 10 个没有卖出去，如果要想售出，每个只能打折卖到 15 元。而这批货又是预付账款不能退货，只能低价出售了。如此，在年底的时候，每个杯子实际上已经发生了减值损失 5 元，10 个就是 50 元。所以，老喻杂货铺利润表上的资产减值损失就是 50 元。

根据现行会计准则，除了应收账款、存货、债权类资产计提的减值损失可以转回以外，其他如商誉、无形资产等一旦计提资产减值损失则是不能转回的。因此，尽管上市公司通过计提而后转回调控利润的空间减小了，但前述三个科目仍然被一些公司想方设法地操纵。

8. 其他收益、投资收益

简单地说，其他收益就是政府补贴。

按照新版的会计准则规定，上市公司从 2017 年开始，将原本属于公司营业外收入的部分政府补贴收入归入“其他收益”项目，并“升格”为营业内，作为营业利润的重要支柱进行披露。计入其他收益的政府补助是指那些与企业日常活动相关，但不宜确认收入或冲减成本费用的政府补助。

所谓投资收益，是指公司对外投资所取得的收益减去发生的损失后的净额，也就是公司利用自身的资金、资源等优势，进行各种投入获得的利润、股利、利息、租金等，以及处置公允价值模式计量，且其变动计入当期损益的金融资产或金融负债、可供出售金融资产、投资性房地产实现的收益。

实际上，除了主营业务之外，公司获得投资收益的途径很多，比如，将公司账户里暂时不动的钱，进行投资理财，赚取一定的收入，这就是投资收益。其他像买卖股票赚的利润、分的红利等，也属于投资收益。

9. 公允价值变动收益

公允价值变动收益是指以公允价值计量且变动计入当期损益的金融资产、投资性房地产等项目的公允价值变动所形成的计入当期损益的利得（或损失）。

是不是有点像绕口令？让人一头雾水。这样说吧，就是公司拥有的金融类资产和投资性质的房地产等，是按照公允价值来计价的，如果某一项资产现在这个时候的账面价值比去年同期增长了 100 元，那么这 100 元便是该项资产一年来的收益。如果这项资产在这一年的时间里，不仅没有获得收益，反而贬值了 100 元，那么这家公司便发生了 100 元的损失。这种收益或者损失，就叫“公允价值变动收益”。

三、营业利润

营业利润是指公司从事生产经营活动所取得的利润，是公司最基本的经济成果，也是公司一定时期获得利润中最主要、最稳定的来源。

营业利润 = 营业收入 − 营业成本 − 税金及附加 − 销售费用 − 管理费用 − 资产减值损失 + 投资收益 + 利息收入

这里需要特别注意的是，营业外收入和营业外支出是不能计算进去的。什么叫作营业外收支呢？就是那些跟公司在经营和投资活动中八竿子打不着的收入和支出。

1. 营业外收入

营业外收入是指公司获取的与其日常生产经营活动没有直接关系的各种收入，主要包括：非货币性资产交换利得、债务重组利得、公司合并损益、因债权人原因确实无法支付的应付款项、教育附加返还款、罚款收入、捐赠利得等。

举个例子来说吧，老喻杂货铺卖掉了一台闲置的冰柜，由此获得的收益即视为营业外收入。这是因为老喻杂货铺经营的目的是通过销售产品赚钱，而不是通过出售自己的固定资产赚钱，所以出售冰柜的收益不属于营业利润，而是营业外收入。

2. 营业外支出

营业外支出是指公司发生的与日常生产经营活动没有直接关系的各种损失，主要包括盘亏损失、非常损失、非流动资产处置损失、非货币性资产交换损失、债务重组损失、罚款支出、公益性捐赠支出等。

在公司的日常经营活动中，有一种情况需要特别重视，就是在某些时候，如果公司与经营活动无关的活动非常活跃，比如短期投资活动（炒股等）、非流动资产处置活动（变卖家产等）等，即使公司在由主营业务收入产生的核心利润上没有什么能力，自然也谈不上未来的竞争优势，但它的营业利润仍有可能看起来非常不错。换句话说，就是营业利润并不一定与营业有关，兼职收入成了获取利润的“中流砥柱”。

还以老喻杂货铺为例。我们可以这样设想：这个杂货铺一年营业收入 100000 元，与销售商品有关的进价是 60000 元。在这个过程中，相继发生了如下这些费用和成本等：税金及附加 2000 元、销售费用 10000 元、管理费用 20000 元、库存商品发生减值损失 1600 元；杂货铺投资了旁边的水果店，这一年分红（属于投资收益）6000 元、存款利息收入 2000 元；杂货铺还收到了员工违规罚款（属于营业外收入）1000 元、对社区内的幼儿园捐赠（属于营业外支出）2000 元；杂货铺所得税支出 1800 元。

看起来挺复杂，其实梳理后很简单。在老喻杂货铺营业利润的计算中，除了不能包括的营业外收入（员工违规罚款 1000 元）、营业外支出（对幼儿园捐赠 2000 元）和所得税以外的项目都要进行加减计算，其计算公式是这样的：

营业利润 = 营业收入 − 营业成本 − 税金及附加 − 销售费用 − 管理费用 − 资产减值损失 + 投资收益 + 利息收入

= 100000 元 − 60000 元 − 2000 元 − 10000 元 − 20000 元 − 1600 元 + 6000 元 + 2000 元

= 14400 元

四、利润总额

利润总额是公司在一定时期内，通过各种生产经营活动所实现的利润总和，它所对应的就是“亏损总额”。利润总额的计算公式是：

利润总额 = 营业利润 + 营业外收入 - 营业外支出

大家可能已经注意到了，利润总额与营业利润的差别，其实就在于营业外收入与营业外支出这两个项目。在前面老喻的杂货铺例子中，利润总额 = 14400 元 + 1000 元 - 2000 元 = 13400 元。

当利润总额为负数时，意味着公司一年经营下来，其收入还抵消不了成本开支及应缴的营业税，也就是说公司发生亏损；当利润总额为零时，公司一年的收入正好与支出相等，公司经营活动不赚不亏，这就是盈亏平衡；当利润总额大于零时，公司一年的收入大于支出，这就是通常所说的公司盈利，赚钱了。

五、净利润

净利润是一家公司在一定时期内所获得的可用于股东分配的利润净额，反映了这家公司特定期间获得的最终利润，也就是大家通常所说的“纯利润”。净利润的计算公式是：

净利润 = 利润总额 - 所得税

其实，如果跟营业利润、利润总额联系在一起，计算公式就可以演变为：

净利润 = 营业利润 + 营业外收入 - 营业外支出
= 营业收入 - 营业成本 - 税金及附加 - 销售费用 - 管理费用 - 研发费用 - 利息费用 - 资产减值损失 - 信用减值损失 + 其他收益 + 投资收益 + 公允价值变动收益 + 资产处置收益 + 营业外收入 - 营业外支出 - 所得税费用

再简单一点，净利润的产生还可以这样概括：营业利润加上营业外收支净额，缴纳所得税后，剩下的就是净利润了。

净利润是利润表的最终结果。细心的读者朋友在读财报时可能还注意到，在利润表的净利润下面还跟着两个项目，一个是归属于母公司所有者的净利润，另一个是少数股东损益。

这个情况在大多数上市公司的财报中普遍存在，因为在合并报表的过程中，我们把被投资公司中不属于母公司的利润也包括进去了，所以在利润表里要做一个划分，分成属于母公司的利润和属于少数股东的利润。

需要特别强调的是，净利润不等于挣到的钱，两者之间可以有很大的差别。这主要是因为收入的确认，依据的是权责发生制，它是以收入和费用应不应该计入本期为标准，来确定收入和费用的配合关系，而不考虑收入是否收到或费用是否支付。

净利润正是以权责发生制为基础计算出来的，由于不管是否收到现金，赊账、欠款，都可以做大利润，成为“纸上富贵”，因此净利润就可能存在很大水分。事实上，利润表也是三张报表中造假事故的“高发地”，其中很多项目都存在可被利用的“漏洞”。

第二节　利润表解读

利润表有点像一个漏斗，凡是跟收入和费用相关联的东西，全都一股脑儿地装进来了。比如说，今年装进来的收入有5000万元，加加减减之后只剩下300万元，在这个过程中，公司会损耗掉很多资源。

我们都知道，一家公司的营业收入要减去很多成本、各种费用以及诸多名目的税，最后才是净利润。所以，利润表有一个基本的逻辑：收入扣除所有的成本费用之后，就得到了最终的净利润。

除此之外，这张项目繁多的利润表还透露出哪些信息呢？

一、利润表透露出的信息

作为一个投资者，如果你打算买入一家公司的股票，总不至于盲目下手，那你最想知道这家公司的什么情况呢？会不会产生这些问题：这家公司是做什么的？规模有多大？收入情况好不好？

比较而言，投资者恐怕更关注如下这些问题：这家公司到底赚不赚钱？如果现在还不能赚钱，那什么时候能够赚钱？未来赚钱的空间有多大？

上述这些问题需要看哪一张报表呢？你可能已经知道了，就是利润表。

利润表是一家公司能不能创造价值的最直接表现。公司经营情况如何、未来有没有发展空间，利润表都会如实做出回答。当你真正读懂利润表的时候，就可以用最快的速度了解这家公司的盈利能力。

利润表一个最基本的功能，就是告诉投资者它是否赚钱了，以及从哪里赚到的钱。从利润表的各个项目构成中，我们还可以将具有可持续性的营业利润与不可持续性的营业外收支和政府补贴收入分别拆解，帮助分析和推断出公司在未来一段时间内的收益。

实际上，通过利润表可以至少传递出两个信息：一是它不仅可以告诉投资者，这家公司现在赚了多少钱，这些钱是从哪里赚到的；二是投资者透过历史轨迹，可以在一定程度上了解和推测公司未来的盈利状况。

在解读利润表时，投资者要特别注意：利润≠赚钱。简单点说，就是利润不是钱：有收入不等于收到现金了，收到了钱却可能没有收入，有费用也不等于要付出现金，付出了现金不一定会产生费用。

“有收入不等于收到了现金”，意思是说，公司尽管销售出去了不少产品或提供了服务，但很多都变成了应收账款，一时半会儿还没有收回来。

“收到了钱却可能没有收入”，意思是说，公司预先收取了下游客户的货款，却还没有把货发出去，这笔预收款就不能算是自己的。它叫作“经营性负债”，往往意味着公司的产品很紧俏，供不应求。

“有费用也不需要付出现金”，意思是说，虽然固定资产在不断损耗、折旧，却不用付钱出去，这种情况往往在一些前期需要重资产投入的行业比较明显，比如水力发电、风力发电等。

“付出了现金却没有产生费用”，意思是说，公司预缴了下一年的房租，换回了这所房子在下一年的使用权，得到了一项资产，却没有产生任何费用。

把收入减去所有的成本和费用之后就等于利润，而收到的所有现金减去支付出去的所有现金就是“现金流”。所以，上述四种情况整合在一起分析，就能帮助投资者推断出一条亘古不变的真理：利润不等于现金流。

实际上，这个逻辑背后真正的根源，是权责发生制和收付实现制的立足点不同。

二、利润表解读的关键点

按照利润表的项目构成，我们自上而下逐一解读。

首先映入眼帘的就是第一行营业收入。大致快速地浏览一下，当期营业收入的变化情况，是增长了，还是下降了。这就需要把视野打开，查看一下公司整体的经营情况是如何变化的。

比如，身处同一个行业的两家公司，一个公司最近几年的营业收入都呈现出快速增长的状态，而另一家公司的营业收入却增速缓慢，甚至有些年度还出现下降。对这种情况，你的第一印象是什么？是不是第一家公司比第二家公司更好一些？看营业收入数据的变化，是一个重要的分析切入角度。

其次，查看一下毛利的变化，是增加了，还是减少了。前文已经介绍了，跟随着毛利伴生的，还有一个毛利率的数据，看看它发生了什么变化。

通过毛利和毛利率这两个数据，投资者基本上就可以判断出一家公司的初始盈利能力。换句话说，就是在营业收入大致相同的情况下，毛利率高的公司必然会有更高的毛利规模；在毛利率大致相同的情况下，营业收入高的公司自然会有更高的毛利规模。也即：在两家公司营业收入差不多的情况下，毛利率高的好；在两家公司的毛利率差不多的情况下，营业收入高的好。

第三，查看一下营业利润的变化，是增加了，还是减少了。这个比较简单，如果营业利润增加了，一般就说明这家公司处于利润增长的态势。

第四，查看一下核心利润的变化情况。我们都知道，营业利润主要由主营业务的核心利润，以及主营业务以外的投资收益和其他收益这三个支柱构成。其中，核心利润是一家公司日常经营活动赚到的利润，也是公司核心竞争力的体现，具有较高的持续稳定性；投资收益是公司运用自己的资源投资于股权、债券等赚到的利润；其他收益主要是政府补贴。

为了便于理解，我们再以老喻杂货铺为例进行分析。这个杂货铺一年营业收入100000元，与销售商品有关的进价是60000元。在这个过程中，相继发生了如下这些费用和成本：税金及附加2000元、销售费用10000元、管理费用20000元、库存商品发生减值损失1600元；杂货铺投资了旁边的水果店，这一年分红（属于投资收益）6000元、存款利息收入2000元；杂货铺还收到了员工违规罚款（属于营业外收入）1000元、对社区内的幼儿园捐赠（属于营业外支出）2000元；杂货铺所得税支出1800元。

当时营业利润的计算是这样的：

营业利润 = 营业收入 − 营业成本 − 税金及附加 − 销售费用 − 管理费用 − 资产减值损失 + 投资收益 + 利息收入

= 100000元 − 60000元 − 2000元 − 10000元 − 20000元 − 1600元 + 6000元 + 2000元

= 14400元

梳理一下，看看核心利润、投资收益和其他收益在营业利润中做出了哪些贡献。

核心利润 = 营业收入 − 营业成本 − 税金及附加 − 销售费用 − 管理费用 − 研发费用 − 利息费用

= 100000元 − 60000元 − 2000元 − 10000元 − 20000元 − 0元 − 0元

= 8000元

投资收益为6000元，其他收益为0元。

这个计算数据表明，公司营业利润的主体是与经营活动密切相关的核心利润，为8000元；投资收益的贡献也不可小觑，竟然高达6000元。

如果核心利润在公司营业利润中占据了主导地位，说明公司的产品不仅能够产生利润，还在市场竞争中具有较强的能力；如果公司的投资收益在营业利润中所占比例过高，说明公司对外部的投资质量较高；如果代表公司获得政府补贴的其他收入在营业利润中占据了主导地位，说明公司的产品经营符合国家或地方的产业扶持政策。

但不管怎样，任何一家公司最应该追求的是核心利润，以及在营业利润中占据绝对的主导地位。投资收益、其他收益固然能够为公司带来收入，但始终不是内生性的原动力增长，缺乏质量和可持续性。

第五，考察公司利润的虚与实。这个步骤主要从以下三方面切入：

一是重点观察公司的营业利润，如果其中核心利润所占比例过低，则往往意味着其利润比较虚；

二是营业收入、毛利规模都呈现同步下降的公司，则意味着其营业利润比较虚；

三是不能带来充分经营活动产生的现金流量的核心利润比较虚。

利润表展示的是公司的盈利能力，现金流量表体现的是公司的赚钱能力，相对于前者浓妆艳抹的“面子”，后者过的才是精打细算实实在在的“日子”。在这个过程中，一家良性发展的公司，应该是既有较高的核心利润，也有较强的获得经营活动现金流的能力，如此才能保持核心竞争力，健康持续地长期发展。

第三节　利润表案例分析

学习的根本目的就是学以致用，否则即使学富五车，但最终不能转化为生产力，也就没有多大实际价值。下面我们按照前文介绍的方法，对一家上市公司进行拆解分析。

我们来看一看成长股风华高科2022年度的利润表，详见表3－2。

表3－2　风华高科2022年度利润表

单位金额：人民币元

项目	附注	2022年度	2021年度
一、营业总收入		3,873,931,995.77	5,055,059,922.78
其中:营业收入	六、44	3,873,931,995.77	5,055,059,922.78
二、营业总成本		3,663,358,249.59	4,178,465,653.43
其中:营业成本	六、44	3,177,849,230.31	3,491,448,668.56
税金及附加	六、45	21,195,944.56	32,830,485.64
销售费用	六、46	76,965,540.73	80,270,166.71
管理费用	六、47	290,326,737.93	351,923,880.19
研发费用	六、48	225,330,651.63	245,223,646.95
财务费用	六、49	－128,309,855.57	－23,231,194.62
其中:利息费用		29,223,660.71	25,946,897.03
利息收入		152,898,023.71	47,612,689.62
加:其他收益	六、50	63,358,539.37	68,907,189.19
投资收益(损失以“－”号填列)	六、51	132,590,062.60	124,194,909.24
其中:对联营企业和合营企业的投资收益		56,242,012.91	52,388,233.11
公允价值变动收益(损失以“－”号填列)	六、52	179,437.04	
信用减值损失(损失以“－”号填列)	六、53	－30,063,850.22	－91,658.59
资产减值损失(损失以“－”号填列)	六、54	－137,518,467.39	－32,437,605.06
资产处置收益(损失以“－”号填列)	六、55	88,532,336.16	50,631,756.07
三、营业利润(亏损以“－”号填列)		327,651,803.74	1,087,798,860.20
加:营业外收入	六、56	49,131,542,17	4,027,799.35
减:营业外支出	六、57	29,395,609.37	12,904,680.89
四、利润总额(亏损总额以“－”号填列)		347,387,736.54	1,078,921,978.66
减:所得税费用	六、58	7,935,009.07	128,019,820.60

续表

项目	附注	2022 年度	2021 年度
五、净利润(净亏损以“－”号填列)		339,452,727.47	950,902,158.06
(一)按经营持续性分类：			
1. 持续经营净利润(净亏损以“－”号填列)		339,452,727.47	950,902,158.06
1. 终止经营净利润(净亏损以“－”号填列)			
(二)按所有权归属分类			
1. 归属于母公司股东的净利润(净亏损以“－”号填列)		327,037,938.38	943,116,841.86
2. 少数股东损益(净亏损以“－”号填列)		12,414,789.09	7,785,316.20
六、其他综合收益的税后净额		－31,647,340.47	33,988,238.51
(一)归属于母公司股东的其他综合收益的税后净额	六、59	－32,043,229.75	34,042,382.15
1. 不能重分类进损益的其他综合收益		－26,050,075.37	38,494,446.36
(1)其他权益工具投资公允价值变动		－26,050,075.37	38,494,446.36
2. 将重分类进损益的其他综合收益		－5,993,154.38	－4,452,064.21
(1)权益法下可转损益的其他综合收益		－6,337,404.74	－4,449,918.19
(2)可供出售金融资产公允价值变动损益			
(3)外币财务报表折算差额		344,250.36	－2,146.02
(二)归属于少数股东的其他综合收益的税后净额		395,889.28	－54,143.64
七、综合收益总额		307,805,387.00	984,890,396.57
(一)归属于母公司股东的综合收益总额		294,994,708.63	977,159,224.01
(二)归属于少数股东的综合收益总额		12,810,678.37	7,731,172.56
八、每股收益：			
(一)基本每股收益(元/股)		0.31	1.05
(二)稀释每股收益(元/股)		0.31	1.05

(资料来源：风华高科 2022 年度财务报告)

首先，我们来看一下营业收入的变化情况。2021 年，风华高科的营业收入是 50.55 亿元，2022 年度的营业收入是 38.74 亿元。显然，其营业收入在大幅减少，其背景是新冠肺炎疫情的暴发，必然会影响到施工作业等。一方面说明风华高科的经营活动受到了比较大的影响，另一方面说明在如此恶劣的情况下，风华高科仍然实现了较高的营收，表明其在电子元器件产业链里具备有一定的竞争优势。

其次，查看一下毛利的变化，是增加了，还是减少了；毛利率是提升了，还是下降了。风华高科2021年的毛利是15.64亿元，毛利率是约30.93%，其2022年度的毛利是6.96亿元，下滑幅度高达约55%，毛利率也下滑至17.97%。

这意味着什么呢？随着风华高科营业收入的大幅下降，其毛利规模也跟着下滑，毛利率也从31%下降到约18%。这两个指标都在大幅下降，对公司来说无疑是负面消息。而且，无论是营收、毛利和毛利率的下降幅度都非常大，对公司盈利能力的下滑会有实质性的影响。

第三，看一下营业利润的变化情况，是增加了，还是减少了。2021年公司的营业利润是10.88亿元，2022年度的营业利润是3.28亿元，下降幅度高达69.85%。回过头去看风华高科营业利润的变化轨迹，2019年和2022年下降幅度非常大，尽管其他年份都呈现出了高速增长的趋势，但这也说明其稳定性和持续性还需要加强。

第四，查看一下核心利润的变化，其中核心利润、投资收益和其他收益各自在营业利润中有什么支撑作用？

先看一下2021年，风华高科的营业利润为10.88亿元，投资收益是1.24亿元，其他收益也就是政府补贴约为0.69亿元，两者合计在营业利润中所占比例约为17.74%。也就是说，风华高科的主营业务收入还是靠生产销售电子元器件和电子材料，从50.55亿元的营业收入中产生了核心利润，而不是靠其他的收入方式。

再看2022年，风华高科的营业利润为3.28亿元，投资收益是1.33亿元，其他收益为0.63亿元，两者合计在营业利润中所占比例上升为59.76%。在当年风华高科的营业利润中，因为营业收入大幅下降，导致规模效应无法体现，必然因单位成本的大幅上升而影响核心利润，所以其投资收益和其他收益所占比重比较大。

最后，我们来体会一下风华高科利润的虚与实。

我们已经看到，风华高科这两年的营业利润相对于竞争同行来说，总体还是不错的，核心利润对公司营业利润构成了主要的支撑（2022年除外），其他投资收益和政府补贴较少，公司坚守自己的主营业务，没有盲目地为了追求规模而多元化。在公司的营业利润中，因为核心利润占据了主导地位，所以利润比较实在。

需要警醒的是，我们看到风华高科2022年与2021年相比，无论是营业收入、毛利规模还是毛利率等都随之同步下降，除了新冠疫情影响外，这两三年时间内光伏行业整体不太景气，处于产业周期出清阶段，必然会让产业链中游的设备企业备受煎熬。

拉长时间来看风华高科的利润报表，我们会发现其核心利润带来现金流量的能力，在行业里还是很强的，也就是基本上能够带来充分经营活动产生的现金流量。经过计算，风华高科2022年核心利润仅为0.54亿元，但其核心利润的获现率却高达2.78，远高于其2021年0.76的核心利润获现率。

这从另一个侧面透露出，尽管风华高科在最近两年遭遇营收、利润大幅下滑等状况，但其核心利润获现率高，表明企业的核心业务创造现金的造血能力比较强，现金流比较充足。

总体来说，核心利润获现率高的公司，其利润的质量往往也不错。为什么会出现这种情况呢？接下来我们会在介绍现金流量表的时候，为大家做出详细的阐述。

第四章

公司的健康体检报告：资产负债表

资产负债表描述了一家公司在某个时点的资产财务状况，说明投入公司多少资金，这些资金又变成了什么。它分为左右两部分：左边是资产，说明资产变成了什么；右边是负债和所有者权益，说明资金从哪里来。

经营公司有一个最基本的要求，就是保证股东们投入的本金不会遭到任何损失。而且，股东或投资者们要随时都能知道，原来投入的本金现在都变成了什么，它们现在价值几何，是增值了还是贬值了……因此，需要有一张能够描述和解释这些问题的财务报表，这就是资产负债表诞生的意义。

前文讲过，利润表是收入减去支出之后得到利润的过程，直观地反映“钱”的问题，大家都喜欢。但是资产负债表却不同，它所涉及的项目众多，不够直观，还有很多比较拗口的专业词语，阅读和分析起来很烧脑，容易让人犯迷糊。

但毫不夸张地说，资产负债表是这三张财务报表中最核心和重要的报表，它反映出公司的财务状况，揭示公司在某一个特定日期所拥有或者控制的经济资源、所承担的现时义务和所有者享有的剩余权益。

在日常生活中，我们看到张三住着豪宅开着豪车，就会说“这个人很有钱”，那他是不是真的拥有很多现金呢？答案是不一定。当大家说张三有钱的时候，所指的往往是他的整体财富，也就是所有的资产加总起来的金额。

作为投资者，我们在股市里经常会听说某家上市公司的老板由于他持有公司的股票上涨，一夜之间财富增加了多少多少，就是指他的股票市值上涨了多少。比如，随着农夫山泉在港交所上市，老板钟睒睒原本控制的万泰生物也在A股上市，其身家一夜暴涨530亿元人民币。

第一节　资产负债表的平衡关系

资产负债表是以一个基本等式为基础来展开的，这个等式是一种平衡关系：

资产＝负债＋股东权益（或所有者权益）

从这个等式可以知道，资产负债表包括两个部分：第一部分列出了所有的资产，它占了资产负债表的整整一半，其中有很多不同类型的资产项目，包括现金、应收账款、存货、房产、厂房和生产设备等。

有人说，资产就是能够用货币表现的资源，当然包括花钱买来的或自己拥有的，都应该算是资产。按照以前的定义，这些理解好像都没有错。比如，我们拥有的现金、存款、汽车、房子，以及家里的所有家具等，都属于资产。如果我们还投资了股票、债券、基金等，这些投出去的钱也应算是资产。

公司拥有的资产种类更多：一是看得见的资产，比如银行账户上躺着的“真金白银”，仓库里存放的原材料、在产品或者产成品，以及生产厂房和机械设备等；

二是有一些虽然看不见但同样发挥重要作用的权利和技术，像专利权、商标权等，比如贵州茅台的品牌价值、片仔癀和云南白药的国家级保密配方等，在某种程度上建立起了宽广高深的“护城河”；

三是公司对外的投资，也是资产。

拥有的东西不一定是资产，拥有的能够赚钱的东西才是资产。日本管理大师稻盛和夫认为，资产的标准只有一个：未来能给公司带来收益。只有那些未来能给公司创造利益的经济资源，才是资产。

在不少情况下，一家公司实际拥有的资源，可能远远大于其资产负债表中记录的资产。如果投资者不知道公司还有许多值钱的“表外”资产，那么就会严重低估这家公司的价值。

资产负债表的第二部分是负债和所有者权益。

负债好理解，就是欠别人的钱。任何一家公司，都会有各种不同类型的债权人，比如作为公司的员工也是债权人，因为工资一般都是先劳动后付钱的，在员工上班后还没有拿到工资之前，公司就欠员工的钱；比如采购原材料时，先拿货后付钱，供应商就是公司的债权人。

负债分为两种不同类别的项目：流动负债和长期负债。流动负债指一年内到期需要偿还的借款，包括应付账款、预提费用、短期债务、到期长期负债等。

长期负债是指那些一年以后或更长时间到期的负债，包括公司所欠供应商的货款、未向国家缴纳的税金、银行贷款和应付债券等。

所有者权益，就是公司的所有者对公司资产拥有的处置和要求的权利。举个例子，老喻杂货铺是由三个朋友一起创立的，每个人最初都向杂货铺入资了 10 万元，作为出资人，这三个朋友就都是杂货铺的所有者，也叫作股东。与股东有关的所有者权益，就在所有者权益的各个项目里。

公司在运营一段时间后，可能会形成利润积累下来，包括盈余公积、未分配利润、资本公积金等项目，也都属于所有者权益。

举个例子，李四家里有很多资产，平时都是住豪宅开豪车，包括他家里的家具、装饰品等都是资产。但这些资产都是李四的吗？看起来好像是，但实际上却不一定。

比如，李四买了一套房，总价格是 800 万元，这套房子是李四的没错。但是，他只支付了 300 万元的首付，还欠着银行按揭款 500 万元呢。也就是说，李四的资产是 800 万元，但是他的 800 万元资产里有 500 万元是欠人家的，只有 300 万元是自己的。我们可以把属于李四的 300 万元叫作所有者权益，因为这套房子的所有者是李四，500 万元欠款就是负债。

李四的资产负债表见表 4 – 1：资产 800 万元；负债 500 万元；所有者权益 300 万元。资产等于负债加所有者权益。

表 4－1　李四的资产负债表

单位金额：人民币万元

资产		负债和所有者权益	
房子（固定资产）	800	应付购房款	500
资产总计	800	所有者权益	300
		负债与所有者权益	800

如果我们用所有的资产减去所有的负债，将得到公司的净资产，它与公司所有者权益是相等的。举例说明：A 公司有价值 1000 万元的资产和 250 万元的负债，那 A 公司的净资产或者所有者权益则为 750 万元。但如果 A 公司的资产价值为 1000 万元，而负债为 1750 万元的话，A 公司的净资产或所有者权益就为－750 万元。

第二节　资产一览

如果公司花出去的钱换来了一个对以后有用的东西，这个东西就是资产；如果钱花完后没有给未来留下什么，那就是费用。所以，正如前文所讲，资产是用钱换来的，即在运营过程中把投入公司的资金花掉，其中有些部分对未来有用的东西就形成了资产。

资产都是用钱换来的，大部分资产最终又会变回钱。不同资产变成钱的速度不一样，比如应收账款的变现速度一定比原材料、在产品快，因为原材料和在产品首先需要生产为产品，然后出售，最后才能通过回款变成钱。

我们把那些在一年以内或者在一个现金循环周期中就变成了钱的资产称为流动资产。流动资产有很多种存在形式，比如货币资金、应收账款、存货和各种债权，以及用于经常性交易的股票和债券投资等金融资产。

在循环往复的过程中，有些资产需要通过若干个循环才能把自己变成钱，比如机器设备，每一次的生产过程就把自己的一部分价值转移到产品身上（折旧），然后随着产品的销售和回款，把这一部分价值转换成钱，但这个过程会很漫长。

我们将那些需要若干个循环才能变成钱的资产，称为非流动资产。非流动资产就是那些公司可以长期利用或消耗的资产，比如固定资产、无形资产，如果公司有回收周期比较长的投资，也应属于非流动资产。

这两大类资产合计起来就构成了一家公司的总资产。不管是以单独形式还是合计形式出现，通过观察他们的数量和质量，投资者可以从中挖掘出很多关于公司经营状况的信息，并以此分析判断这家公司是否具有持续竞争优势能让他获得丰厚的回报。

为了便于大家理解，我们以五粮液 2022 年资产负债表（略有删节）为例进行展示，详见表 4－2：

表 4－2　五粮液资产负债表的资产部分

2022 年 12 月 31 日

单位金额：人民币元

项目	2022 年 12 月 31 日	2021 年 12 月 31 日
流动资产：		
货币资金	92,358,426,975.79	82,335,955,927.74
拆出资金		
交易性金融资产		
应收票据	119,918,307.60	23,859,058,132.07
应收账款	35,686,942.32	64,193,116.22
应收款项融资	28,904,198,420.44	1,641,509,588.69
预付款项	135,982,868.14	195,652,974.42
其他应收款	30,901,231.69	26,288,496.24
其中：应收利息		
应收股利		
存货	15,980,657,013.57	14,015,067,118.25
持有待售资产		
其他流动资产		
流动资产合计	137,565,771,759.55	122,137,725,353.63
非流动资产：		
发放贷款和垫款		
债券投资		
长期应收款		
长期股权投资	1,986,387,524.78	1,911,228,653.63
其他非流动金融资产	1,200.000.00	1,200,000.00
投资性房地产		
固定资产	5,312,971,445.61	5,610,147,000.37
在建工程	3,773,155,983.95	2,646,087,846.01
生产性生物资产		
油气资产		
使用权资产	380,922,885.84	697,805,952.69
无形资产	518,517,835.31	556,398,465.19
开发支出		

续表

项目	2022 年 12 月 31 日	2021 年 12 月 31 日
商誉	1,621,619.53	1,621,619.53
长期待摊费用	158,586,327.06	155,512,345.82
递延所得税资产	2,043,089,823.62	1,683,957,848.54
其他非流动资产	972,502,674.97	219,127,135.72
非流动资产合计	15,148,956,120.67	13,483,086,867.50
资产总计	152,714,727,880.22	135,620,812,221.13

（资料来源：五粮液 2022 年财务报告）

一、流动资产

流动资产最重要的功能是，当公司的经营状况一旦开始恶化，其他日常运营资本也锐减时，它们能够快速转变为现金，以应付随之而来的种种严峻情况。

在资产负债表中，资产是按照变成现金的速度的快慢来排列的。比如，货币资金就排在第一行，因为它本来就是现金；应收账款紧跟着排在货币资金后面，因为它只需要完成收款这一个业务步骤就能变成钱……以此类推。

1. 货币资金

资产负债表的第一项就是货币资金，即我们平常所说的钱或现金。不管是存放在银行里的现金，还是存放在公司保险柜里的现金，都属于公司的货币资金。银行承兑汇票及其保证金，对外拆借资金所产生的存放在央行的法定存款保证金等，都属于货币资金的范畴。

2. 应收账款和应收票据

在销售产品的时候，经常有把产品卖出去了却收不到钱的情况发生。原因非常多，比如卖方不想失去这个客户，所以愿意承担风险，让客户延迟付款；也有可能是同类产品竞争激烈，为了和对手竞争，卖方必须向客户承诺一些优惠条件。

应收账款、应收票据都是在销售业务中产生的，在先发货、后付款情况下，这是两种不同的结算模式，前者是客户口头承诺付款，后者是买方通过企业承兑或者银行承兑的票据手段承诺未来付款。

应收账款最大的问题在于，难免会有少数客户赖账不付或者公司经营不善而破产倒闭，所以必须估算出一定数额的坏账，并从总应收账款中计提扣除，计算出一个应收账款净值。从这个指标上，我们可以获得很多信息。

3. 预付款项

在销售商品的时候，客户不能马上支付货款，就产生了应收账款。但是在有些情况下，比如说货品相当紧俏，卖方可能会要求买方预付一笔定金，甚至要求对方预付所有的款项，而买方也想抢占先机把东西握在手上，心甘情愿地提前把钱付给卖方。

这样就产生了预付账款，它们就变为公司的资产，记录到流动资产下面的预付账款项目里。比如，为下一年事先预付的保险费就是预付账款的一个典型例子。

简单地说，预付账款是由先付款、再拿货的这种采购业务产生的，是供应商欠公司的货款。这项债权与应收账款和应收票据的不同之处在于，预付款项换来的不是货币资金，而是存货等非货币资产。

4. 其他应收款

这是一种比较特殊的应收款项。比如说，李四的公司最近资金周转不开，于是他就向好友张三借了1000万元，并承诺30天期限内把钱还回来。这笔钱显然不是一笔投资，也不是一项对外的贷款，因为张三没有向李四收取任何利息。但张三必须在30天内收回向李四的借款，所以说这笔钱也是一笔应收款。

这种类型的应收款跟一般的应收款不一样，它不是销售产品所得，所以叫作“其他应收款”。还有一种情况，比如员工出差时向公司借的备用金，在报销之前的公司账面上也是记录为其他应收款。

看起来，这好像是一个不关痛痒的项目，因为备用金无论如何也不可能达到几十个亿这么多吧。但是在现实中，这个项目却是财务造假的“重灾区”，确实有一些公司的其他应收款高达数亿元、数十亿元。这是因为公司的控股股东或者关联方，把这些资金“借”走了，其实是被占用了，而被“占用”的钱就体现在其他应收款之中。

5. 应收利息、应收股利

这两个项目不常见，可能会让人感到比较陌生，但仅从字面上即可理解。应收利息自然是与公司的利息收入有关。比如，公司在银行有存款，就应该获得相应的利息收入，但银行暂时还没有结算和发放利息，就记录为利息收入。

应收股利跟公司对外的股权投资有关。被投资公司向公司分红，公司根据持股比例的不同记录在不同的项目中。其实，分红是一个很复杂的过程，我们不必刻意去计算，只要知道有这项收入就行了；只要被投资方制定出了利润分配方案，确定了分红以及分红的金额，公司就可以进行会计处理了，等拿到钱时再把应收股利转成现金。

6. 存货

存货是指公司在日常活动中持有以备出售的产成品或商品、处在生产过程中的在产品、在生产过程或提供劳务过程中耗用的材料和物料等。它主要指的是生产需要的原材料，或者生产出的成品、半成品。

一般来说，存货越少越好，因为存货越多说明公司产品销售不畅，缺少市场竞争力，而且存货所占用的资金不能产生价值。当然，正常的存货必须要有，这得根据一年的销售额来确定，也需要看行业的平均水平是多少。这个项目非常考验公司管理层的综合管理能力。

巴菲特认为，很多公司都存在存货过时废弃的风险。而具有持续竞争优势的公司，其销售产品有不变的优势，因此其产品不会有减值、贬值的风险，比如白酒产品储存时间越长越值钱。这也是巴菲特想寻找的一种优势。

7. 其他流动资产

有的公司把投资理财放在这里，有的公司把对外采购存货所付出的增值税放在这里，但其他流动资产是一个不太重要的项目，大家不用花费太多心思。从规模来看，该项目一般也不大。

二、非流动资产

在会计学上，一般把一年以上可以转化为现金的资产或者准备长期利用的资产叫作非流动资产。

非流动资产包括了哪些内容呢？细数起来，所涉及的科目不可谓不多，比如可供出售金融资产、长期应收款、固定资产、无形资产、长期股权投资、持有至到期投资，等等。是不是感觉太复杂了？那我们把它简化一下，非流动资产主要分成三项：长期投资类、固定资产类、无形资产类。

长期投资有哪些？包括可供出售金融资产、持有至到期投资、长期股权投资。比如，张三参股了别的公司，持有股权；组建一家子公司，张三持有这家子公司的股权；或者持有债券……只要是长期持有的股权和债券，都算是张三的长期投资。

第二项是固定资产类，包括固定资产、在建工程、生产设备、投资性房地产等。注意，在使用过程中，固定资产会逐渐损耗，其价值也会随着损耗逐渐降低，在会计账目上叫作“固定资产的折旧”，它是指一定时期内为弥补固定资产损耗按照规定的固定资产折旧率提取的固定资产折旧。

无形资产又是什么呢？是的，大家很容易就想到了专利权、专有技术、版权、商标权、商誉等。值得注意的是，在中国，公司还可能拥有另一项无形资产，那就是土地使用权。与世界上很多国家不同，中国的公司和个人都不能拥有土地所有权，只能拥有使用权，所以土地使用权就变成了一项无形资产。

1. 发放贷款和垫款

这个项目在很多公司的财报中都没有，但是在像贵州茅台等“现金奶牛”型公司的财报中却长期存在。这是因为它们有钱，有对外拆借资金的行为，而这些拆借出去的资金一部分因为回收时间短计入了流动资产中，还有一部分因为回收时间比较长计入了非流动资产中。这就是说，它对外拆借的资金，既有短期的，也有长期的。

2. 债权投资

这个项目在很多公司的财报中也是很少见的。

所谓债权投资，是指为了取得债权所进行的投资，比如购买公司债券、购买国库券，都属于债权性投资。一般来说，公司进行这种投资的目的，不是为了获得其他公司的剩余资产，而是为了获取高于银行存款利率的利息，并保证能够按期收回本息。

3. 长期应收款

所谓长期应收款，是指公司将自有资产通过融资租赁的方式出租出去，然后产生的应收款项和采取递延方式分期收款，实质上是具有融资性质的销售商品和提供劳务等经营活动产生的应收账款。

一般来说，只有单品价值很高的公司，才有“长期应收款”。比如三一重工的“长期应收款”，主要由“应收设备款”构成，通过融资租赁的方式产生。举个例子，A公司想购买三一重工的大型挖掘机设备，价格为1000万元，但现在A公司资金周转紧张，一下子拿不出来1000万元，于是就与三一重工签订了一份融资租赁协议：A公司每月支付三一重工20万元租金，三年后三一重工以400万元的价格将设备卖给A公司。A公司为此总付款1120万元，设备原价为1000万元，多支付的120万元就是三年的利息，这就是“融资租赁”。

4. 长期股权投资

如果能够在这个科目里出现，则说明持有其他公司等于或大于20%的股份比例，可对其持股公司经营产生重大影响或绝对影响的股权投资。如果持股比例小于20%，一般会被放进“可供出售金融资产”这一科目里。

长期股权投资也是一个容易藏污纳垢的地方，如果投资量很大，所投资对象众多且复杂，与自己本身的主营业务没有任何关系，这是一件非常不好的事情，一是盲目多元化，二是涉及转移资产，占用上市公司的资金等。

所以，查看这个项目的时候，投资者一定要搞清楚公司的长期股权投资到底都投了一些什么。附注里都会写得清清楚楚。

5. 投资性房地产

投资性房地产是指公司持有但不会自用的房地产和土地，是为了赚取租金或者资本增值。这些房地产是以公允价值来计量的，而其他大多数资产都是按历史成本来计价的。

按照公允价值计算不需要计提折旧，但是需要按照当期的公允价值变动来计算，这可能会影响当期利润，但其实是没有现金流出或流入的，只是因为房价涨了导致估值提升，房子又没有卖出去变成钱。

举例来说，老喻杂货铺买了一块价值1个亿的地皮，不需要折旧，但是这块地皮不管是升值还是贬值都会影响财务报表。2年后，假如这块地皮变成了10亿元的估值，中间9亿元的差额就变成了老喻杂货铺的利润，但是老喻杂货铺没有卖出这一块地皮，也就是并没有真正拿到这一笔钱，但是财务报表已经显示了，相当于虚胖了利润。

6. 固定资产

从概念上说，固定资产是公司超过一年以上使用的各项资产，包括房子、建筑物、机器设备、运输车辆、生产线和办公设备等。任何一家公司，尤其是重资产的制造型公司，其技术装备水平主要体现在固定资产上。

一般来说，固定资产规模占资产总额比重较大的公司，我们称之为重资产公司，比如大型机械设备制造公司、自建宾馆酒店等；固定资产规模占资产总额比重比较小的公司，我们称之为轻资产公司，比如商标注册公司、招聘公司等以提供劳务为主的服务型公司。

固定资产是以其初始购置成本减去累计折旧后的价值进行记录，折旧是在厂房、设备这些固定资产不断损耗的过程中累积产生的。每一年，部分消耗的价值必须从厂房和设备中计提出来，作为公司当期经营的费用从利润表里扣除，除了折旧以外，还要每年进行减值测试，只要是损坏、跌价、长期不用的都要计提减值准备，也是要从利润表里扣除的。

7. 在建工程

顾名思义就是还在建设的工程，它包括公司固定资产的新建、改建、扩建或技术改造、设备升级等，建设好了就自动转成固定资产科目了。

因为在建工程是不需要计提折旧的，所以有些公司喜欢钻空子，故意不转或推迟转成固定资产，为的就是躲避固定资产的折旧计提。如果一家公司长时间不把在建工程转为固定资产，很有可能就是在搞这个猫腻，更过分的还有虚构在建工程，在很多年后再想办法大比例计提，堂而皇之地造假、转移资金。

所以，投资者可以从以下两方面对在建工程进行风险识别：一是金额巨大且不转成固定资产，是为了不计提折旧，增加当期利润。还有就是通过“在建工程”，把钱支付给利益关联方，造成“在建工程”长期不计入“固定资产”，实际上根本就没有“在建工程”；二是计提高额减值损失，就是“在建工程”某种原因大量损坏，比如输送利益关联方，实际上是转不回来（或干脆就没有），或者通过“意外事故”来计提高额减值损失，解决棘手问题。

8. 无形资产、开发支出、商誉

没有实体的资产就是无形资产，是我们无法用身体感受到的，它包括专利权、商标权、著作权、特许权、土地使用权等。如果一家公司无形资产太多，投资者需要提高警惕，因为它可能在弄虚作假做大资产总量，至少可以认为这家公司的资产结构很不健康。

开发支出项目是反映开发无形资产过程中，能够资本化形成无形资产成本的支出部分，应当根据“研发支出”科目中所属的“资本化支出”明细科目期末余额填列。简单点说，研发，就是研究和开发两个阶段的简称。在我们看来，公司的研发活动差不多就是一回事儿，但会计准则的规定却硬生生地把它切割成了两段：研究阶段的支出全部费用化，计入当期管理费用；开发阶段的支出符合条件的可以记录为无形资产（叫作“费用资本化”），不符合资本化条件的计入当期费用。

商誉是公司在并购活动中产生的资产科目。当A公司收购B公司时，它支付的购买价格超过了B公司的账面价值，这超出的部分差额，即多花的那部分金额，在A公司的资产负债表上就体现为商誉。如果一家公司经常对外采取并购手段来快速发展，这样的收购越多，其资产负债表上所体现的商誉数额就越大。事实上，最后能否赚回这个钱，往往是一个难解的斯芬克斯之谜。

9. 长期待摊费用

这是那些最初作为资产计量，后来随着时间的流逝和公司正常的经营逐渐变成费用的项目，比如公司开办费用、产品模具生产成本、对固定资产的改良费用等。现行会计准则只要求把那些摊销期限一年及以上的待摊费用放在这个科目中。

这是一个很考验良心的科目。比如说，对固定资产的改良费用计入长期待摊费用，属于一种资产，但对于固定资产的修理费用却需要计入当期费用，从利润表里扣除。至于改良和修理之间的区别，主观判断的意识就比较强了，可左可右的尺度把握颇费功力。

10. 递延所得税资产

这是指公司当期多缴纳的，后期可以抵扣的那部分税。它是由于税法和会计准则的要求不同而导致的会计记账和实际应缴所得税之间的差异，所以需要做调整处理。

几乎每家公司都会有这个项目，似乎是对税务局的“预付款项”，虽然被放置在资产项里，却没有任何好处，不如“递延所得税负债”。因为“递延所得税负债”，相当于对税务局的“应付账款”，类似税务局向公司提供了“无息贷款”。

以个人的实践经验来说，这个项目在财务报表中并不重要，会计处理还非常复杂，我们只要知道数据和熟悉套路就行了。

第三节　负债一览

所谓负债，是指由于过去的交易或事项所引起的公司、企业的现有债务，这种债务需要公司在将来以转移资产或提供劳务加以清偿，从而引起未来经济利益的流出。

通俗点说，负债就是欠别人的钱，而且在将来的某个时间点需要偿还。从负债的性质来说，主要有两种状况：一是需要归还的本息总额是确定的，属于“其他金融负债”（也可称之为“以摊余成本计量的金融负债”）；二是需要归还的本金和利息总额是不确定的，属于“交易性金融负债”（也可以叫作“以公允价值计量且变动计入当期损益的金融负债”）。

接下来，我们以五粮液2022年资产负债表（略有删节）为例进行展示，来了解负债的项目。详见表4－3：

表4－3　五粮液资产负债表的负债部分

2022年12月31日

单位金额：人民币元

项目	2022年12月31日	2021年12月31日
流动负债：		
短期借款		
交易性金融负债		
应付票据	887,970,376.53	872,040,239.87
应付账款	7,246,802,709.58	5,403,561,392.95
预收款项	16,160,671.49	10,970,385.19
合同负债	12,379,125,542.70	13,058,652,246.11
应付职工薪酬	3,375,526,829.88	3,335,937,141.30
应交税费	5,301,718.185.93	5,192,183,704.90
其他应付款	4,631,434,915.43	3,693,858,108.21
其中:应付利息		
应付股利	13,191,392.99	37,436,404.82
一年内到期的非流动负债	375,682,599.77	360,027,399.06
其他流动负债	1,544,723,419.34	1,688,367,639.42
流动负债合计	35,759,145,250.65	33,615,598,257.01
非流动负债：		
长期借款		
应付债券		
租赁负债	16,976,148.73	355,338,950.93
长期应付款		
递延收益	254,416,864.75	257,991,368.32
其他非流动负债		
非流动负债合计	271,393,013.48	613,330,319.25
负债合计	36,030,538,264.13	34,228,928,576.26

（资料来源:五粮液2022年财务报表）

与资产端一样，负债在报表上也是按照距离到期时间一年为界，分为流动负债和非流动负债。

一、流动负债

流动负债就是一年内需要偿还的债务，比如一年之内需要偿还的银行贷款、供应商的货款、给付员工的薪酬和应该缴纳的税金等。

1. 短期借款

短期借款是指公司为了维持正常的生产经营所需的资金，为抵偿某项债务而向银行或者其他金融机构等外单位借入的、还款期限在一年以下或者一年的一个经营周期内的各种借款。

这个项目反映了公司所获得的偿还期短于一年的各类贷款，主要是用于弥补公司自有流动资金的不足。在排列顺序上，短期借款位列流动负债的第一个，这意味着短期借款的强制偿还性最强。

2. 向中央银行借款

对于大多数上市公司来说，在其资产负债表中几乎都没有这个项目，因为能够向中央银行借款，是银行和非银行金融机构才拥有的特权。在金融机构的资产负债表中，这个项目极其重要。

金融机构绞尽脑汁吸收的存款，不会放进保险柜里存储起来，而是要向公司、个人等放出贷款，以产生净息差赚钱，所以在理论上存在储户无款可提的可能。中央银行作为所有银行和非银行金融机构的“妈妈”，在金融机构出现短期资金周转不应的时候，自然会提供资金支持。

中央银行掌握货币发行权，理论上可以发行和出借无限数量的货币。

3. 吸收存款及同业存放

接下来，有一个不太常见的项目，叫作吸收存款及同业存放。这个项目通常只有金融机构才会存在，而贵州茅台在该项目的金额非常大，2022 年底高达 128.7 亿元。

通过查看持续数年的贵州茅台财报，以及从贵州茅台的财报附注中发现，其于2013年成立了一家下属子公司——茅台财务公司。其担负的使命是服务于集团内部，所以它吸收存款也仅仅局限于集团内部各家公司。也就是说，茅台财务公司吸收的存款，是整个茅台集团及其下属子公司、关联公司等在茅台财务公司的存款。这个项目也就因此而产生。

4. 应付票据、应付账款

应付票据和应付账款都是在采购业务中，由于公司先拿了货，但是款项却还没有支付产生的。

应付票据与应收票据相对应，当买方采用赊购方式采购存货并给卖方开具商业汇票时，在买方存货增加的同时应付票据也会增加；应付账款与应收账款类似，当买方采用赊购方式采购存货并按照合同约定定期支付货款时，在买方存货增加的同时应付账款也会增加。

从性质上看，公司的应付票据和应付账款都是一种负债，是我们欠供应商的货款。不过，应付票据是以商业承兑或者银行承兑的方式来承诺付款的，而应付账款则完全是一种口头上的承诺。一般情况下，应付账款多是一件好事，证明公司在行业产业链条和市场竞争中的地位较高，人家敢于赊账给你，只要能够按时支付，就会形成良性循环。

5. 预收账款

预收是公司先收钱，再发货，一般对下游的经销商；预付是先付钱，供应商再把货发过来，一般对上游公司。

在交易之前预先收取的部分货款，透露出了这个公司的产品竞争力。大家可以想象一下，除非是供不应求的抢手货，要不然谁愿意不计息地无偿提前向卖方预付款呢？所以，预收款项越多越好，证明公司的产品具有稀缺性，而且产品不容易贬值，相反还可能更值钱。

采用预收款项销售时，公司在收到买方支付的款项以后才提供产品或者劳务。因此，公司在收到货款时，就肩负着必须给买家发货的责任，相应地负债项目中预收款项就会增加。

6. 应付职工薪酬

一般是指公司应该支付但还没有支付的各种薪酬，包括员工的工资、奖金、津贴、补助、五险一金、福利（货币或非货币）、辞退补偿、职工教育经费等，名目繁多。注意，其中付给生产一线员工的，计入生产成本；付给公司管理人员的，计入管理费用；付给销售人员的，计入销售费用；付给在建工程相关人员的，计入在建工程等。

7. 应交税费

应交税费和应付职工薪酬类似，公司的生产经营活动需要缴税，但一般都是这个月交上个月的税，所以每月月底做报表时需要确认对税务局的欠款。这个项目代表公司在特定会计期末由于各类经营活动所引起的应该支付的各种税费，比如增值税、所得税和教育附加费等等。

8. 应付利息、应付股利

从字面上即可理解，应付利息就是借了别人的钱需要支付利息，由于利息大都是定期结算，而会计部门每个月都需要编制报表，当利息已经发生、钱还未付时，就产生了应付利息。

同理，具有持续竞争优势的公司，在每年赚了钱后都要向股东发放现金股利，也就是所谓的“分红”，但是钱还未支付时，就产生了应付股利。公司分红需要先由董事会形成议案，然后通过股东大会的审议才能执行，所以议案的形成和最终股利的发放之间有一个时间差，会计在形成议案时要确认负债，发放股利时再减少这项负债。

9. 其他应付款

还记得资产部分有一个叫作“其他应收款”的项目吗？它包括公司之间临时周转拆借的资金。在这种情况下，借出资金的一方就记其他应收款，而借入资金的一方就记为其他应付款。

具体来说，其他应付款是指公司在商品交易业务之外发生的应付和暂收款项，主要包括如下这些内容：一，应付经营租入固定资产和包装物租金；二，职工未按时领取的工资；三，存入保证金；四，应付所属单位款项、暂收所属单位款项、个人的款项；五，其他应付款项、暂收款项。

二、非流动负债

非流动负债就是偿还期限在一年以上的债务，包括长期借款、应付债券、长期应付款、递延收益、递延所得税负债等。

1. 长期借款

非流动负债的第一个项目就是长期借款。这个容易理解，公司从银行或其他金融机构借入的偿还期限在一年以上（不含一年）的各类贷款。在国内普遍融资难的情况下，公司能够获得长期借款的机会并不多。

2. 应付债券

所谓应付债券，是指公司为筹集资金而对外发行的期限在一年以上的长期借款性质的书面证明，约定在一定期限内还本付息的一种书面承诺。实际上，很多公司的应付债券项目都是零。因为在国内，发行公司债券是一种比较少见的情况，只有那些发行了债券的公司的应付债券项目才不会是零。

根据《公司法》规定，公司发行债券需要达到如下条件：一，上市公司；二，净资产在 15 亿元以上；三，最近三个会计年度实现的年均可分配利润不少于公司债券一年的利息；四，信用级别良好；五，已经确定将要募集的资金投向；六，需要由金融机构或主要投资主体提供担保。

3. 长期应付款

长期应付款是指公司除了长期借款和应付债券以外的长期负债，包括应付引进设备款、应付融资租入固定资产的租赁费等，也可以简单地理解为公司承诺支付给个人或某个公司的资金。

一般情况下，长期应付款会跟一种交易有关，比如说租赁。在会计看来，租赁分为两种，即融资性租赁和经营性租赁。打个比方，老喻杂货铺签订了一个租赁协议租入一个冰柜，是仅仅获得这个资产的使用权还是获得所有权，需要根据所签订的这个租赁的具体条款，来看其租赁期限、租赁金额以及租期届满时资产归谁所有，以此来判断这个租赁在本质上是不是一个购买行为。

进一步说，如果租赁期限长、涉及的金额比较大，那这种租赁就属于融资性租赁。在会计看来，进行融资性租赁的公司其实是在用分期付款的方式购买一项资产，因此可以出现在报表上，未来将要支付的租金的总额也要在签署租赁协议时计入负债，而这项负债就是长期应付款。

与之相反的则是经营性租赁，它是一种表外业务，相应的资产和负债都不出现在报表上，未来要支付的租金也只需要在支付时记入相应的费用。

4. 递延收益

递延收益是指公司尚待确认的收入或收益，也可以说是暂时未确认的收益，包括尚待确认的劳务收入和未实现融资收益等，它在以后期间内分期确认为收入或收益，带有递延性质，它也是权责发生制在收益确认上的运用。

与国际会计准则相比较，在中国会计准则和《企业会计制度》中，递延收益应用的范围非常有限，它主要是在公司获得与资产相关的政府补助时产生的。所谓与资产相关的政府补助，就是指这项补助是政府资助公司购置某项资产的。如果公司获得了这种类型的补助，就减少了在这项资产中的投入，所以应减少资产的成本，或者允许计入递延收益中，递延收益以后再逐渐分摊计入利润表。

5. 递延所得税负债

递延所得税负债是指根据应税暂时性差异计算的未来期间应付所得税的金额。因应纳税暂时性差异在转回期间将增加公司的应纳税所得额和应交所得税，导致公司经济利益的流出，在其发生当期，构成了公司应支付税金的义务，所以作为负债予以确认。它是与“递延所得税资产”相对应的。

递延所得税负债的构成和认定标准在会计处理中非常复杂，加上这个项目在报表中并不太重要，我们只需要做一个了解，就不详细展开介绍了。

第四节　所有者权益

所有者权益也叫作“股东权益”，又称为“净资产”，是指公司资产减去总负债后由所有者享有的剩余权益，包括实收资本、资本公积、盈利公积、未分配利润等主要项目。

股东权益主要的构成项目可以分为三大类：一是股东入资，就是股东投入的钱，包括股份与资本公积；二是利润的积累，就是公司在经营活动中所赚到的钱，这些钱都是通过交易产生的，包括公司每年所赚到的利润里没有分给股东的盈余公积和未分配利润，也叫作“留存收益”；三是资产增值，就是公司所持有的资产账面变动产生的价值，它不是通过交易增值的，其他综合收益就属于这一类。

我们先来看一下 2022 年五粮液财务报表中的所有者权益部分，首先熟悉基本的框架结构，接下来才做仔细解读，详见表 4－4。

表 4－4　2022 年五粮液资产负债表的所有者权益部分

单位金额：人民币元

项目	2022 年 12 月 31 日	2021 年 12 月 31 日
所有者权益：		
实收资本(股本)	3,881,608,005.00	3,881,608,005.00
其他权益工具		
资本公积	2,682,647,086.15	2,682,647,086.15
其他综合收益		
盈余公积	28,432,198,524.98	23,866,103,395.72
一般风险准备		
未分配利润	79,028,605,172.04	68,638,139,859.37
归属于母公司所有者权益合计	114,025,058,788.17	99,068,498,346.24
少数股东权益	2,659,130,827.92	2,323,385,298.63
所有者权益合计	116,684,189,616.09	101,391,883,644.87
负债和所有者权益总计	152,714,727,880.22	135,620,812,221.13

（资料来源：五粮液 2022 年度财务报表）

投资者总是习惯于把所有者权益叫作“净资产”，但实际上净资产并不全部属于上市公司股东拥有，而只是所有者权益里“归属于母公司所有者权益合计”项目里的部分，不包括“少数股东权益”。

一、实收资本（股本）

具体来说，就是公司实际收到的，由股东或投资人投入公司的资本金，也是上市公司注册登记的法定资本总额的来源。

更准确的定义应该是，实收资本（股本）这个项目在股份有限公司叫作“股本”，但在有限责任公司则叫作“实收资本”。实收资本表明所有者对上市公司的基本产权关系，既是上市公司永久性的资金来源，也是保证上市公司持续经营和偿还债务的最基本的基础。

举例来说，贵州茅台的股票面值为每股 1 元，截至 2024 年 3 月 11 日，贵州茅台的总股本约为 12.56 亿元，说明其有 12.56 亿股股票。但在此之前的 2014 年底，贵州茅台只有 11.42 亿股，比 2024 年少，这可能是因为贵州茅台后来进行了定增、配送股或者公积金转股等，这需要查阅其多年以来的财务报表以确认。

股本一旦投入公司，就不能再拿出来，也不能分红。把股本拿出公司，在法律上叫作“抽逃注册资本罪”。只有一种方法可以拿出来，那就是进行公司清算，但到底能够拿出来多少则要根据公司最后的净资产而定。

二、资本公积

当股东实际投入的资金比注册资本多，那么多出来的这一部分出资额，就是所谓的资本公积。具体点说，即公司收到的投资者的超出其在公司注册资本所得份额，以及直接记入所有者权益的利得和损失等。资本公积包括资本溢价（股本溢价）和直接记入所有者权益的利得和损失等。

在公司注册实行认缴制的情况下，股东不必在公司成立时就将所有的注册资本都认缴到位，超过注册资本的更为少见。也就是说，不是每一家公司都一定有资本公积，但投资者重点关注的上市公司却一定有。

仍以贵州茅台为例。2001 年贵州茅台 IPO 发行新股 6500 万股，每股面值 1 元，发行价格 31.39 元，总共融资约 20.40 亿元，公司股本从上市前的 1.85 亿股，变成上市后的 2.5 亿股。(31.39 元 ×6500 万股) - (1 元 ×6500 万股) = 19.75 亿元，再减去发行费用等上市相关支出，剩余部分就是股本溢价，计入公司的资本公积。

贵州茅台 2022 年年报里的股本约为 12.56 亿股，是因为公司上市后相继数次利用资本公积转增股本造成的。资本公积是股东的出资，所以不允许以现金的形式分给股东，但经过股东大会同意后，资本公积却可以转成股本，称为“转增”。

这中间有个讲究，虽然同样都是股东获得股票，但如果用未分配利润的方式增加股本（送股），就要被征收利润分配时对应的个人所得税。而利用资本公积里的钱增加股本（转增），却因为是股东投入的本金在不同科目之间的调整，不涉及利润分配，也就不存在纳税问题。

三、盈余公积、未分配利润

一家公司经营赚钱以后，并不是可以随意任性地分配其利润，而是要遵循一定的流程。比如说，先要把以前的亏损漏洞给弥补上（若有），其次要按照当年税后利润的 10% 计提法定盈余公积，然后通过股东大会决定是否提取及提取多少任意盈余公积，最后才决定是否向股东分配。

盈余公积是公司按规定从税后利润中提取的积累资金，其中法定盈余公积是一个具有中国特色的项目，也就是留下来继续投入扩大再生产的钱，具有政府强制性质，按规定是提取当年税后利润的 10%，累积到注册资本的 50% 以后可不再继续提取。而任意盈余公积，则是股东大会决议自愿留下来扩大再生产的钱，是否提取、提取多少，均由股东们自行决定。

法定盈余公积和任意盈余公积的区别，就在于其各自计提的依据不同。前者依国家的法律或行政规章强制提取，目的是应付经营风险，后者则由公司自行决定提取。需要注意的是，法定盈余公积的提取是以上市公司本部净利润（母公司利润表中的净利润）为基础的。“法定”管理的是法律实体，而合并报表只是会计意义上的机构，不是法律意义上的公司。

股东提取完盈余公积之后剩下的就是未分配的利润，这个由股东自己决定怎么用，未分配利润高不一定就证明公司真的有很多现金，因为这一部分钱很有可能早就被用来买固定资产，比如土地、设备、在建工程等，或者做其他投资用了。甚至，有些公司的所谓净利润，原本就是没有现金流入而创造出来的“纸上富贵”，是无法马上变成现金的未分配利润。

在资金的使用自由度上，未分配利润是最自由的，股东即可决定其用途，比如用来投资、现金分红、送红股等。未分配利润现金分红和送红股的时候需要缴纳个税，税率为 20%。

四、少数股东权益

少数股东权益简称少数股权，是反映母公司以外的其他投资者在子公司中所享有的权益，表示其他投资者在子公司所有权益中拥有的份额。

可以这样理解，母公司控制了很多子公司，但并不都是 100% 持有，那些只要不是 100% 控股的公司就有一部分掌握在少数股东手里。比如，一家子公司 60% 的股份归上市公司持有，40% 就是归少数股东持有，分配利润的时候就要按照 40% 的比例分给少数股东。

少数股东权益是合并资产负债表的净资产中属于少数股东的部分，少数股东损益是合并利润表中属于少数股东的部分，这两个指标并非上市公司常见的偿债指标或盈利指标，但是对于分析上市公司风险却显得十分重要。

浙商银行的邓永亮、张伟刚等人曾经做过一份研究报告指出，将少数股东权益/所有者权益合计（少数股东权益占比）大于或等于 30% 作为风险预警前瞻性指标。其理由是，通过观察 2017 年整体样本量，对照 2019 年已经发生的违约样本，发现对于少数股东权益占比小于零或少数股东权益占比大于或等于 30% 的样本量，其违约概率显著高于其他区间。同时，他们还发现部分上市公司在新会计准则实施后可能通过“少数股东损益”来对净利润进行调节。

在 2022 年半年报期末，沪深两市近 5000 家上市公司中，少数股东权益占比排名前三的行业分别为房地产行业、通信行业及建筑装饰行业，分别为 32%、31%、26%。需要指出的是，房地产行业属于资金密集的杠杆驱动型行业，其融资扩张受自身资产负债表约束，众多房企通过跟投等少数股东引进方式打破这种束缚。

尽管这种方式能够一定程度上提高公司融资能力，加快公司规模化增长，但如果存在明股实债的情况，当行业周期整体下行时，这种被掩盖的债务风险将不得不引起投资者高度重视。

第五节　资产负债表解读

对任何一家公司来说，资产都是其经营活动的基础和起点，也是一家公司的总家当。这家公司将来能够赚到多少钱，拥有多少真金白银，都离不开资产这个夯实的地基。

到目前为止，我们已经介绍了资产负债表的各个组成部分——资产、负债和股东权益，包括其比率和分析。那么，资产负债表到底向我们透露出了什么信息？我们应该怎样对其进行解读呢？

一、资产负债表传递的信息

我们在看资产负债表时，其实关注的重点不是资产总计的具体数字，而是资产总计与负债和股东权益总计的关系。我们看一下：资产总计在这张报表的上部（也可以在左边），负债和所有者权益总计在下部（也可以在右边），它们的年末金额都是相同的。这也就是我们前文所讲的资产负债表的基本关系：资产＝负债＋所有者权益（或股东权益）。

在我们平常所接触到的案例中，尽管一般习惯于说资产负债表的左边是资产，右边是负债和所有者权益，但大部分对外披露的报表中上部是资产，下部是负债和所有者权益。

这样说吧，资产负债表的上部是在告诉大家，作为公司股东投入的钱都去哪里了，都变成什么了，现金还剩下多少，哪些变成了存货，哪些变成了固定资产，哪些变成了应收账款，哪些变成了土地使用权……资产负债表上部的意思就是，钱被拿去换成什么东西了。

接下来看资产负债表的下部，它很清楚地告诉我们，公司的钱是从哪些渠道进来的，哪些是股东投入的，哪些是从银行借贷的，哪些是欠员工的，哪些是欠供应商的，哪些是欠税务局的，不一而足。

但不管名目如何纷繁复杂，流进来的钱跟流出去的钱必须相等，这也就是资产负债表上最基础的会计恒等式，即上部的资产与下部的负债和股东权益之和相等，上下两头始终要保持成立。否则，这个报表就滑天下之大稽了。

细心的读者朋友可能注意到了，在资产负债表的流动资产中的应收账款、应收票据、存货、预付账款和流动负债中的应付账款、应付票据、预收账款等，都是描述经营活动的。各种资产项目的周转率可以描述公司的运营效率。

另外，流动资产中的金融资产、应收股利、应收利息以及各种非流动资产描述的则是公司的投资活动，而流动负债中的短期借款、应付股利、应付利息，以及各种非流动负债、股东权益又描述了公司的融资活动。

资产负债表还传递出了哪些信息呢？它让投资者随时了解一家公司的家当，了解公司的经营情况，了解公司的财务状况等，以便应对随时来临的风险袭击。所以编制资产负债表的过程，其实就是股东清点自己家底的过程，能使股东对公司的财务状况心里有数。

记住，资产负债表只是描述了一家公司在某个时点的财务状况，就好像为公司的财务状况拍了一张照片。打个形象的比方，老喻口袋里有500块钱，这只是代表他此刻拥有500块钱，而不是他的口袋在过去的一年时间里一直都拥有这500块钱，这个过程中间可能随时有流出或者流入，但都不妨碍最后在制表时描述的某个时点的财务状况。

二、资产负债表案例分析

迄今为止，我们已经针对资产负债表的有关问题进行了相对深入的介绍和讨论，包括对资产结构、负债与股东权益结构都进行了认识与探讨。应该说，基于前文所述，大家对公司的资产负债表已经比较熟悉了。

接下来，我们以一个真实的公司财务报表为基础，对公司的资产负债表进行整体分析。为了便于阅读，我先把海天味业2022年的资产负债表（有删节）数据展示给大家，详见表4－5。

表4－5　海天味业资产负债表

单位金额：人民币元

项目	附注	2022年12月31日	2021年12月31日
流动资产：			
货币资金	七、1	18,223,307,402.03	19,813,767,427.18
交易性金融资产	七、2	6,081,662,998.97	5,377,818,664.42
应收账款	七、5	188,395,321.48	56,045,139.23
预付款项	七、7	25,303,923.79	16,294,323.24
其他应收款	七、8	10,738,064.59	16,216,013.80
其中：应收利息			78,920,578.58
存货	七、9	2,391,641,182.47	2,226,818,960.68
其他流动资产	七、13	52,539,515.27	71,912,733.17

续表

项目	附注	2022 年 12 月 31 日	2021 年 12 月 31 日
流动资产合计		26,973,588,408.60	27,578,873,261.72
非流动资产:			
其他非流动金融资产	七、19	100,000.00	100,000.00
投资性房地产	七、20	4,131,328.25	4,496,708.00
固定资产	七、21	4,206,780,719.87	3,614,222,644.29
在建工程	七、22	1,179,878,268.77	923,163,979.01
使用权资产	七、25	43,429,034.72	73,632,334.98
无形资产	七、26	684,643,779.66	376,666,046.75
商誉	七、28	210,428,426.24	30,578,355.42
长期待摊费用	七、29	11,015,802.17	8,221,727.64
递延所得税资产	七、30	653,326,285.38	698,408,388.16
其他非流动资产	七、31	91,853,796.64	29,361,103.61
非流动资产合计		7,085,587,441.70	5,758,851,287.86
资产总计		34,059,175,850.30	33,337,724,549.58
流动负债:			
短期借款	七、32	131,720,077.32	104,600,000.00
应付票据	七、35		466,579,620.84
应付账款	七、36	1,300,261,929.82	1,606,951,054.18
预收款项			4,097,996,215.03
合同负债	七、38	2,948,110,991.12	4,708,621,289.28
应付职工薪酬	七、39	669,278,588.31	736,235,789.51
应缴税费	七、40	478,998,581.67	532,484,083.03
其他应付款	七、41	1,044,863,638.09	972,021,493.04
一年内到期的非流动负债	七、43	20,265,618.29	21,395,441.72
其他流动负债	七、44	125,791,480.83	327,796,754.85
流动负债合计		6,719,290,905.45	9,476,685,526.45
非流动负债:			
长期借款	七、45	93,653,455.89	
租赁负债	七、47	29,745,723.29	54,070,173.80
递延收益	七、51	279,166,064.35	292,355,724.39
递延所得税负债	七、30	33,840,290.10	14,764,558.56
其他非流动负债	七、52	19,000,000.00	
非流动负债合计		455,405,533.63	361,190,456.75
负债合计		7,174,696,439.08	9,837,875,983.20

续表

项目	附注	2022 年 12 月 31 日	2021 年 12 月 31 日
所有者权益(或股东权益)：			
实收资本(股本)	七、53	4,633,833,787.00	4,212,576,170.00
资本公积	七、55	142,498,802.39	142,498,802.39
盈余公积	七、59	2,335,492,509.40	2,124,863,700.90
未分配利润	七、60	19,285,851,426.62	16,921,578,797.54
归属于母公司所有者权益(或股东权益)合计		26,397,676,525.41	23,401,517,470.83
少数股东权益		486,802,885.81	98,331,095.55
所有者权益(或股东权益)合计		26,884,479,411.22	23,499,848,566.38
负债和所有者权益(或股东权益)总计		34,059,175,850.30	33,337,724,549.58

(资料来源:2022 年度海天味业财务报表)

一般来说，我们拿到一份资产负债表，主要按照以下这样的步骤和方法来逐步进行分析：第一，先看这家公司资产规模的变化，以及引起资产规模发生变化的核心因素是什么；第二，观察资产部分的项目结构，以及主要财务比率的变化情况；第三，梳理出流动资产与流动负债之间的动态关系；第四，拆解公司的负债与资产之间的逻辑关系；第五，找出这家公司资产增长的关键动力并对其是否具备持续竞争优势做出判断。

接下来，我们正式开始对海天味业的资产负债表进行分析。

1. 资产规模的变化以及引起资产规模变化的核心因素

我们先来看一看海天味业资产总规模发生了什么样的变化。从资产总计项目的规模来看，海天味业的资产总规模出现了一定的增长。资产总计从期初的 333.38 亿元增长到期末的 340.59 亿元，增长了 7.21 亿元，增长幅度仅约为 2.16% （见表 4 –6）。尽管纵向来看比较低，但这是在 2020 年初新冠肺炎疫情影响严重的背景之下取得的成绩，相对已属不易。作为食品饮料行业中调味品的细分龙头公司，海天味业自身的竞争力和所处赛道的合力因素，在经济震荡期表现出了持续稳定的态势。

表 4 –6　海天味业资产总计

单位金额：人民币元

资产总计	34,059,175,850.30	33,337,724,549.58

继续深挖下去，引起海天味业资产规模增加的关键因素是什么呢？答案不在资产项目中，而是隐藏在负债和所有者权益这个项目里。从表 4 –7 中可以看出，海天味业年末负债总规模为 71.75 亿元，比期初 98.38 亿元减少了 26.63 亿元，下降幅度为 27.07%。

表4－7　海天味业年末负债规模

单位金额：人民币元

负债合计	7,174,696,439.08	9,837,875,983.20

结合海天味业的负债结构来看，其负债的增长主要是合同负债（预收款项）、递延收益、应付职工薪酬、应付账款和短期借款等科目有所增长，也就是与公司经营业务有关的各项经营性负债整体有所增加。详见表4－8。

表4－8　海天味业的负债表

单位金额：人民币元

流动负债：		
短期借款	131,720,077.32	104,600,000.00
应付票据		466,579,620.84
应付账款	1,300,261,929.82	1,606,951,054.18
预收款项		
合同负债	2,948,110,991.12	4,708,621,289.28
应付职工薪酬	669,278,588.31	736,235,789.51
应缴税费	478,998,581.67	532,484,083.03
其他应付款	1,044,863,638.09	972,021,493.04
一年内到期的非流动负债	20,265,618.29	21,395,441.72
其他流动负债	125,791,480.83	327,796,754.85
流动负债合计	6,719,290,905.45	9,476,685,526.45
非流动负债：		
长期借款	93,653,455.89	
租赁负债	29,745,723.29	54,070,173.80
递延收益	279,166,064.35	292,355,724.39
递延所得税负债	33,840,290.10	14,764,558.56
其他非流动负债	19,000,000.00	
非流动负债合计	455,405,533.63	361,190,456.75
负债合计	7,174,696,439.08	9,837,875,983.20

换句话说，也就是海天味业的负债不仅没有增加，而且还大幅度下降了约27亿元。需要特别注意的是，2022年海天味业资产负债表中的合同负债，同比减少了17.61亿元，下降幅度达到了37.40%。这对一直采用预付款提货的海天味业来说，无疑敲响了一记警钟。

接着来看所有者（股东）权益部分，详见表4－9。

表 4－9　海天味业所有者权益

单位金额：人民币元

所有者权益（或股东权益）：		
实收资本（股本）	4,633,833,787.00	4,212,576,170.00
资本公积	142,498,802.39	142,498,802.39
盈余公积	2,335,492,509.40	2,124,863,700.90
未分配利润	19,285,851,426.62	16,921,578,797.54
归属于母公司所有者权益（或股东权益）合计	26,397,676,525.41	23,401,517,470.83
少数股东权益	486,802,885.81	98,331,095.55
所有者权益（或股东权益）合计	26,884,479,411.22	23,499,848,566.38
负债和所有者权益（或股东权益）总计	34,059,175,850.30	33,337,724,549.58

从表 4－9 中可以发现，期末实收资本（股本）增加了 421，257，617.00 元，本次变动是因为资本公积转股所致，也印证了期末资本公积项目减少的数量。盈余公积在年度内发生了小幅变化。总体来说，2022 年度没有股东入资，对公司资产增长贡献最大的是未分配利润，从期初的 169.22 亿元增加至期末的 192.86 亿元，增长了 23.64 亿元。

经过这样一番简单比对，我们就可以清楚地知道引起公司年度内资产增长的关键原因了，主要是利润积累和经营业务发展共同助推了公司资产的增长。其中，贡献最大的是公司的利润积累。

沿着这个思路继续深挖，我们还可以针对负债和所有者权益项目，提炼出更多有价值的信息。如表 4－10 所示。

表 4－10

单位金额：人民币元

项目	期末余额	期初余额
所有者权益合计	26,884,479,411.22	23,499,848,566.38
负债和所有者权益总计	34,059,175,850.30	33,337,724,549.58

海天味业 2022 年的资产（资产＝负债＋所有者权益）约为 340.6 亿元，相比 2021 年的 333.4 亿元的资产，仅增加了约 7.2 亿元。2022 年底资产与所有者权益之间的差额，显示出公司有负债 71.76 亿元。相比 2021 年约 98.4 亿元负债，2022 年公司减少了约 26.64 亿元负债。

海天味业资产增加了约 7.2 亿元，负债减少了约 26.64 亿元，净资产增加约 33.84 亿元。这下可能让人纳闷了：2022 年海天味业公司的利润表上显示，其赚到的净利润为 62.03 亿元（含少数股东损益），净资产只增加了 33.84 亿元，那剩下的 28.19 亿元哪里去了？

分红分掉了。这个分红包括2022年内上市公司实施2021年度分红方案，以当期股本总数约46.34亿股为基数，向全体股东每10股送2股派7元（含税），共分配现金股利约32.44亿元。同时，海天味业当期还向全体股东按每10股转增2股，其数量大致吻合。

2. 资产项目的结构，以及主要比率的历史变化

如果说负债是关于钱的来源，那么资产则是关于钱的去处。看钱的去处，主要看两个方面：一是原来的钱的布局情况，二是新钱（包括新借的和新挣的）都花哪里去了。

当我们在阅读这些数据的时候，不能单独对数据进行拆解分析，而是应该扩宽视野和拉长时间来比对着看，沿着变化的轨迹去寻找背后的逻辑，这才能形成一个相对完整的分析链，减少盲人摸象的错误。

我们先来看一下2022年海天味业的资产项目部分，详见表4－11。

表4－11　海天味业资产部分

单位金额：人民币元

项目	2022年12月31日	2021年12月31日
流动资产：		
货币资金	18,223,307,402.03	19,813,767,427.18
交易性金融资产	6,081,662,998.97	5,377,818,664.42
应收账款	188,395,321.48	56,045,139.23
预付账款	25,303,923.79	16,294323.24
其他应收款	10,738,064.59	16,216,013.80
其中：应收利息		78,920,578.58
存货	2,391,641,182.47	2,226,818,960.68
其他流动资产	52,539,515.27	71,912,733.17
流动资产合计	26,973,588,408.60	27,578,873,261.72
非流动资产：		
其他非流动金融资产	100,000.00	100,000.00
投资性房地产	4,131,328.25	4,496,708.00
固定资产	4,206,780,719.87	3,614,222,644.29
在建工程	1,179,878,268.77	923,163,979.01
无形资产	684,643,779.66	376,666,046.75
商誉	210,428,426.24	30,578,355.42
长期待摊费用	11,015,802.17	8,221727.64
递延所得税资产	653,326,285.38	698,408,388.16
非流动资产合计	7,085,587,441.70	5,758,851,287.86
资产总计	34,059,175,850.30	33,337,724,549.58

资产的结构分析，主要是研究流动资产与总资产之间的比率关系，反映这一关系的一个重要指标是流动资产率，其公式为：

流动资产率＝流动资产/总资产×100%

一般来说，流动资产率越高，说明公司生产经营活动越重要，发展势头越旺盛；也说明公司当期投入生产经营活动的现金，要比其他时期、其他公司投入得多。反之，如果一家公司的流动资产率低于合理区间，并逐年减少，一般来说其业务处于萎缩之中，生产经营亮起了红灯，需要及时找出原因。

经过计算，海天味业的流动资产率基本上连续数年都保持在80%左右，而其竞争对手中炬高新和千禾味业分别保持在约60%、46%，其中中炬高新涉及园区和房地产开发，可能导致其固定资产所占比例较大一些。

对流动资产率这一指标的分析，一般要跟同行业横向对比看，同一家公司则纵向对比着看。不同的行业，这个比率有不同的合理区间。比如说，像调味品、白酒、商业批发等行业，这个指标可能在70%以上，而化工、航空、建材、重型机械等行业则一般在30%~60%之间。

由于对同行业竞争对手进行对比研究相对更加复杂，工作量要大得多，因此我们一般多选择同一家公司历年（至少是连续两年，即期初、期末）的纵向对比分析。

实际上，通过流动资产率这个指标，可以评价这个公司的类型。但更为准确的公式可以进化为：生产资产/总资产。所谓“生产资料”主要是指固定资产、在建工程、工程物资及无形资产里的土地。比如，在海天味业2022年财报中，这几块合计约为55亿元。

通过计算生产资料在总资产中所占比例，即可知道占比大的被称为“重资产公司”，占比小的被称为“轻资产公司”。比如，用海天味业的生产资料与总资产相除，得出的比率约为16.15%。

重资产型公司的资本开支通常比较大，需要不断地投入资金进行维护或升级，并产生大量的折旧和摊销，必须要有大量的产品规模来分摊成本，否则就容易陷入亏损的泥潭，比如说大多数机械制造公司。

而轻资产型公司，因为没有过高的固定成本，其产品和服务的成本，主要是可变成本。即使遭遇市场不景气或者竞争激烈，成本也会跟随销量下滑，使公司更容易在逆境中保持盈利能力，比如说片仔癀、同仁堂等。而正是因为不需要太大的资本开支，公司才会有钱分配给股东。

除了对流动资产进行分析研判外，资产结构的分析还包括对无形资产增减，及固定资产折旧快慢的分析。换句话说，就是固定资产和无形资产在总资产中所占的比重如何。如果这一比例太大，则可能意味着这个公司的退出门槛很高，转型困难，经营风险较大。

这是因为资产结构影响到成本结构。我们知道，成本结构分为固定成本和变动成本两大类，无形资产摊销下来也计入固定成本，所以这一类公司的成本相当于刚性成本。而成本结构具有放大效应，比如收入值下降5%，很容易就导致20%～30%的实际损益。

此外，资产项目涉及的财务比率也非常关键，尤其是可以根据数年间的变化情况拉长时间来进行分析研判。总的来讲，除了上述讨论的流动资产率外，主要还有应收账款占总资产的比例，货币资金与有息负债的比例，非主营资产占总资产的比例，这三个比例都还比较简单易懂，且都可以拉长时间和以前比较，看看公司这些年都发生了什么样的变化。

首先是应收账款占比。一是看比例是否太大，一般来说应收账款占比超过30%就已经算是触碰红线了；二是看应收账款的回收周期，这个在财报附注里可以查阅到；三是看是否有异常，比如说暴增暴降，或者总是集中在少数几家公司身上，其增幅经常超过营业收入的增幅，一般就说明公司采用了激进的销售政策。

其次是货币资金占比。巴菲特说："现金就像氧气，99%的时间你不会注意到它，直到它没了。"这个比例主要用来考察公司的偿债能力，一个稳健的、具有持续竞争力的公司，它的资金账户上随时都应该有足够的现金，以应对各种紧急情况的发生，包括对有息负债的覆盖。

最后是非主业资产占比。很多公司容易产生盲动症，业务构成纷繁复杂，可能同时跨越两三个行业，也就是所谓的多元化发展，却没把注意力集中放置在自己所擅长的领域，形成了错配。比如说，一家制造业公司，将大量资金资源配置于交易性金融资产、可供出售金融资产或者投资理财、炒房炒股等，一方面说明管理层注意力不够集中，另一方面也可能说明该行业的发展已触及天花板。

3. 流动资产与流动负债之间的动态关系

流动资产是指公司在一年或者超过一年的一个营业周期内变现或者运用的资产，是公司资产中必不可少的组成部分，也像是公司的一条大动脉。流动资产在周转过程中，从现金形态开始，依次改变其形态，最后又回到现金，这个过程中的资金与生产流动紧密相关，周转速度快，变现能力强，它包括货币资金、应收票据、应收账款和存货等。

流动负债是指在一年或者超过一年的一个营业周期内必须偿还的债务，包括短期借款、应付票据、应付账款、预收账款、应付职工薪酬、应交税金和其他应付款等。

把流动资产和流动负债进行比较，就会产生两个新概念：一是用流动资产除以流动负债，得到的比率叫作流动比率；二是用流动资产减去流动负债，得到的概念叫作净流动资产或者营运资本（资金）。

我们还是先看一下海天味业资产负债表中关于资产和负债的部分数据，详见表4-12。

表 4－12 海天味业 2022 年资产负债表（部分）

单位金额：人民币元

项目	附注	2022 年 12 月 31 日	2021 年 12 月 31 日
流动资产：			
货币资金	七、1	18,223,307,402.03	19,813,767,427.18
交易性金融资产	七、2	6,081,662,998.97	5,377,818,664.42
应收账款	七、5	188,395,321.48	56,045,139.23
预付款项	七、7	25,303,923.79	16,294,323.24
其他应收款	七、8	10,738,064.59	16,216,013.80
其中：应收利息			78,920,578.58
存货	七、9	2,391,641,182.47	2,226,818,960.68
其他流动资产	七、13	52,539,515.27	71,912,733.17
流动资产合计		26,973,588,408.60	27,578,873,261.72
非流动资产：			
其他非流动金融资产	七、19	100,000.00	100,000.00
投资性房地产	七、20	4,131,328.25	4,496,708.00
固定资产	七、21	4,206,780,719.87	3,614,222,644.29
在建工程	七、22	1,179,878,268.77	923,163,979.01
使用权资产	七、25	43,429,034.72	73,632,334.98
无形资产	七、26	684,643,779.66	376,666,046.75
商誉	七、28	210,428,426.24	30,578,355.42
长期待摊费用	七、29	11,015,802.17	8,221,727.64
递延所得税资产	七、30	653,326,285.38	698,408,388.16
其他非流动资产	七、31	91,853,796.64	29,361,103.61
非流动资产合计		7,085,587,441.70	5,758,851,287.86
资产总计		34,059,175,850.30	33,337,724,549.58
流动负债：			
短期借款	七、32	131,720,077.32	104,600,000.00
应付票据	七、35		466,579,620.84
应付账款	七、36	1,300,261,929.82	1,606,951,054.18
预收款项			4,097,996,215.03
合同负债	七、38	2,948,110,991.12	4,708,621,289.28
应付职工薪酬	七、39	669,278,588.31	736,235,789.51
应缴税费	七、40	478,998,581.67	532,484,083.03

续表

项目	附注	2022 年 12 月 31 日	2021 年 12 月 31 日
其他应付款	七、41	1,044,863,638.09	972,021,493.04
一年内到期的非流动负债	七、43	20,265,618.29	21,395,441.72
其他流动负债	七、44	125,791,480.83	327,796,754.85
流动负债合计		6,719,290,905.45	9,476,685,526.45
非流动负债：			
长期借款	七、45	93,653,455.89	
租赁负债	七、47	29,745,723.29	54,070,173.80
递延收益	七、51	279,166,064.35	292,355,724.39
递延所得税负债	七、30	33,840,290.10	14,764,558.56
其他非流动负债	七、52	19,000,000.00	
非流动负债合计		455,405,533.63	361,190,456.75
负债合计		7,174,696,439.08	9,837,875,983.20

从表 4－12 中，我们可以找到 2022 年期末的流动资产为 269.74 亿元，比期初 275.79 亿元减少了 6.05 亿元；2022 年期末的流动负债为 67.19 亿元，比期初 94.77 亿元减少了约 27.58 亿元。经过简单计算，2022 年海天味业的流动比率为 4.01∶1。再来根据速动比率的公式，计算出 2022 年海天味业的速动比率为 3.66∶1。

一般来说，这两个比率越高，说明公司资产的变现能力越强，短期偿债能力亦越强，反之则弱。那究竟多高才算比较好呢？传统的教科书认为，将流动比率保持在 2∶1 以上比较好，速动比率应在 1∶1 以上为好。

流动比率 2∶1，表示流动资产是流动负债的两倍，即使流动资产有 50% 在短时间内不能变现，也能保证全部的流动负债可以获得偿还；速动比率 1∶1，表示现金及现金等价物具有即时变现能力的速动资产与流动负债相等，可以随时偿还全部流动负债，并且也有足够的资产维持公司正常的生产经营。

但这也只是一个经验值，并非铁板一块。比如说，格力电器就长期维持了较低的流动资产和较高的流动负债，并且能够保持长期发展的稳定状态，所以这种低比率恰恰反映了公司的经营竞争优势。

4. 拆解公司的资产与负债的逻辑关系

将公司的资产与负债进行对比，可以得出一个大家几乎耳熟能详的比率：资产负债率。前文已经介绍过了，它是表示公司全部资金来源中有多少来自举借债务，非常清楚。

跟流动和速动比率一样，资产负债率多高才算比较好呢？

通常情况下，一家公司的资产负债率达到 70% 以上就已经比较危险了，因为比较高的资产负债率特别容易导致公司的债务偿还出现问题，就像一个体弱多病的人，哪怕遭遇一场小感冒也极可能倒下，没有任何抵抗能力。

在我看来，一个公司的资产负债率控制在50%以下是一个相对比较良性的状态，一旦突破50%，则偿债能力偏弱，风险相对就比较高。但是，不同行业的情况也不完全相同。比如，金融机构的商业模式不同，其资产负债率往往会高达80%甚至90%以上，对于一些重资产型公司或房地产企业，像铁路、机场、水电、光伏、高速公路等行业，也存在较高的负债率。

公司适度举债经营并非一件坏事，它可以提高股东的回报率，但资产负债率过高会导致公司财务状况恶化，偿债能力降低，存在不能清偿债务而破产倒闭的风险。作为投资者，对于资产负债率过高的公司，我们必须抱有强烈的戒心，一定要仔细分析公司的基本面，量化考察，宁愿错过一千也不踩雷一个。

我们来看一看海天味业的资产负债率是多少呢？详见表4－13。

表4－13　海天味业2022年资产负债率

单位金额：人民币元

负债合计	7,174,696,439.08	9,837,875,983.20
资产总计	34,059,175,850.30	33,337,724,549.58
资产负债率	21.07%	29.51%

海天味业在2022年期末的资产总额为340.59亿元，负债合计为71.75亿元，其2022年的资产负债率为21.07%，相较于2021年期末下降了8.44%。

从以上数据可以看出，海天味业的资产负债率比较低，这几乎也是整个调味品行业内公司的普遍特征，账户上“躺着”大量货币资金以及现金等价物，或者是不少交易性金融资产等，随时可以变现，富得流油。

既然如此，那为什么还有70多亿元的负债呢？一家公司的债务分为有息负债和经营性负债两大类，区别在于有息负债是需要支付利息的，而且都有明确的偿还时间限制，比如短期借款、应付债券、一年内到期的非流动负债等。

而经营性负债通常是公司在经营活动中产生的负债，比如应付账款、应付薪酬、预收账款等，不需要支付任何利息，相当于无偿借贷，这种情况是公司自身在市场竞争和产业链条中的优势地位所决定的。

回到海天味业的负债项目表上。从其报表里负债的具体项目来看，在公司期末71.75亿元的负债中，最明显的贷款项目只有短期借款1.3亿元、长期借款0.94亿元、租赁负债0.3亿元和一年内到期的非流动负债0.2亿元，合计总共约2.74亿元，这也可以从利润表中支付的0.145亿元利息得以印证，但这构不成公司负债的主体。

再继续深入挖掘，海天味业的负债主体几乎都是与其业务经营活动相关的应付账款、应付票据、合同负债（预收款项）、应付职工薪酬、应交税费和其他应付款等。这些项目的大规模负债，实际上反映出海天味业对上下游即供应商和经销商的资金占用能力，也就是说，海天味业是在无偿利用上下游两端的资金来支持自己的业务发展。

因此，如果一家公司的债务构成中贷款类负债不多，偿债能力一般不用担心。

5. 资产增长的动力及未来持续竞争优势

任何一家公司的最终目的都是赚钱，而一家公司的管理层则是通过持续不断地创造价值来赚钱。尤其对于一家以经营资产为主的经营主导型公司，若能够最大限度地保持自身的核心竞争力，就可以成为巴菲特一直寻找的具有持续竞争优势的公司。

经营主导型公司，往往会以自己特定的商业模式、行业赛道选择和提供特定产品为主营业务的战略为主导，以一定的竞争策略，比如差异化策略、低成本策略等，通过固定资产、存货的内在联系及其与市场之间的关系，为公司的股东、经销商和消费者等持续创造价值。

但不管怎么说，任何一家公司的经营活动，都是从现金开始到现金结束的不断循环往复，从而促使公司的资产持续增加。其主要动力有三个方面：一是利润累积；二是由业务经营活动所引起的各项经营性负债；三是各种形式的贷款。

很明显地，在这三大核心动力之中，最为重要的是利润的积累，就像大多数人早期的资金积累来自他在职场上的努力和职位提升等获得的回报一样。它的重大意义还在于，驱使资产增加不同的动力结构，对公司未来持续竞争优势的价值是不同的：

第一，依靠自身业务发展和利润积累持续推动资产增长的公司，才能形成良好的经营活动循环，才能在上下游产业链条中拥有优势地位，以及逐步建立高深宽广的“护城河”，从而形成自己的核心竞争力。

第二，一家公司如果只是一味依靠股东烧钱和对外借贷融资来推动资产增长，长期无法建立自己正常的“血液循环系统”，也就是不能为利益相关方创造价值而实现现金流入，高杠杆的财务风险迟早都会爆发，比如乐视网就是近几年最典型和鲜活的失败案例。

海天味业的资产负债表数据告诉我们，其资产之所以能够持续不断地增长，最核心的动力还是依靠自己的差异化策略、业务规模和品牌优势以及利润的积累。只有这样脚踏实地的公司，才有可能飞得更高。

第五章

收付实现制的结果：现金流量表

赚钱的公司可能没有钱，有钱的公司也可能不赚钱，因为利润与现金流是两个完全不同的概念。现金流量表是基于收付实现制的一张报表，它反映一家公司在一定时期内现金及现金等价物的增减变动情况。换句话说，现金流量表主要反映的是货币资金的分类增减变化情况，也就是收支情况。

有统计报告显示，在20世纪90年代，每四家破产的公司中，就有三家是盈利的，只有一家是亏损的。是的，你没看错，盈利的公司也会破产。也就是说，公司破产并不完全是因为利润，而是因为没有现金了。

利润和现金之间之所以会产生这种错位关系，其实是因为会计惹的祸。按照会计准则，只要双方签订了合同，在提供了相应的产品或服务后，即可记录对应的收入和利润。而现金则需要等到对方真正付款的时候，才能被确认记录。

也就是说，收入增加不等于货币资金增加，费用增加不等于货币资金减少，净利润也不意味着公司货币资金的净增加。

在现实中，众多行业的市场竞争异常激烈，对手纷纷使出浑身解数抢占市场份额，这就导致绝大多数公司都会给它们的购买者提供各种信用，比如分期付款、延期付款等。它们发现使用权责发生制更具有优越性，因为这种方法允许它们将赊销作为收入记录在利润表上，同时在资产负债表上也增加了应收账款。

既然权责发生制允许赊销作为收入记账，必然就意味着并没有同步获得现金收入，因此有必要将实际发生的现金流入和现金流出单独列示。这就是现金流量表产生的背景，它将告诉我们，这家公司是现金流入大于现金流出（叫作“正的净现金流”），还是现金流入小于现金流出（叫作“负的净现金流”）。

所以，现金流量表描述现金的流向，也就是公司收到钱和付出钱的情况。我们知道，一家公司无论做了多少事情，在会计眼里，始终只有三件事：经营、投资和融资。而现金流量表就是从经营、投资和融资这三个角度，对现金的流入和流出进行描述。

现金流量表与利润表一样，反映的是某一段时间的情况，公司的会计部门和审计师事务所每个季度和每个会计年度都会编制一份现金流量表。

第一节　认识现金流量表

从形式上来说，现金流量表挺复杂的，它不仅包括了主表和附表两个部分，而且每个部分的内容看上去都不少。其实，现金流量表并不复杂。为什么呢？现金流量表的核心是关于经营、投资和筹资这三个活动的现金流入和流出情况，我们只要抓住这个关键逻辑去挑选成长股，那么所有问题都会迎刃而解了。

接下来，我们以泸州老窖2022年财报（有删节）为例，先来熟悉一下现金流量表的框架结构，详见表5－1。

表5－1　泸州老窖2022年现金流量表（有删节）

单位金额：人民币元

项目	2022年度	2021年度
一、经营活动产生的现金流量：		
销售商品、提供劳务收到的现金	25,912,851,214.24	22,547,42,658.59
收到的税费返还	96,229,396.25	3,431,889.01
收到其他与经营活动有关的现金	868,192,251.33	970,002,588.49
经营活动现金流入小计	26,877,272,861.82	23,520,677,136.09
购买商品、接受劳务支付的现金	5,224,385,672.55	5,071,928,013.73
支付给职工以及为职工支付的现金	1,159,257,102.51	1,016,371,335.03
支付的各项税费	9,242,016,336.48	6,428,760,153.55
支付其他与经营活动有关的现金	2,988,965,480.56	3,304,969,529.27
经营活动现金流出小计	18,614,624,592.10	15,822,029,031.58
经营活动产生的现金流量净额	8,262,648,269.72	7,698,648,104.51
二、投资活动产生的现金流量：		
收回投资收到的现金	2,130,340,931.54	
取得投资收益收到的现金	47,015,525.79	38,354,817.50
处置固定资产、无形资产和其他长期资产收回的现金净额	66,239,957.85	3,538,598.27
收到其他与投资活动有关的现金		
投资活动现金流入小计	2,243,596,425.18	41,893,415.77
购建固定资产、无形资产和其他长期资产支付的现金	1,035,165,351.11	1,979,399,942.51
投资支付的现金	3,082,285,380.80	740,542,370.00
支付其他与投资活动有关的现金		
投资活动现金流出小计	4,117,450,731.91	2,719,942,312.51
投资活动产生的现金流量净额	－1,873,854,316.73	－2,678,048,896.74
三、筹资活动现金流量：		
吸收投资收到的现金	670,224,927.99	8,305,794.84
其中：子公司吸收少数股东投资收到的现金	3,366,028.35	8,305,794.84
取得借款收到的现金	4,700,000,000.00	
收到其他与筹资活动有关的现金	1,909,017.10	

续表

项目	2022 年度	2021 年度
筹资活动现金流入小计	5,372,133,945.09	8,305,794.84
偿还债务支付的现金	2,500,000,000.00	
分配股利、利润或偿付利息支付的现金	4,928,927,484.50	3,168,553,209.93
其中：子公司支付给少数股东的股利、利润	14,784,831.00	
支付其他与筹资活动有关的现金	21,594,912.99	22,371,107.22
筹资活动现金流出小计	7,450,522,397.49	3,190,924,317.15
筹资活动产生的现金流量净额	-2,078,388,452.40	-3,182,618,522.31
四、汇率变动对现金及现金等价物的影响	16,072,149.45	-3,646,806.44
五、现金及现金等价物净增加额	4,326,477,650.04	1,834,333,879.02
加：期初现金及现金等价物余额	13,402,528,941.83	11,568,195,062.81
六、期末现金及现金等价物余额	17,729,006,591.87	13,402,528,941.83

（资料来源：泸州老窖2022年度财务报告）

一、现金流入与流出

尽管每家公司的商业模式都不一样，比如有的生产和销售商品，有的提供服务等，但其经济活动在本质上都是大同小异的。我们一起看看一家成长型公司的经济活动过程中包含了哪几条现金流入和流出的路径。

第一，经营活动相关的现金流。无论哪种类型的公司，不管向购买者提供的是商品还是服务，其销售行为早晚都能够使公司获得一些现金，这是一项非常重要的经营活动的现金流入。但在这个过程中，还得要采购原材料，向员工支付薪酬福利，向税务局缴税等，这些则属于经营活动的现金流出。

第二，投资活动相关的现金流。一般来说，公司的投资有两种：一是投资自己，即对内部投资，比如更新换代生产设备等，这种投资会形成这家公司的固定资产和无形资产；二是对外部投资，比如参股一家公司，或者购买别家公司的股票或者债券等。

但只要是投资，就一定会出现现金流出的现象。有流出自然会有流入，投资活动的现金流入也有两种情况：一是公司变卖自己的“家当”；二是投资收益，比如某家公司因为参股别的公司，别的公司给它分红，它就获得了一笔投资收益。

第三，融资活动相关的现金流。对于公司来说，融资方式也主要有两种类型：一是债务融资；二是股权融资。债务融资就是向别人借钱，是需要支付利息的，而股权融资是稀释现有股东的股份，不需要支付利息。但不管是债务融资，还是股权融资，在它融资的时候一定会有现金流入。与之对应的，则是融资活动一定也伴随着现金流出，比如说债务融资需要向借贷方还本付息，股权融资需要给股东分红等。

相对来说，筹资活动比较复杂一些，还会涉及一些特殊的项目。以租赁为例，其分为经营性租赁和融资性租赁：前者租赁租赁时间短、金额小；后者租赁期限长、金额大。虽然都是租赁行为，但在会计看来，融资性租赁在本质上应该算是一种分期付款的购买行为，支付租金就成为偿还负债的融资活动现金流出。

按照这个思路，我们来看一下表5－2，也许更加简洁直观。

表5－2　现金流量表的分类

	经营活动	投资活动		筹资活动	
		对内投资	对外投资	债务融资	债券融资
现金流入	销售商品或提供服务	处置	处置、收益	借贷资金	融入资金
现金流出	原料采购、员工薪酬、税收交纳	购买资产	投入	还本付息	分红

二、现金流量表的产生

由于现金流量表是一种分类记录，所以在把这些现金变化记录在上面的时候，就必须搞清楚这种现金变化到底是属于哪一类，经营、投资还是融资，是属于现金流入还是流出。在这一小节，我们将通过举例的方式，来阐述一家公司的现金流量表是如何产生的。

我们以熊记便利店为例，从它创立到开展经营活动，截取一个横断面，对现金流量表以及各类现金流量的含义进行解读。

经过前期调研和详细筹划，熊记打算在人流集中的小区大门口开设一个便利店，于是开始了紧锣密鼓的筹备工作。随后，在便利店开始经营的这段时间内，相继发生了下面这些业务：

第一项经济活动，是熊记投入了100万元组建了便利店这家公司，熊记自然而然成了这家公司的股东。从公司的角度来看，熊记往便利店投入了资金，引起了现金的增加，在现金流量表上就会表现为吸收投资收到的现金。这是一笔融资活动产生的现金流入。

第二项经济活动，是熊记便利店跟一个商业门面的业主签订了三年期的租赁合同，全部租金为50万元，预付租金20万元。同时，熊记便利店还花了10万元购买了冰柜、货架、收银台等固定资产，这些都是经营活动必要的设施设备。虽然付出了一笔钱，但也获得了相应的资产，总的来说是引起了现金流出。

熊记便利店跟业主签订的商业门面租赁合同，租赁时间超过了一年以上，所预付的租金就属于公司的非流动资产。按照会计准则，这种现金流出属于投资行为的现金流出，计入购建固定资产、无形资产以及其他长期资产支付现金。而熊记便利店购买的冰柜、货架等设备，也是属于非流动资产，计入固定资产项目。

如此，熊记便利店预付租金20万元，支付10万元购买了长期使用的设施设备，公司投资活动现金流出量增加，在现金流量表上表现为购建固定资产、无形资产以及其他长期资产支付现金为30万元。

盘点一下，熊记便利店迄今为止，筹资活动现金流入量增加了100万元，投资活动现金流出量增加了30万元，现金流量净额是100万元减去30万元，增加了70万元。

第三项经济活动是，做好了一切准备工作之后，熊记便利店就要开张营业了。于是，它先采购了一批商品（原材料），向对方支付了15万元。为了便于计算，这里忽略所有税费等因素。采购商品属于日常经营活动，又是一项花钱、引起货币资金流出的业务，对熊记便利店来说，这是属于经营活动产生的现金流出。

如此，熊记便利店购买用于销售的货物，导致现金流量表上的经营活动现金流出量，也就是购买商品、接受劳务支付现金这一项目上，增加了15万元。

第四项经济活动，是熊记便利店花费了5万元，用于支付员工的工资和水电气等日常的运营费用。很明显，这是一项经营活动，而且也造成了现金的流出。

迄今为止，熊记便利店筹集活动现金流入量增加了100万元，投资活动现金流出量增加了30万元，经营活动现金流出量增加了20万元，熊记便利店现金流量净额等于100万元减去30万元、减去15万元、再减去5万元，相当于增加了50万元。

接下来的第五项经济活动，是熊记便利店开始销售商品了，把原本采购价为15万元的货物中的10万元货物卖出，作价30万元，一手交钱一手交货，全部收到了货款。很明显，这是一项收钱、引起现金流入的经济活动，因此在归类上，这种与日常经营活动有关的现金流入，自然就属于经营活动中产生的现金流入。

因此，熊记便利店由于销售货物而导致现金流量表上的经营活动现金流入量，也就是销售商品、提供劳务收到现金这一项目上增加了30万元。

以上几项经济活动，基本上简单概括了一家公司日常的经济行为，这个过程中涉及现金的流入和流出也比较清楚。我们来总结一下，熊记便利店在这一段时间内经济活动中现金流量的情况。

熊记便利店筹资活动现金流入量增加了100万元，投资活动现金流出量增加了30万元，经营活动现金流出量增加了20万元，经营活动现金流入量增加了30万元。所以，熊记便利店现金流量净额等于100万元减去30万元、减去20万元再加上30万元，增加了80万元。

实际上，很多公司的经济活动远比熊记便利店复杂，可能涉及银行借贷、技术研发、股权投资等一系列行为，但分门别类梳理之后，也是非常简单的。比如说，以上经济活动每一项都标注了它们各自的“属性”，属于经营活动、投资活动还是融资活动，结果是导致现金的流入还是会流出。

这个过程，实际上也就是现金流量表产生的过程。所有与公司日常经营相关的货物采购、销售商品等活动，都属于经营活动；所有与公司投资相关的购建固定资产、无形资产等活动，都属于投资活动；所有与公司筹资相关的股东投资、银行借贷等活动，都属于筹资活动。

第二节　现金流量表一览

现金流量表是一定时期公司的货币资金分类收支汇总表，它分为主表和附表。因为附表很少用到，所以本节以主表作为介绍对象，而省略掉附表。公司的现金流量一般分为三大部分：经营活动产生的现金流量、投资活动产生的现金流量和融资活动产生的现金流量。每个部分又分为现金流入和现金流出，现金流入减去现金流出，得到的净额就叫现金净流量。

一、经营活动产生的现金流量

经营活动是指公司发生的直接与生产、销售商品或者提供劳务服务有关的一切行为，经营活动产生的现金流量是公司造血能力的表现，“经营活动现金流量净额”越大，说明公司的造血能力越强。

投资活动和筹资活动通常是因为经营活动而发生的，比如公司需要生产更多商品，就属于经营活动。而生产更多商品，需要更大的固定资产投资，属于投资活动。要投资，自己的钱不够，就得借钱，不管是让股东增加投资还是向银行贷款，都是融资活动。

1. 销售商品、提供劳务收到的现金

这个项目指公司本期通过卖掉产品或者提供服务从客户那里收到的钱，或者是收回以前销售形成的应收账款，以及本期新增的预收款、减去本期内退货支付的现金。

销售商品、提供劳务收到的现金是公司现金流入的主要来源，它用公式表示为：

销售商品、提供劳务收到的现金 = 营业收入 + 应交增值税的销项税额 + 预收账款(期末 − 期初)余额 − 应收账款(期末 − 期初)余额 − 应收票据(期末 − 期初)余额 + 当期收回前期核销的坏账 − 当期核销的坏账 − 票据贴现的利息

2. 收取利息、手续费及佣金的现金等

这个项目通常在一些大型公司的现金流量表中存在，比如贵州茅台、宝钢股份等，它是母公司或者下属公司向关联公司贷款时，收取的利息和向它们提供金融服务时收取的佣金、手续费等。

3. 收到的税费返还

收到的税费返还这个项目很多公司都有，它是记录公司收到的各种税费返还款，比

如增值税即征即退、出口退税、消费税、教育费、研发费用退税及其他税收优惠政策约定的返还。

这个项目通常金额不会太大，如果遇到特殊情况则需要具体分析。

4. 收到其他与经营活动有关的现金

收到其他与经营活动有关的现金是指除了上述各个项目外，公司收到的其他与经营活动有关的现金流入，如经营租赁收到的现金、罚款收入、利息收入、资产损失中个人损失赔偿现金、与经营有关的政府补贴等。

这个项目金额比较大时，一般会在报表的附注中列示明细，投资者可根据明细情况结合公司的实际经营具体分析。

以上这些项目加在一起，就构成了现金流量表中经营活动现金流入小计。

5. 购买商品、接受劳务支付的现金

购买商品、接受劳务支付的现金是指公司购买原材料和商品、接受劳务支付的现金，包括本期采购支付的现金，以及支付以前的应付款、减去本期退货收到的现金等。它用公式表示为：

购买商品、接受劳务支付的现金 = 营业成本 + 应交增值税进项税额 + 存货(期末 - 期初)余额 + 在建工程领用的存货——盘亏的存货 + 非正常损失的存货 + 预付账款(期末 - 期初)余额 - 应付账款、票据(期末 - 期初)余额

这个项目与“销售商品、提供劳务收到的现金”对应，是公司现金流出的主要因素。与利润表中的营业成本项目比较，可以判断出公司购买原材料等的付现率情况。

6. 支付给职工以及为职工支付的现金

反映公司本期实际支付给职工的工资、奖金、各种津贴和补贴，以及为职工支付的“五险一金”和其他复利费用等，但不包括支付给在建工程人员的薪酬。

注意，根据员工的工作性质和服务对象不同，按照收益原则，在投资活动现金流出项目中“构建固定资产、无形资产和其他长期资产所支付的现金”，与本项目“支付给职工以及为职工支付的现金”之间的分配问题。

7. 支付的各项税费

反映公司按照规定本期支付的各种税费，以及本期支付以前各期发生的税费和预交的税金，如所得税、增值税、消费税、印花税、车船税、教育附加、土地增值税等，不包括计入固定资产价值、实际支付的耕地占用税等。

它用公式表示为：

支付的各项税费 = 税金及附加 + 计入其他业务支出、营业外支出、管理费用、存货的税费 + 缴纳的增值税 - 除增值税外的应交税费(期末 - 期初)余额

－其他应交款(期末－期初)余额

8. 支付其他与经营活动有关的现金

这是与“收到其他与经营活动有关的现金”相对应的，反映公司除了上述各个项目外，支付的其他与经营活动有关的现金流出，比如公司经营租赁支付的租金、会议费、差旅费、业务招待费、罚款支出等。

在贵州茅台2020年财报中，这个项目主要包括了运费、广告费、运输保险费、财产保险费等。后来有人发现，这个项目也像一个“大箩筐”，有的公司管理层的一些在职消费，也容易被塞在里面，所以很多公司都不愿意详细披露该项目的具体构成。

该项目主要与管理费用、销售费用、营业外支出等项目对应，金额不应该过大。如果金额过大，一般会在附注中列示明细。

以上这些项目加在一起，就构成了经营活动现金流出小计。

用经营活动现金流入小计，减去经营活动现金流出小计，就可以得到经营活动产生的现金流量净额。它用公式表示为：

经营活动产生的现金净流量＝经营活动现金流入小计－经营活动现金流出小计

在经营活动现金流里，最关键的两个项目，除了上述的“销售商品、提供劳务收到的现金”外，另一个就是“经营活动现金流量净额”。

二、投资活动产生的现金流量

投资活动现金流是与非流动资产和交易性金融资产相关的现金流量，以及与利息、股利收入相关的现金流量。它反映的是一家公司资本性支出的现金数额，比如公司买卖厂房、设备设施、固定资产等都会导致投资活动现金流的增减。

1. 收回投资收到的现金

反映一家公司出售、转让或到期收回各种现金等价物之外的投资收到的现金，比如对其他公司的权益工具、债务工具和合营中的权益（本金）等收到的现金，但该项目不包括债权性投资的利息收入。

2. 取得投资收益收到的现金

反映一家公司除现金等价物以外的对其他公司的权益工具、债务工具和合营中的权益投资分到的现金股利和利息，或者投资房地产收到的租金等。

3. 处置固定资产、无形资产和其他长期资产收回的现金净额

反映一家公司处置固定资产、无形资产和其他长期资产所取得的现金，即卖资产的钱减去费用后的净额，公司获得的保险也是计算在这里的，比如自然灾害导致固定资产损失，保险赔偿的钱就被列入这个项目之中。

4. 处置子公司及其他营业单位收到的现金净额

这是指我们把子公司或者联营、合营公司彻底卖掉后所获得的现金，减去为处置这些公司而支付的有关费用后的净额。

5. 收到其他与投资活动有关的现金

反映公司除了上述各个项目以外，收到的其他与投资活动有关的现金流入，比如关联方资金拆借、项目建设过程中承建单位缴纳的履约保证金等。以中炬高新为例，假设它要建设一个新的酱油酿造基地的工程项目，那么承接这个项目的建筑单位就要向它支付一笔工程履约保证金。

一般来说这个科目没有金额，或者只有非常小的金额，如果金额非常大则需要注意。

以上这些项目加在一起，就构成了投资活动现金流入小计。

6. 购建固定资产、无形资产和其他长期资产支付的现金

反映一家公司购买或建造固定资产、无形资产和其他长期资产所支出的现金（含增值税款)，以及用现金支付的应由在建工程和无形资产负担的职工薪酬。不包括为购建固定资产而发生的借款利息资本化的部分，借款利息和融资租入固定资产支付的租赁费在筹资活动产生的现金流量中反映。

7. 投资支付的现金

反映一家公司为取得除现金等价物以外的对其他公司的权益工具、债务工具和合营中的权益所支付的现金，以及支付的佣金、手续费等附加费用。注意，这里投资支付的现金是对外部进行的投资，包括进行长期股权投资、金融资产投资而发生的现金支出。

8. 支付其他与投资活动有关的现金

反映一家公司除了上述各个项目外，支付的其他与投资活动有关的现金流出，是“收到其他与投资活动有关的现金”的反向活动。因被动稀释的因素，导致对子公司货币资金丧失控制，也记录在这个项目里。

以上这些项目加在一起，就构成了投资活动现金流出小计。

用投资活动现金流入小计，减去投资活动现金流出小计，就得到了投资活动产生的现金流净流量。它用公式表示为：

投资活动产生的现金净流量 = 投资活动现金流入小计 − 投资活动现金流出小计

三、融资活动产生的现金流量

融资活动很好理解，就是一家公司借钱和还钱的过程，支付股息、发债券、融资等都会影响融资活动现金流量。在商业活动过程中，借钱、贷款等融资行为是非常普遍的，基本上所有公司都会不同程度地负债，最重要的是看负债的金额多少以及负债的成

本高低。

1. 吸收投资收到的现金

反映一家公司收到的投资者投入的现金，包括以发行股票等方式筹集资金实际收到的款项，减去直接支付给中介机构的佣金、手续费、咨询费等发行费用后的净额。

2. 取得借款收到的现金、发行债券收到的现金

取得借款收到的现金，是反映一家公司举借的各种短期、长期借款所收到的现金。而发行债券收到的现金，是指一家公司发行的债券的现金收入。这两个项目都是吸收债权性质的投资，债权性质的融资可以是借款，也可以是发行债券。

3. 收到其他与融资活动有关的现金

反映一家公司除了上述各个项目之外，收到的其他与融资活动有关的现金流入，比如说接受捐赠等。这个项目如果金额太大，一般会在附注里列示明细。

以上这些项目加在一起，就构成了融资活动现金流入小计。

4. 偿还债务支付的现金

反映一家公司以现金偿还债务的本金，包括偿还金融机构的本金、债券本金等。

5. 分配股利、利润或偿付利息支付的现金

反映一家公司实际支付的现金股利，支付给其他投资单位的利润，以及支付的借款利息、债券利息等。简单讲，就是股东分红或者向债权人支付利息产生的支出。

6. 支付其他与融资活动有关的现金

反映一家公司除了上述项目之外，支付的其他与筹资活动有关的现金流出，比如慈善捐赠现金支出、融资租入固定资产支付的租赁费用等。

以上这些项目加在一起，就构成了融资活动现金流出小计。

用融资活动现金流入小计，减去融资活动现金流出小计，就可以得到融资活动产生的现金净流量。

融资活动产生的现金流量净额 = 融资活动现金流入小计 − 融资活动现金流出小计

总体上说，现金流量表就是三个大方向：经营方面——经营活动现金流，投资方面——投资活动现金流，筹款方面——筹资活动现金流。

这三大活动各自的“现金流量净额”加总在一起，就可以得到“现金及现金等价物净增加额”。“现金及现金等价物净增加额”加上“年初现金及现金等价物余额”，就得到了“年末现金及现金等价物余额”。而“年末现金及现金等价物余额”，就是资产负债表中的现金及现金等价物的总额。

第三节 现金流量表的八种类型

现金就是一家公司的血液，一旦现金出现问题，那么这家公司必然会面临极大的风险。

现金流量表能够告诉大家公司收到了多少钱，花出去了多少钱，还有多少钱，公司到底有没有足够的现金来偿还债务，是否经营健康。如果说资产负债表的优劣与否需要看利润表，那么利润表的含金量就需要看现金流量表，这是三张报表之间的钩稽关系。

归根结底，最后还是要落到现金流量表上来，能真的赚到足够的现金，通过经营活动产生大量的现金流入，那就表明这家公司经营状况良好，而且还可能具有某种持续竞争优势。进一步说，分析现金流量表不仅仅是看数字，更重要的是数字背后的流入、流出原因，不能看见流入就简单地判断这是好事，流出就一定是坏事。

接下来，我们把经营、投资和筹资三大活动产生的现金流量净额联系起来解读，根据三大活动产生的现金净额为正值或者负值两种情况进行排列组合，现金流量表就会出现八张不同情况的面孔。

针对情况迥异的八张面孔，我们可以从中挖掘出一家公司是否具有投资价值，以及如果投资这家公司，需要重点关注哪些方面的问题。

先看看“经营活动产生的现金流量净额”为正的四种类型，详见表5－3。

表5－3 经营活动产生的现金净流量为正时公司现金流状况组合

类型	经营活动产生的现金净流量	投资活动产生的现金净流量	筹资活动产生的现金净流量
1	+	+	+
2	+	+	−
3	+	−	+
4	+	−	−

一、类型1：+ + +

“经营活动产生的现金流量净额”为正，说明公司主营业务赚钱；“投资活动产生的现金流量净额”为正，说明公司获得投资收益或者正在变卖家当；筹资活动现金流量净额为正，说明公司正通过借贷或股权融资筹集资金。

总的来说，这家公司的三项活动都带来了现金收入，表面上看起来很不错。转念一想，公司的主业经营挣钱，又不对外投资，那为什么要融入资金呢？从这家公司本期的现金流状况来看，投资活动的现金流为正数，表明公司并没有大的投资支出，因为投资支出是现金的流出，通常会使投资活动变成一个负数。

如果这家公司将来有投资支出计划，把筹集来的资金只是暂时放在账户上闲置，那么接下来投资者就要密切注意公司在投资项目上的现金流出变化，随时跟踪。从逻辑上看，这家公司是不应该融资的，但事实上却有不少公司出于各种目的过度融资，借着上市公司的壳搞钱。过度融资不仅会造成资金的浪费闲置，而且闲置的资金还会导致公司原有的收益被稀释。

所以，遇到这样的情况，要么去搞清楚公司是否即将展开大规模的投资行动，要么怀疑可能是在搞关联人的利益输送，直接放弃。

二、类型2：+ + −

经营活动现金流入，投资活动现金流入，筹资活动现金流出。

通常情况下，经营活动的现金流为正，表明这家公司的经营活动良性正常，主业挣钱，并且能够创造出剩余现金。投资活动现金流入为正，一种可能是这家公司过去投资的项目，现在能够获得股利或利息收入回报，另一种可能是正在变卖资产，投资者当然喜欢前者。筹资活动现金流为负，表明这家公司要么在偿还债务，要么是在给股东分红或实施股票回购。

一般来说，在经营活动产生的现金流量净额为正的情况下，公司变卖家当的可能性小，大都是投资性收益。如果经营活动和投资活动带来的现金流入大于还债或分红带来的现金流出，表明公司的情况还是比较健康。

需要注意的是，如果投资活动现金流净额长期为正，说明公司已经不再继续扩张，处于成熟阶段，能够带来稳定的现金流，像巴菲特所说的近似一只稳定产生现金的债券。遇到这一类公司，如果估值不高，价格合适，且分红率较高，还是具有投资价值的。

三、类型3：+ − +

经营活动现金流量净额为正，说明公司主业经营赚钱；投资活动现金流量净额为负，说明公司正在对内或对外投资；筹资活动现金流量净额为正，说明公司正通过借钱或股权融资筹钱。

显然，这家公司把主业经营赚到的钱都投入新的项目中去了，但也许是扩张规模比较大等原因，这些资金还不够，还在通过借债或者出让股权等方式融资来投资。

作为投资者，必须分析研判公司所投资的项目前景究竟如何。另一方面，还要继续深入思考一个现实问题：这家公司的现金流入和筹资活动现金流入，能不能持续支撑公司扩张至产生现金流的那一天？是否会出现资金链断裂的情况发生？

这种类型的公司，一般情况下都是处于快速成长的公司，机会与风险并存。投资者可以把这家公司纳入“股票池”，持续不断地观察和分析，如果不看好或者情况恶化，则应该立即远离。

四、类型4：+ − −

经营活动现金流入，投资活动现金流出，筹资活动现金流出。这种情况与类型3差不多，只有一个差别就是筹资活动的现金流从正数变为了负数。这两种情况下，只有经营活动的现金流为正，投资和融资活动的现金流都为负。

经营活动现金流为正，说明公司经营正常；投资活动现金流为负，说明公司在进行对外投资和扩张；筹资活动现金流为负，说明公司在偿还债务或分红。这种情况表明，这家公司依靠主营业务赚的钱支持扩张，同时还在清偿债务和回报股东。

如果经营活动产生的现金流量净额持续大于投资和筹资活动产生的现金净流出额，说明公司造血功能强大，依靠自己就能实施投资，这样的公司是典型的现金奶牛型公司，值得买入并持有。打开贵州茅台、海天味业等优秀公司的财报，绝大多数时候都可以看到它们属于“+ - -”类型。

需要注意的是，如果经营活动产生的现金流量净额小于投资和筹资产生的现金净流出额，也就是经营活动现金流入不可持续，那么后期随时都有可能变化成“+ - +”的类型。

接下来，我们再来看看“经营活动产生的现金流量净额”为负的四种情况。经营现金流为负，说明主营业务已经不产生现金流入了。通常情况下，这种公司大多可能是初创型公司，也可能是处于衰退期的公司。

不管怎么说，经营活动产生的现金流为负的公司，大多数都情况不好。详见表5-4。

表5-4 经营活动产生的现金净流量为负时公司现金流状况组合

类型	经营活动产生的现金净流量	投资活动产生的现金净流量	筹资活动产生的现金净流量
5	-	+	+
6	-	+	-
7	-	-	+
8	-	-	-

五、类型5：- + +

经营活动现金流为负数，投资和筹资活动的现金流都是正数。关于投资活动现金流入的问题，要仔细分析其是通过什么渠道获取的，无非也就两种情况：一是处置资产，变卖家当收到的现金，二是获得投资收益获得的现金。

显然，如果投资活动的现金流入是依赖变卖资产或者金融资产而获得的投资收益，肯定是无法持续下去的。但如果是因为此前实业性投资产生的投资回报，有大把的子公司分红拿回来，这意味着即使这家公司的主业经营活动持续衰退，不再创造现金流入，但它拥有了另一个可以提供稳定现金流的业务，实际上还是相当于经营活动现金流入，结果又变成了“+ + +”的类型1。

综上所述，类型5关键取决于投资活动的现金从什么渠道而来。如果是依靠变卖家当或金融投资获得收益，那公司就会很危险；如果是依靠实业投资能持续不断地获得现金流，则可视为转型升级后的投资型公司。

依照我个人的观点，这就像生活中有一类人，不好好工作挣钱，却靠卖家当或借钱维持生存。这种类似的公司是很难好到哪里去的，所以一般会选择直接淘汰掉。

六、类型6：－＋－

经营活动现金流为负数，投资活动现金流为正数，筹资活动现金为负数。这种情况，往往意味着公司的主业经营亏损，还在偿还债务或者分红，当然更可能是在还钱，就算是分红也是不可持续的。幸好，投资活动还有钱流入。

同样地，投资者要仔细看清楚投资活动依靠什么产生现金流入，如果是靠变卖资产或者出售金融性资产，包括出售长期股权投资等，那几乎就只有死路一条。因为一家优秀的公司不可能经营为负，经营为负的公司不可能靠利息投资现金为正。

一旦把家败完了，没有家当可卖了，而经营状况又不能改善，那债务如何偿还呢？这种公司往往也是"困难户"的典型，我一般会直接放弃。A股市场上有这么多家上市公司，何必为了一棵树而放弃整片森林呢？

七、类型7：－－＋

经营活动现金流为负数，投资活动现金流为负数，筹资活动现金流为正数。这种情况，说明这家公司经营是不赚钱的，并且还在持续不断地投资，好在还能从市场中筹到钱，也许是通过股权融资等方式。

这种公司就是在用借贷投资，属于以贷养贷的风格，自己经营不善，但是还在继续扩张，在原本就资金链绷紧的情况下继续借钱投入。这种公司基本上濒临倒闭，属于财务状况极其不健康的类型。

有一种情况例外，那就是像互联网平台类型前期需要大把烧钱的公司。这种类型对于处于创业期的公司来说是正常现象，这就需要通过公司的创始人、核心团队、商业模式等关键因素来分析研判公司的前景了。这样的公司在美国的纳斯达克和国内开通不久的科创板市场上为数不少。

在我看来，这种公司经营状况是难以为继的，胜利者都是九死一生且凤毛麟角，对于有众多选择的投资者来说，孤注一掷永远不是成长型价值投资者的投资理念。

八、类型8：－－－

公司所有的活动都造成了现金流出，属于大出血型的公司，也是真正意义上的"烧钱"。这种情况说明公司经营不赚钱，但还在投资消耗，而且债主也在逼债，距离破产倒闭就一步之遥。如果公司没法迅速堵住出血点，或者寻求外部筹资，这样持续下去终将弹尽粮绝，将在货币资金被消耗完毕后土崩瓦解。

这种情况的公司是非常危险的，不过好在股市中并不多见。投资者请绕道而行。

第四节　现金流量表分析

传统的财务报表分析，一般是指对利润表、资产负债表这两张报表进行分析，但对于第三张报表，即现金流量表怎么分析，目前没有统一的格式或者成熟的方法。这是因为现金流量表被纳入财报编制的时间相对较晚。

在很多场合，我都被一些公司的老板和高层管理人员问到一个尖锐的问题：对于一个公司来说，究竟是利润最重要，还是现金流最重要？实际上，这样问逻辑是不对的，因为他们把这两个问题对立起来了。

对于任何一家公司而言，如果只依靠利润，或者只依靠现金流量，都是不可能长期持续下去的。当然，最合适的回答应该是：作为一家具有持续竞争优势的成长型公司，既要有利润，也要依靠现金流量；但在短时间内，对于一个公司的生死存亡而言，现金流量比利润更重要。下面就来讲述现金流量表的“五步分析法”。

一、“五步分析法”

严格来说，现金流量表的各项科目和内容也不算少，但对于大多数人来说，完全没有必要每一项都比对着去解读和分析。我们可以按照本节所介绍的“五步分析法”，也就是按照如下五个步骤，来解读和分析一家成长性公司的现金流量的关系，进而对这家公司的可持续发展做出判断。

1. 第一步：考察公司的造血功能

既然叫作公司的造血功能，那肯定不是通过筹资这样的途径获取的，只有通过公司“经营活动产生的现金流量净额”才能反映出一家公司的造血能力。怎样才能判断出其造血能力的强弱呢？

这可以从两个方面进行考量。一是直接察看“经营活动产生的现金净流量”项目的正负与金额。金额须大于零，小于零为负数的公司基本上可以判断出是没有造血能力的，像这种主营业务持续亏损的公司，建议直接淘汰。另外，这个项目的金额越大，说明公司的造血能力越强。

二是将公司的“经营活动产生的现金净流量”与核心利润进行比较。与营业收入真正相关的既不是营业利润，也不是净利润，而是核心利润，也就是由这家公司的核心竞争力优势所创造的利润。

张新民教授首创的核心利润这个概念，在现金流量表上延伸出一个重要的比率，叫作“核心利润获现率”，其公式为：

核心利润获现率 = 经营活动产生的现金流量净额/核心利润 × 100%

这个看似简单的比率，不仅可以考察出一家公司核心利润的含金量，而且还可以用来衡量公司经营活动现金流量的有效性，也可以叫作造血能力，由此推断出公司的增长是属于内生性的成长，还是被输血式的艰难度日。

2. 第二步：考察公司的成长能力

任何一家公司试图在市场中保持持续竞争力，就一定会在产品创新与规模扩张等方面展开行动，这也就必然会引起公司投资活动现金流出量的结构变化。具体来讲，我们应主要观察两个项目在历年来发生的变化。

第一个是“购买固定资产、无形资产和其他长期资产支付的现金”，这个项目的大小反映了公司对内的投资力度。金额越大，表明公司正在扩张之中，那么未来公司的营业收入和净利润等都有可能出现较大的提升，一定程度上预示着公司的成长能力比较强。如果这个项目的金额较小，说明公司扩张放缓，可能导致未来公司的营业收入和净利润难有大的增长。

一般来说，成长性比较好的公司，“购买固定资产、无形资产和其他长期资产支付的现金”与“经营活动产生的现金流量净额”之间的比率比较高，正常的范围大概在20% ~ 50% 区间。需要注意的是，“经营活动产生的现金流量净额”应该比“购买固定资产、无形资产和其他长期资产支付的现金”金额大。

如果“购买固定资产、无形资产和其他长期资产支付的现金”比“经营活动产生的现金流量净额”的金额大，则公司只能通过借贷等融资来维持投资，长此以往必然会加大公司的风险。因此，“购买固定资产、无形资产和其他长期资产支付的现金”与“经营活动产生的现金流量净额”比率大于100%，预示着公司太激进，风险大；如果比率小于10%，则预示着成长太慢，回报太低，建议直接淘汰掉。

另外，“购买固定资产、无形资产和其他长期资产支付的现金”项目的金额应当远远大于“处置固定资产、无形资产和其他长期资产收回的现金净额”项目的金额，后者的占比一般应小于5%。如果后者的占比大于100%，往往意味着这家公司正在走下坡路，建议直接淘汰掉。

第二个是“投资支付的现金”，这个项目反映一家公司为取得除现金等价物以外的对其他公司的权益工具、债务工具和合营中的权益所支付的现金，以及支付的佣金、手续费等附加费用。注意，这里投资支付的现金是对外部进行的投资，包括进行长期股权投资、金融资产投资而发生的现金支出。

这个投资所涉及的范围比较广，极可能有长期给子公司的投资，也有购买其他公司的股票、债券等各种各样的投资，需要从财报的附注等方面去观察与分析，最后进行数据比对和判断。

3. 第三步：考察公司的融资状况

如果一家公司能够长期持续地赚钱，除非突然需要大规模扩张，否则一般情况下不会需要筹集太多的资金。反之，如果一家公司长期处于亏损的边缘，就必然需要不断地通过各种渠道融资，以维持公司的正常运转。

在这种情况下，我们必须要仔细分析这家公司的资金筹集情况，比如资金的来源渠道是什么？筹集流入的资金被花在哪些地方了？之所以这样小心谨慎，完全是因为这种需要不断融资输血的公司，一旦有点风吹草动极可能万劫不复。

无论是贵州茅台、海天味业，还是中炬高新、上海家化，它们的融资金额都比较小，且筹资渠道比较简单，这是基本面不错的公司的共同特征，没办法深挖下去。所以，我们选择ST海航作为解读的案例，来看一看ST海航2018—2020年这三年的筹资活动现金流入量的情况，详见表5－5。

表5－5　ST海航2018—2020年筹资活动现金流入量

单位金额：人民币亿元

项目	2020年前三季度	2019年度	2018年度
筹资活动产生的现金流量：			
吸收投资收到的现金	25.20	0.30	0.70
其中：子公司吸收少数股东投资收到的现金	25.20	0.30	0.70
取得借款收到的现金	51.23	338.00	396.50
发行债券收到的现金	—	41.23	70.91
收到其他与筹资活动有关的现金	12.50	18.81	40.52
筹资活动现金流入小计	88.93	398.30	508.60

仅就ST海航这三年时间的财报来看，向公司提供资金的主要是这三个方面：第一，子公司的非控股股东，也叫少数股东，这个主要是集中在2020年初至2020年三季度，也就是ST海航危机爆发之后，子公司的少数股东分别向子公司入资25.2亿元。

第二，债券市场上的投资者，在2018年和2019年，ST海航向公开市场分别发行了70.91亿元和41.23亿元的公司债券，不知道这些购买ST海航发行债券的投资者们究竟是赚了还是亏了。

第三，各类金融机构，这是最大的“债主”。仅仅2018—2020年三季度期间，金融机构就向ST海航提供的资金累计高达850多亿元。这其中，也包括了“收到其他与筹资活动有关的现金”，其大多数为“取得非金融机构借款”，也就是实质上属于“取得借款收到的现金”。

仔细分析发现，ST海航获得的股东、金融机构和债券投资者提供的巨额资金，一部分被用于偿还债务借新还旧，一部分被用于支付借贷产生的高额利息费用，另一部分用在了补充购建固定资产、无形资产方面的资金需求，包括补充经营活动长期为负数造成的现金窟窿和缺口。总之，这些通过各种渠道融进来的钱，很快就被用于各种费用支出了，入不敷出。

看出来了吧？正是在股东、金融机构和投资者们不遗余力地支持，才使得ST海航敢于大胆烧钱，底气十足。

考察一家公司的筹资活动产生的现金流量的规模、结构和支出时，其中最重要的是两个方面：一是查看这家公司筹资活动产生的现金流量来源于哪里？是股东投入、股份增发，还是借贷融资？二是通过资金流转方向，分析判断公司融资之后把钱花在哪些地方了？是盲目多元化投资，还是投入主业规模扩张，把钱花在刀刃上了？

4. 第四步：察看公司的现金余额

这个步骤需要分两次完成，首先是察看这家公司的现金及现金等价物的净增加额是否大于零，也就是公司通过经营活动、投资活动和筹资活动这三项活动所带来的现金流入，除去各种费用开支之后，是否还能有结余？如此，这家公司才能够积累更多资金。

还记得前文所讲的现金流量表的八种类型吗？如果公司是属于"+ - -"或"+ + -"类型，那么只有积累更多的余钱才能继续保持，而任何一家具有持续竞争优势的公司，其现金净增加额一般都会大于零。

进一步说，即使现金净增加额的情况不理想，如果在剔除掉当期现金分红之后，现金及现金等价物的净增加额仍然小于零，那么我建议不必再做分析研判了，直接淘汰。

我们来看一下2018—2020年海天味业财务报表中，其现金及现金等价物的净增加额变化情况，详见表5-6。

表5-6　2018—2020年度海天味业现金及现金等价物净增加额变化情况

单位金额：人民币元

项目	2020年度	2019年度	2018年度
五、现金及现金等价物净增加额	2,081,880,926.39	4,008,971,174.14	3,852,455,207.27
加：期初现金及现金等价物余额	13,434,799,612.69	9,425,828,438.55	5,573,373,231.28
六、期末现金及现金等价物余额	15,516,680,539.08	13,434,799,612.69	9,425,828,438.55

从表5-6可以看出，2018—2020年度海天味业的现金及现金等价物净增加额分别为约38.52亿元、40.09亿元、20.82亿元。而更让人称赞的是，这些数额巨大的现金流入，是在投资活动和筹资活动的现金净流量均为负数的情况下产生的，也就是说，海天味业增加的这些现金，几乎都是依靠其持续稳定的经营活动产生的现金流量所带来的，不仅体现出在市场中的竞争优势，而且还形成了一种非常良性的自我循环。

其次，再来察看公司的期末现金及现金等价物的余额。这个项目可是直接反映出这家公司手里握有多少钱可自由支配，同时还预示着公司在未来实施主业规模扩张时有足够的家当支撑。一般来说，账户上余额越多的公司，竞争实力越强，活得越好。

从表5-6中可以看到，2018—2020年度海天味业的账户上都"躺着"巨额现金，期末余额分别为94.26亿元、134.35亿元和155.17亿元，各个年度之间的增加额也比较大，体现出其在调味品细分市场中目前难以撼动的龙头地位和竞争优势。

5. 第五步：分析公司的结构类型

在投资市场里，白酒行业一直是一个受到投资者格外青睐的行业，其商业模式注定了赛道的优势，尤其是像酱香型的贵州茅台，得天独厚且无法复制的地域优势，促使其成为中国白酒行业的绝对“一哥”。

由于口味独特，市场竞争优势明显，多年以来贵州茅台一直采取的是预收货款的销售方式，即使针对合作伙伴关系长期合作的经销商，最多也是采用银行承兑汇票的方式预售，几乎没有任何赊销形成的应收账款和坏账。

我一直认为，贵州茅台就像中国版的可口可乐，其品牌和配方具有无可比拟的优势，不仅让它赚得盆满钵满，而且其对上游供应商也产生了非常好的商业信用，因为大家都知道贵州茅台酒一瓶难求，且高达 90% 的毛利率意味着超额的利润，自然不会缺钱。所以供应商们为了能够跟贵州茅台形成长期稳定的合作，都心甘情愿地将货物赊销给贵州茅台，先送货再收取货款。

归纳起来，贵州茅台公司的正常营运几乎不需要借助任何资金，一方面是贵州茅台酒供不应求，都是提前预收货款，另一方面供应商提供的原材料都是赊销，暂时不需要付款，完全可以在预收货款之后再慢慢地支付，这就形成了一个上下游“两头吃”的状态。这种公司的核心利润获现率必然会很高，而且一定具有非常高的竞争壁垒。

另外还有一种较为普遍的现象，就是有些公司的产品竞争力很差，在市场中的可替代性非常强，如果不采取价格战或者提供付款便利的话，客户几乎不会选择这家公司。

比如说，曾经被誉为“白马股”的东方园林，由于本身没有什么独特技术或者核心竞争优势，它在针对下游客户时只能被迫采取赊销的销售方式，这就必然导致其应收账款长期居高不下，而且容易形成“坏账”。

2020—2023 年三季度，东方园林的应收账款分别高达约 85. 40 亿元、69. 87 亿元、77. 75 亿元、66. 66 亿元，在当期营业收入中的占比高达 66. 61% —378. 97%!

也就是说，东方园林在某些年度中，应收账款余额竟然比当期营业收入总额几乎高出了一倍有余，这也就导致其经营活动产生的净现金流经常为负数，加上购建固定资产、无形资产和其他长期资产支付的现金和子公司及联合营公司投资支付的现金，就只能通过借贷、股东投资等方式来融资，维持公司的日常运转与发展，但这也致使其每年的利息费用支出高企，2020—2023 年三季度分别为 8. 037 亿元、8. 205 亿元、8. 868 亿元和 6. 321 亿元!

唯一感到欣慰的是，东方园林的应付账款长期居高不下，2020—2023 年三季度分别为 131. 5 亿元、128. 4 亿元、119. 3 亿元和 113. 4 亿元，也就是说东方园林尽管被下游客户拖欠了很多款项，但好在自己在供应商那里还有比较好的商业信用，供应商在供货之后才回收货款，也就给东方园林公司催收欠款打了一个时间差。

所以，东方园林并不是最惨的。最惨的公司往往是这样的：产品销售出去了收不回来款项，采购原材料却需要提前支付。此外，还有一大笔费用和支出需要钱，比如生产费用、员工薪酬、营销费用等。这种情况下，公司的经营活动必然会发生现金亏空。那谁来弥补呢？要么是股东继续投入，要么是借贷融入资金。

在投资过程中，如果发现目标公司的市场竞争力较差而导致连年亏损，而经营活动产生的现金流量净额持续为负数，公司入不敷出。它如果要继续运转下去，就需要股东持续不断地给它寻找资金来支持它的经营活动。这种公司最后能够走多远，取决于股东们的钱到底能烧多长时间。

总结一下：任何一家公司，只有通过经营活动产生的现金净流量足够充分，才可能发展得更健康和持久。换句话说，造血能力强的公司，才能够在充分竞争的市场中立于不败之地。

二、另一种解读

我们知道，利润表是站在收益的角度去考察的报表，现金流量表则是站在风险的角度去研判的报表，尽管两者都能在一定程度上体现出一家公司的实力与状态，但具体呈现出来的数据却有不同解读。

打个比方，现金流就像是一家公司的血液，如果失血过多，公司必然会衰竭而亡。现金流量表就是这样一张关于风险识别的报表，它描述现金的来龙去脉，通过这些环节让我们提前警示，知道这家公司是否面临不能持续经营的风险。

在投资过程中，大家很可能会面对利润和现金流之间难以取舍的问题，究竟孰重孰轻？对一家公司来说，到底是追求利润重要，还是风险控制更重要？这个问题有点像“我和你妈妈同时落水，你会先救谁？”

毫无疑问，两者都很重要，一个涉及可持续的发展问题，一个涉及风险管控的存亡问题。如果必然要有一个取舍的话，可以这样判断：当风险不大，市场风平浪静，经营状况持续稳定发展时，自然是利润重要；当风险巨大时，首先应该关注风险，保证公司活下来，然后考虑挣钱的事情。

对于成长股来说，利润与现金流之间的基本关系主要有两种情况比较普遍：一是利润好、现金流差；二是现金流好、利润差。

1. 利润好、现金流差

这种情况比较容易理解。利润好、现金流差，最主要的原因大多是应收账款和存货的增加，这在很多客户群体为企业端的中上游公司普遍存在。应收账款的不断增加，意味着产品销售出去了，但大多数都是采取赊销的方式，并没有把钱收回来，也就是虽然根据权责发生制的会计准则，可以在利润表上进行记录产生了利润，实际上却并没有现金流入，所以就出现了利润比现金好的情况。

存货的增加，往往意味着原材料采购进来了，或者产品生产出来了，但可能因为市场销售或者时间差等问题，导致还没有销售出去。但无论是采购原材料还是生产产品，都必须要花钱，所以账户上的现金就流出去了。因为没有销售掉，就不产生收入，也不结转为成本，所以利润没有任何影响，同样会出现利润比现金流好的情况。

我们以东方园林为例，来看一看它的利润和现金流的情况，详见表5－7。

表5－7　2021—2023年三季度东方园林的利润和现金流量等情况

单位金额：人民币亿元

项目	2023年前三季度	2022年	2021年
营业收入	17.59	33.73	104.9
应收票据及应收账款	67.11	78.49	70.51
存货	4.534	4.259	4.647
净利润	－19.85	－61.11	－11.70
经营性现金净流量	－3.493	－2.719	7.545

从表5－7可以看出，2021—2023年三季度东方园林的营业收入在大幅下滑，而应收票据及应收账款却在增加或者保持不变，其余额甚至超过了营业收入。净利润的下降完全像是在做“跳伞运动”，从2021年的－11.70亿元直接下坠到2022年的－61.11亿元。经营性现金流完全惨不忍睹，从2021年的7.545亿元剧降为2023年前三季度的－3.493亿元。

与东方园林数十亿元乃至上百亿元庞大的营业收入金额相比，其净利润连续多年亏损，而且经营性现金流呈现巨额负数。与之对应的，是其存货和应收票据及应收账款的巨额数字。换句话说，这家公司的经营活动不仅没有创造价值，而且还在持续消耗现金等资源。

2. 现金流好、利润差

现金流好、利润差，这种情况并不普遍，它又是什么原因导致的呢？

这种相反的情况出现，与之匹配的是存货和应收账款的减少，还有可能是负债的增加，比如应付账款或者预收款项等经营性负债的增加，此外还可能是一种情况，即这家公司本身是一家重资产型的公司，每年都会产生大量的折旧，比如大型水电公司、航空公司等，也会出现现金流好而利润差的情况。

应收账款减少，说明公司对原来的欠款进行了有力催收，从而导致现金流入增加。但因为以前的应收账款已经早就计入了利润表，收回欠款并没有增加利润，所以现金流比利润好。也许在催收应收账款的过程中给予了欠款方一些折扣等，但总比最后成为“坏账”好得多，且加速了资金的流转与效率。

存货减少，简单点说就是原来采购的原材料或者在产品等，最后绝大多数都生产出来并卖掉了。卖掉这些存货可以导致现金流入，但并不一定意味着赚钱，比如可能存在对存货的打折降价处理，所以也是现金流比利润好。

合同负债增加，即原来的预收款项增加，就是从下游客户那里提前收取了定金或者货款，但还没有交付产品，像市场细分行业里的龙头公司如贵州茅台、格力电器、海天味业等。因为没有计入利润表中，这种情况不会增加收入和利润，但会增加现金流入。

应付款项增加，表明公司拖欠上游供应商的款项增加了，就是公司采用赊购的方式提前拿了货却没有付钱，形成了一定时间的账期，这种情况会使得现金流出减少，同样不会影响利润。能够被供应商允许欠款，表明公司在行业产业链条中具有比较强的话语权。

另外还有一种情况容易被忽略，那就是公司所处在一个重资产型的行业里，比如大型水电站、光伏发电、工程机械制造等，它们每年都要计提大量的折旧，这些折旧作为成本或者费用的一部分会导致利润减少，但实际上这些设施设备早就付过钱了，并不需要每年都支付真金白银，不会引起现金流出，所以现金流比利润好。

我们来看一下2020—2022年度宇通客车的利润和现金流的情况，详见表5-8。

表5-8　2020—2022年度宇通客车的利润和现金流情况

单位金额：人民币亿元

项目	2022年度	2021年度	2020年度
营业收入	218.0	232.3	217.1
净利润	7.678	6.255	5.181
经营性现金净流量	32.54	7.162	35.68

从表5-8可以看出，2020—2022年宇通客车的营业收入随着整体市场经济放缓，但保持了相对稳定，净利润似乎并没有受到影响，尤其在2020年初新冠肺炎疫情暴发的背景下，其净利润从2020年的5.18亿元提升至7.68亿元，增加了约2.5亿元。

从经营性现金净流量来看，宇通客车的现金流入似乎也没有受到太大影响，2020—2022年经营性现金流入分别为35.68亿元、7.16亿元、32.54亿元。与之对应的是，宇通客车的应收账款在大幅减少，分别为89.52亿元、55.31亿元、40.90亿元，呈现逐年大幅降低的趋势，年度之间的差额就意味着宇通客车多收回来的欠款。

此外，宇通客车在2020—2023年期间，其仅就固定资产折旧、生产性生物资产折旧等项目里，分别高达6.16亿元、7.76亿元、8.24亿元。也就是说，连续数年来宇通客车计提了大量的折旧，几乎每年计提金额都在6亿元以上，这是汽车制造行业的特性。

第六章

从偿债能力考察成长股的生存风险

公司通过经营活动赚钱自然是一件皆大欢喜的事情，但商业活动竞争总是无比残酷的，破产倒闭的公司比比皆是。所以，投资者把偿债能力作为考量一家公司的关键指标，用于分析公司目前是否存在不能偿还债务的风险，这是所有成长性公司持续发展的基础。

通过阅读前面几个章节，相信你已经拥有了关于财务报表框架结构的观念与认知，接下来，我们将进一步来分析其中的一些重要比率指标，也就是基于财务报表中的数据来“定量”分析，挖掘出具有持久竞争优势的成长性公司。

理论上讲，三大财务报表的项目多达上百个，如果一一对照着进行“全面体检”，尽管可以检查得非常精细，但这种方法明显太过于耗时、费力。因此，为了辨识出具有长期竞争优势的成长性公司，我们在传统财务分析的基础上，通过多个维度的考察，设计和挑选出一些重要而独特的分析指标，判断出这家公司是否真的具有长期竞争优势，帮助寻找能够保持盈利持续增长且潜力巨大的成长性公司，这有点像挖掘出一个按照复利模式而且利率水平非常高的赚钱机器。

如果一个公司的竞争优势能在很长一段时间内持续不变——竞争优势具有持续稳定性，那么公司价值必然会保持增长。既然公司价值会保持增长，那么投资者理所当然地会尽可能长久地持有这些成长股的投资，帮助其有更大的机会从这些公司的竞争优势中赚取财富。

接下来，我们将会考察公司在偿债能力、营运能力、盈利能力、成长能力这四大财务比率的表现，通过从上百个财务数据中挑选出的一些核心指标，并根据多年的实战操盘经验和教训设置出不同的数值或比率区间，力求更加精细化地筛选出“价廉质优”的成长股。而持有这些优秀公司股票的时间越长，你就会越富有。

需要特别强调的是，接下来的章节中会涉及比较多的计算公式，因为财务报表里没有直接披露出这些财务指标，我们可以使用财务报表中的相关数据将其计算出来。如果你想具体分析目标公司的某一项能力或者指标，可以利用相关公式。

偿债能力之所以被排列在最前面，我想有可能是因为公司如果偿付不了债务，就会立即面临破产倒闭的风险。公司生存都出了问题，还谈什么成长、发展呢？

对于任何一家公司来说，通过经营活动赚钱自然是一件皆大欢喜的事情，但商业活动竞争总是无比残酷的，破产倒闭的公司比比皆是。所以，作为投资者应该随时保持谨慎，别忘了把偿债能力作为考量一家公司的关键指标。

偿债能力是反映公司用现有资产偿还短期债务和长期债务的能力，用于分析公司目前是否存在不能偿还债务的风险，这是所有成长性公司持续发展的基础。下文详细分析用来反映公司短期偿债能力的几种指标。

第一节　流动比率：欠债还得上吗？

流动比率是公司流动资产与流动负债的比率，计算公式为：

$$流动比率 = 流动资产/流动负债 \times 100\%$$

流动资产是一年之内可以转化为货币的资产，流动负债是一年之内需要偿还的债务。所以，流动比率充分反映了公司运用其流动资产偿还流动负债的能力，是分析短期偿债能力最主要的指标。

一般来说，流动比率越高，那么公司的短期偿债能力或者资产变现能力就越强，财务风险较小。比较低的流动比率，通常变现为公司在偿还短期债务方面可能存在问题，存在较大的财务风险。

打个比方，A公司从金融机构短期借款1亿元，但该公司拥有20亿元的流动资产，所以如果要偿还这1亿元的短期负债，相对比较轻松，几乎没有什么困难。B公司对外的短期借款20亿元，但财报上只有2亿元的流动资产，如果债权人突然要求公司偿还借款，则公司就有了18亿元流动资产的缺口，该公司的短期偿还能力必然会面临沉重压力。

教科书告诉我们，流动比率保持在2：1左右是比较合适的。但这也只是一个经验值，因为所处行业不同、受到季节性因素影响，或者公司处在不同的发展阶段，这个比率就会存在很大的差别。

所以，流动比率并非越高越好，过高的流动比率，或许说明公司在流动资产上占用资金过多，资金利用效率低。而造成流动比率过高的原因，主要情况如下：一，公司的资金未能有效利用；二，赊账过多，流动资产有大量应收账款；三，公司销售不畅，导致在产品、产成品积压，库存商品过多。

在现实中，也存在着不少这样的公司，与流动负债相比，它们的流动资产规模长期偏低，也即是公司的流动比率长期不高，比如青岛海尔、格力电器等。究其原因，一方面是其拥有较高的预收款项，另一方面是其拥有较高的应付票据和应付账款等。据此可以这样认为：如果一个公司的流动比率较低并能够长期存在，且流动负债以经营性负债为主，则这家公司可能具有某种显著的竞争优势。

根据万得数据库提供的数据，可以计算出2018年国内A股上市公司（剔除金融类公司）的平均流动比率是1.22。对于正处在高速发展的成长性公司来说，我们认为流动比率最好保持在2以上，而且最好近三年皆是如此，如果小于2则说明公司的短期偿债能力可能存在问题，如果远大于2则说明资金使用效率低。

我们来看一下6家成长性公司的流动比率情况，详见表6－1。

表6-1　6家成长性公司的流动比率情况

公司	恒瑞医药	迈瑞医疗	乐普医疗	大参林	海天味业	晶盛机电
流动比率	7.44	2.63	1.37	1.52	2.67	1.53

（资料来源：根据6家公司2020年年报整理）

从表6-1可以看出，创新药龙头恒瑞医药的流动比率为7.44，远远大于其他5家成长性公司，且远高于我们认为的基础值，但是否也存在着资金使用效率偏低的情况呢？在6家公司中，乐普医疗的流动比率最低，仅为1.37，不符合我们认为的成长股投资的基本要求，那是不是就直接放弃了呢？

答案是否定的。一般情况下，我们在挑选或者排除股票时，不能以某个单一指标来做出决策，尤其成长股的商业模式、经营状况等相对复杂，在某些成长阶段会采取诸多"让利"策略来抢占市场和客户，从而可能导致财务数据看起来并不那么有诱惑力。

正确的做法，应该是同时多个维度来交叉验证。按照林明樟老师的观点，可以从以下三个指标来进行考察：

一，现金与金融资产。银行账户上的现金充足吗？如果考察的这家成长性公司的流动比率无法超过2，那么投资者自然希望它持有的现金越多越好，包括可以快速转换为现金的交易性金融资产等，代表着它越有偿债能力。

二，应收账款周转天数。赊销商品或服务的款项需要多长时间才能收回来？这个指标很容易被投资者忽略，但它往往意味着公司在遭遇偿债困境时，只要公司还在正常营运，那么现金流就不会彻底断裂，仍可持续偿还债务。

三，存货周转天数。如果流动比率不够高，为了确保公司具有一定的偿债能力，就需要从另一个侧面去关注它的产品是否好卖，跟同行业的其他竞争对手相比是畅销还是滞销？一家公司的存货周转天数越短越好，商品或服务受市场欢迎，自然很快就会收到大量货款，甚至预收款项，从而有能力改善或者优化偿债能力。

投资者应该注意，财务报表分析并不是死抠数据，而是一种动态观念，通过多个维度去验证结果。接下来，我们按照交叉验证的方法去看一看上述6家公司的流动比率实际数据表现如何。详见表6-2。

表6-2　6家成长性公司的流动比率验证情况

<table>
<tr><th>项目</th><th></th><th>恒瑞医药</th><th>迈瑞医疗</th><th>海天味业</th><th>乐普医疗</th><th>大参林</th><th>晶盛机电</th></tr>
<tr><td>流动比率≥2最好</td><td></td><td>7.44</td><td>2.63</td><td>2.67</td><td>1.37</td><td>1.52</td><td>1.53</td></tr>
<tr><td rowspan="3">流动比率<2</td><td>现金状况</td><td colspan="3" rowspan="3">流动比率已经达标，不需要验证</td><td>13.52%</td><td>36%</td><td>12.42%</td></tr>
<tr><td>应收账款周转天数</td><td>96.63</td><td>9.73</td><td>121.04</td></tr>
<tr><td>存货周转天数</td><td>164.72</td><td>95.03</td><td>295.77</td></tr>
</table>

续表

项目		恒瑞医药	迈瑞医疗	海天味业	乐普医疗	大参林	晶盛机电
流动比率最终判断		非常好	非常好	非常好	基本及格	还不错	不太好

（资料来源：根据6家公司2020年年报整理）

可以看到，恒瑞医药、迈瑞医药和海天味业这三家公司的流动比率非常好，都大于2。但另外三家的流动比率未能达标，就需要进一步用上述3个指标来进行交叉验证。

一般来说，一家值得投资的成长性公司，无论处于哪个行业，其现金与金融资产应该占总资产的比例，最好介于10%～25%区间，才是比较健康的状况。这三家公司的比率不错，都介于12.42%～36%。

再来看应收账款周转天数。如果是B2C行业的公司，几乎都是采用现金或者信用卡交易，不存在赊销欠账的问题，最多是信用卡机构拨款的天数，一般为7～14天给付给公司，比如上表中的大参林连锁药房。而B2B行业，公司之间的业务往来，通常不会采用现款现结的方式，而是采用赊销的信用交易行为，所以应收账款天数相比要长一些，基本上在60～90天的时间比较正常。乐普医疗基本合格，而晶盛机电的应收账款周期长达4个月即121天。

存货周转天数，指的是这些存货平均在公司的仓库里待了多少天才卖出去。很明显，存货在仓库待的时间越短越好。除了一些比较特殊的行业，比如房地产、飞机制造等，一家公司的存货周转天数介于30～150天，时间越短意味着公司的经营能力越强。这三家公司中，大参林的经营能力最强，乐普医疗次之，而晶盛机电则不达标。

第二节　速动比率：欠债能加快还吗？

在所有流动资产中，各个项目在清偿债务时，能够及时、不贬值地全部转变为可以清偿债务的货币资金的能力各不相同，包括存货一时卖不掉、应收账款暂时收不回来等都是极有可能发生的事情。

对于以赊销为主的B2B公司来说，把存货转变成现金又是最困难的，因为要先将存货变成应收款，再将应收款收回，存货才算是真正变成了现金，然后才能用于偿债。怎么办呢？会计们选择了更为保守而谨慎的方法：用流动资产减去存货，然后再除以流动负债，就得到了速动比率，并用它来衡量公司的短期偿债能力。

所以，速动比率是速动资产对流动负债的比率，它是衡量公司流动资产中可以立即变现用于偿还流动负债的能力。速动资产中一般不包括流动资产中的存货、一年内到期的非流动资产及其他流动资产，其公式为：

$$速动比率=速动资产/流动负债\times100\%$$

教科书通常认为，一个公司的速动比率为1:1是比较合适的，因为在这种情况下，即使所有的流动负债要求同时偿还，也有足够的资产维持公司正常的生产经营，不至于现金流断裂而破产倒闭。

根据 Wind 数据库提供的数据，计算出 2018 年国内 A 股市场上的上市公司（剔除金融类公司）的平均速动比率是 0.50。

尽管速动比率不包括不容易变现的存货，但它包括了应收账款，而应收账款能否及时收回来，快速变成现金用于偿还债务，也还存在一定的不确定性。因此，我们在实际投资操盘过程中，会把那些最近三年来速动比率小于 1.2 的成长性公司排除掉。

如果投资者很想投资一家公司，非常看好它在某个细分行业的成长潜力和竞争壁垒，但它的速动比率却未能达标，有没有其他替代指标可以用来进行观察呢？林明樟老师提出，可以交叉验证以下三个指标：

一，现金与金融资产。与介绍“流动比率”时要求的替代数据一样，投资标的公司握有的现金多不多？当然是越多越好，包括能够快速变现的交易性金融资产，这样就能快速偿还债权人的短期债务。

二，应收账款周转天数。这也是需要再次求证的数据。如果有一天债权人（包括银行）突然“抽贷”，不愿意再借钱给公司，而且要求公司提前加速把之前借入的短期债务偿还，这种时候如果公司原本就属于 B2C 的现金交易的生意模式，就能够用每天产生的流水变出现金，偿还给债权人。因此，即使速动比率小于 1.2，如果应收账款周转天数能够小于 15 天，投资者仍可以认为这家公司具有立即还款的能力。

三，总资产周转率。再退一步，如果投资标的公司前面的指标都不符合要求，总资产周转率还可以进行补救，但数据绝对不能小于 1。一般情况下，如果总资产周转率小于 1，则意味着这家公司可能是投入巨大的重资产型行业，结果它拥有的现金不足 10%，又不是能够收现金的行业，加上速动比率比较低，一旦市场不及预期或者像 2020 年初那样突然出现新冠肺炎这样的“黑天鹅事件”，公司可能就会立即陷入危机。

了解了速动比率与辅助验证的三个判断指标之后，我们来看看下列 6 家成长性公司的变现，判断它们在速动还债能力方面是否达标。详见表 6－3。

表 6－3　6 家成长性公司的速动比率验证情况

<table>
<tr><th>项目</th><th></th><th>恒瑞医药</th><th>迈瑞医疗</th><th>海天味业</th><th>乐普医疗</th><th>大参林</th><th>晶盛机电</th></tr>
<tr><td>速动比率≥1.2 最好</td><td></td><td>6.97</td><td>2.20</td><td>2.43</td><td>1.07</td><td>1.03</td><td>1.03</td></tr>
<tr><td rowspan="3">速动比率 <1.2</td><td>现金状况至少 >10%</td><td colspan="3" rowspan="3">速动比率已经达标，不需要验证</td><td>13.52%</td><td>36%</td><td>12.42%</td></tr>
<tr><td>应收账款周转天数最好 <15</td><td>96.63</td><td>9.73</td><td>121.04</td></tr>
<tr><td>总资产周转率最好不要 <1</td><td>0.47</td><td>1.39</td><td>0.42</td></tr>
</table>

续表

项目		恒瑞医药	迈瑞医疗	海天味业	乐普医疗	大参林	晶盛机电
速动比率最终判断		非常好	非常好	非常好	不太好	很不错	不太好

（资料来源：根据6家公司2020年年报整理）

以上两个比率都是用来衡量一个公司的短期偿债能力的，一般来说比率越高，流动负债的偿还能力就越强。但这两个比率也不是越高越好，比如流动资产的流动性越高，其收益性就有可能越差，或者几乎没有收益。那究竟多少比率为好呢？

清华大学肖星老师曾经说，美国公司的流动比率多在3～4这个“标准”范围，而大多数中国公司都在1～2之间。其根本原因在于短期借款。她分析认为，中国公司往往不用流动资产变现来偿还短期借款，而是用新的借款来偿还，借款本身实现了自我循环。除非它所在的整个行业都完蛋，银行突然抽贷，否则它还是能活得好好的。

因此，虽然用所有流动资产除以所有流动负债计算出的流动比率可能较低，但如果换作用流动资产减去短期借款后的数据除以流动负债，得出的流动比率就没有那么低了。实际上，除了以上两个比率之外，还有一个比率更为直接地衡量公司的短期偿债能力，那就是现金比率。

第三节　现金比率：手上有粮，心头不慌

现金比率是期末现金类资产对流动负债的比率，它是在公司因为大量赊销而形成大量的应收账款等时候，考察公司的变现能力用以偿债时所运用的指标，其计算公式为：

现金比率＝（货币资金＋交易性金融资产）/流动负债×100%

现金是指库存现金和银行存款，交易性金融资产是指短期的投资理财资金，比如用于购买股票、短期国库券等的资金。一般情况下，现金比率越高，说明这家公司的变现能力越强，这个比率也因此被称为“变现比率”。

这个指标能够反映公司直接偿付流动负债的能力，是最严格、最稳健的短期偿债指标。现金比率也高，公司可以用于支付债务的现金类资产越多，但如果这一指标过高，则也意味着公司的资金利用率低，不利于盈利水平的提升。

根据Wind数据库提供的数据，计算出2018年国内A股上市公司（剔除金融类企业）的平均现金比率是31%。

但我们在实际投资过程中发现，如果只是简单根据现金比率公式来直接套用，获得的数据并不一定能够反映这家公司的真实情况，很可能会错失未来数十、数百倍成长的超级大牛股。比如说，一家在整个产业链里拥有核心竞争力和话语权的公司，一方面它可以对上游供应商在购货时采取赊销方式，另一方面对下游经销商或者客户提前预收款项，这种对上下游“两头吃”的经营能力，几乎依靠利用别人的资金就能够营运赚

钱了。

现金比率公式中的分母流动负债，其包括了“应付票据与应付账款”和预收款项的“合同负债”，尽管它们在会计编制上都属于公司的流动负债，但这两个款项在很多时候其实并不需要快速支付。因此，我们在计算能够短期偿债的现金比率时，一般会从流动负债数额中减去“应付票据与应付账款”和“合同负债”，这可能会更接近真实的财务状况。同时，我们在实际投资过程中，会挑选出经过调整计算后最近三年来现金比率大于200%的成长性公司，将其纳入股票池进行跟踪分析。

我们来看看上述6家成长性公司分别持有的现金及其比率的情况如何，详见表6－4。

表6－4　6家成长性公司的现金比率情况

单位金额：人民币亿元

<table>
<tr><th>项目</th><th>恒瑞医药</th><th>迈瑞医疗</th><th>海天味业</th><th>乐普医疗</th><th>大参林</th><th>晶盛机电</th></tr>
<tr><td>货币资金</td><td>108.0</td><td>158.6</td><td>169.6</td><td>24.34</td><td>37.50</td><td>9.39</td></tr>
<tr><td>交易性金融资产</td><td>56.28</td><td>15.39</td><td>50.55</td><td>0.21</td><td>6.90</td><td>3.65</td></tr>
<tr><td>流动负债</td><td>37.72</td><td>82.36</td><td>90.80</td><td>48.12</td><td>54.68</td><td>52.47</td></tr>
<tr><td>现金比率（%）</td><td>435.52%</td><td>211.26%</td><td>242.46%</td><td>51.02%</td><td>81.20%</td><td>24.85%</td></tr>
<tr><td>应付票据及应付账款</td><td colspan="3" rowspan="3">现金比率已经达标，不需要调整</td><td>8.21</td><td>42.15</td><td>27.75</td></tr>
<tr><td>合同负债</td><td>2.69</td><td>0.68</td><td>20.03</td></tr>
<tr><td>调整后的现金比率（%）</td><td>65.96%</td><td>374.68%</td><td>278.04%</td></tr>
<tr><td>现金比率最终判断</td><td>非常好</td><td>非常好</td><td>非常好</td><td>不太好</td><td>很不错</td><td>很不错</td></tr>
</table>

（资料来源：根据6家公司2020年年报整理）

从表6－4中可以看出，即使按照现金比率的传统公式来计算，恒瑞医药、迈瑞医疗和海天味业这三家成长性公司的财务指标仍然遥遥领先，但乐普医疗、大参林和晶盛机电的现金比率则比较低，当然都超过了2018年国内A股上市公司（剔除金融类企业）平均现金比率31%，在目前5300多家上市公司中也还算是佼佼者。

在经过调整计算之后，乐普医疗、大参林和晶盛机电三家公司的现金比率都有所提升，分别为65.96%、374.68%、278.04%，最突出的是身处光伏行业的晶盛机电，其“应付票据与应付账款”“预收款项”这两个科目的款项几乎等同于其流动负债，所以其现金比率从24.85%修正提升到了278.04%！连锁药房大参林的情况也差不多，但乐普医疗经过调整后的现金比率仍然非常低，表明其短期偿债能力担忧。

实际上，一家公司可以动用的银行贷款指标、偿债信誉的好坏、准备很快变现的长期资产、担保责任引起的负债等，都会成为影响短期偿债能力的因素。

想要考察公司的长期偿债能力，按照传统的价值投资标准需要从本金和利息这两个科目入手，但根据我们的实践操盘经验来说，一般在挑选具有竞争优势的成长性公司时，建议主要用资产负债表和有息负债这两个指标进行评估。

第四节　资产负债率：负债是一把双刃剑

还记得前面介绍过的资产负债表的框架结构吗？我们来回忆一下它的简版，如图 6－1 所示。左边是资产，右边是资金来源，具体分为负债和所有者权益。

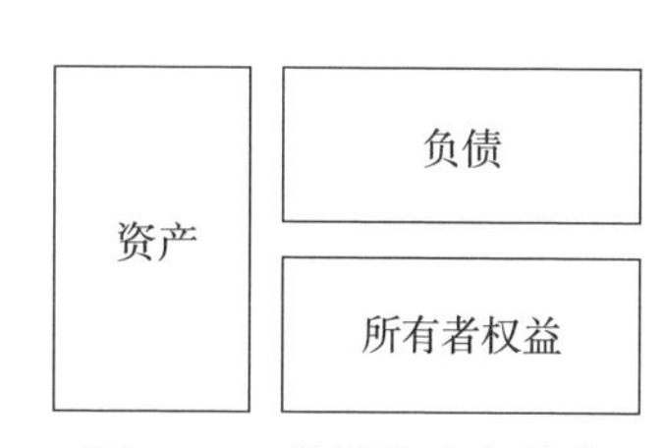

图 6－1　公司资产负债表

偿还长期负债是一个比较长的过程，任何公司都不会专门准备一笔随时可以偿债的资金，否则何必多此一举呢？考察公司偿还长期负债的能力也由此扑朔迷离。一个广为投资者采用的财务比率叫作“资产负债率”，尽管这个指标看起来比较粗糙，但相对比较靠谱。

资产负债率是公司负债总额与资产总额的比率，简称“负债率”，也叫作“财务杠杆”，它表示公司全部资金来源中有多少来自举债。这个指标反映了在公司的全部资产中由债权人提供的资产所占比重的大小，反映了债权人向公司提供信贷资金的风险程度，也反映了公司举债经营的能力。这个指标也是衡量公司财务风险的主要指标之一。

$$资产负债率 = 负债总额/资产总额 \times 100\%$$

任何公司可以用来偿还债务的资金除了自身拥有的资产、经营活动过程中赚到的利润，还包括向外部债权人举借债务所获得的资金。在评估一家公司的举债能力的大小时，债权人通常会考虑公司的债务与权益的相对比率。

对于资产负债率指标，没有统一的衡量标准，因为不同行业期望标准差别很大，而且也受到公司本身经营状况、盈利能力以及社会经济整体形势等因素的制约。通常情况下，我们根据成长性公司所处生命周期阶段和自身的竞争优势等综合因素，对其财务杠杆水平的接受度在 50% 以内。如果这个比例超过了 80%，也就是负债金额是所有者权益的 4 倍以上，那么这个公司的经营风险就偏高了，我们会直接放弃。

当然，针对特殊的公司可能会有一个相对比较高或者比较低的负债率水平。比如说，一些重资产行业的公司需要钱，但它拥有大量资产可以用来抵押贷款，所以具有很强的借债能力，像钢铁行业的宝钢股份、航空行业的东方航空等，其资产负债率长期高达 70%、80%。再比如，流动性强的服务型公司和轻资产的新型公司，由于资金宽裕且前期不需要太多资金投入，资产负债率普遍不高。

我们以前述 6 家成长性公司为例，看一看它们各自的资产负债率情况如何，详见表 6－5。

表6－5　6家成长性公司的资产负债率情况

单位金额：人民币亿元

项目	恒瑞医药	迈瑞医疗	海天味业	乐普医疗	大参林	晶盛机电
负债总计	39.43	100.2	93.68	76.19	67.59	52.47
资产总计	347.3	333.1	295.3	181.6	123.3	105.0
资产负债率(%)	11.35%	30.08%	31.72%	41.95%	54.82%	49.97%

（资料来源：根据6家公司2020年年报整理）

恒瑞医药、迈瑞医疗和海天味业三家行业龙头公司仍然各领风骚，资产负债率远低于我们设置的底线，几乎没有偿还债务的风险。总体上来说，乐普医疗、大参林和晶盛机电三家公司的资产负债率也不高，最多在负债率底线附近，但如果银行贷款、债券融资仍在持续增加的话，则无疑会突破"红线"，变得十分危险。如果仅从数字上看，大参林和晶盛机电这两家公司的资产负债率相对偏高一些，但真实情况又如何呢？

在投资实践过程中，我们通常会首先把资产负债表的架构进行调整，如图6－2所示。

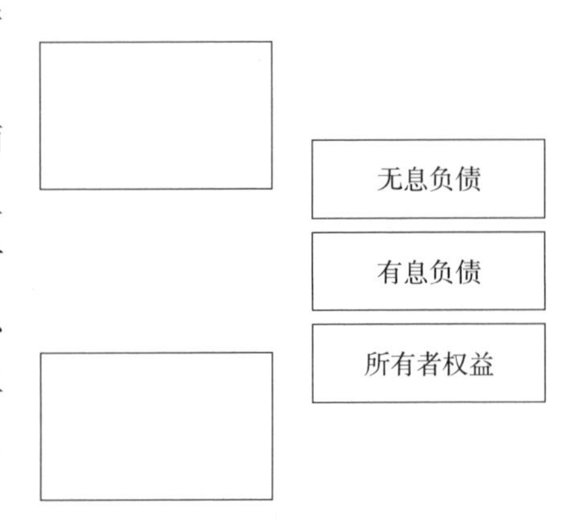

图6－2　调整后的公司资产负债表

从图6－2中可以看出，公司的负债分为两种：一是无息负债，二是有息负债。仅从字面上也可理解，即对公司经营来说，有些负债是要付利息的，比如银行借款、债券融资，这些是有息负债。有些负债是不需要支付利息的，比如对上游供应商的应付账款、对下游经销商的预收款项，都是常见的无息负债。

对任何公司来说，无息负债都是一件好事，一方面能够加大杠杆经营，提高净资产收益率，另一方面又不需要支付利息，也就是免费占用别人的资金来做自己的生意、赚自己的钱，何乐而不为呢？这也是我们前文讲过的公司的"两头吃"能力，说明公司对供应商和经销商的谈判地位非常高、控制能力也很强，在产业链中间占据着非常强势的地位。

接下来，我们把资产负债率公式做一个小调整，即：

资产负债率＝(无息负债＋有息负债)/总资产×100%

在资产负债表中，一般情况下无息负债科目的主要构成是两大块：一是预收款项的"合同负债"，二是"应付票据与应付账款"。因此，我们在挑选成长股的投资实践中，会把这两大块从公司负债中剔除出去，即：

资产负债率＝(负债总额－无息负债)/资产总额×100%

经过小调整后，我们再来看看这6家公司的资产负债率情况，详见表6－6。

表 6-6　6 家成长性公司调整后的资产负债率情况

单位金额：人民币亿元

项目	恒瑞医药	迈瑞医疗	海天味业	乐普医疗	大参林	晶盛机电
负债总额	39.43	100.2	93.68	76.19	67.59	52.47
总资产	347.3	333.1	295.3	181.6	123.3	105.0
资产负债率（%）	11.35%	30.08%	31.72%	41.95%	54.82%	49.97%
应付票据及应付账款	已经达标，不需要调整			8.21	42.15	27.75
合同负债				2.69	0.68	20.03
调整后的资产负债率（%）				35.95%	20.08%	4.50%
资产负债率最终判断	非常好	非常好	非常好	很不错	很好	很好

（资料来源：根据 6 家公司 2020 年年报整理）

从表 6-6 可见，经过对三家公司的无息负债剔除调整之后，各自的资产负债率大幅度下降，均符合我们对成长公司资产负债率设置的底线之内，尤其是晶盛机电跳崖式下调到约 5%，与此前 49.97% 的负债率差距悬殊。

实际上，在预收款项和应付票据与应付账款的金额及比率的背后，是这家公司在整个行业产业链条中控制能力和强势地位的充分体现，其产品或者服务都受到市场的追捧，资产负债率低也是情理之中的事情。

以格力电器为例，其每年都存在大量的无息负债。比如在其高速发展期间的 2017 年年报显示，格力电器的有息负债只有约 200 亿元，而它的无息负债竟然高达 1000 多亿元，在其财报附注中表明为对原材料供应商的应付账款 400 多亿元、预收账款 140 亿元，以及对经销商的应付销售返利 600 亿元等。

从偿债能力考察成长股的生存风险，主要就是上述四个核心指标。如果投资者还需要寻找更多的财务比率进行筛选验证，也可以把下面的辅助考察指标纳入选股体系之中，从更多的角度进行立体分析。

第五节　两个辅助考察指标

一个指标可以衡量成长性公司偿还长期债务利息的能力，叫作“利息保障倍数”；另一个指标反映公司由于举债而产生财务杠杆效应的程度，叫作“权益乘数”，它的大小将在一定程度上决定股东权益的高低。

一、利息保障倍数

利息保障倍数也称为利息收入倍数，是指公司息税前利润与利息费用之比；又称为已获利息倍数，用以衡量偿付借款利息的能力，它是衡量公司支付负债利息能力的指标。计算公式为：

利息保障倍数 = 息税前利润/利息费用 ×100%

我们一般用这个比率来衡量公司在扣除利息和所得税之前的盈利足够它偿还几次利息。显然，利息收入倍数越高，公司偿还利息的能力就越强，成长股的这个指标一般要求大于1，等于1时说明公司全年的经营成果都要用于清偿债务利息。

实际上，公司偿还利息的能力至少在短时间内，还是取决于公司的现金支付能力，而与利息保障倍数关联不大。因此，利息保障倍数的作用仅仅是站在股东的角度评价公司当前的借债政策是否有利，它并不能真正反映公司的偿债能力。

二、权益乘数

权益乘数是资产总额与所有者权益总额的比率，反映公司由于举债而产生财务杠杆效应的程度。它的计算公式为：

权益乘数 = 资产总额/所有者权益总额

与资产负债率一样，权益乘数多大合适，通常没有定论，其高低除了受行业、经营周期等因素影响外，与公司的举债程度有直接关系，反映出一家公司老板和管理层的经营理念和风险偏好。

一般情况下，具有较高的权益乘数（也就是较高的资产负债率）的公司，其风险相对较大。反之却不一定成立，因为任何公司的财务目的是使股东财富最大化，利用财务杠杆可以获得经营机会，借用债权人的资金为投资者赚取更多的利润。

所以，公司应根据自身的实际情况采取不同的融资策略，这个指标在不同行业的公司之间会有比较大的差异。权益乘数的大小，还将在一定程度上决定着这家公司的净资产收益率的高低。

第七章

从盈利能力考察这是不是一门好生意

无论是公司股东还是债权人，最关心的通常是公司赚取利润的能力，也就是盈利能力，如果有足够的利润就可以偿还债务、支付利息、进行投资等。因此，考察公司盈利能力最重要的理念，就是怎么样找到一个好赚钱又长期持续稳定的生意。

了解了成长股的偿债能力，我们再来看看在使用财务报表挑选成长股时最关心的公司赚取利润的能力，也就是第二个重要的指标——盈利能力。简单点说，就要看这是不是一门好生意？有些行业天生就容易赚钱，比如银行、白酒行业，而有些行业赚取的都是辛苦钱，比如手机零部件配套商、超市零售企业等。

一个最简单的逻辑是，如果这是一门好生意，赚钱相对容易，有足够的利润就可以偿还短期和长期债务、支付股利和进行投资等行为，才能为公司未来的持续成长打下坚实的基础，否则一切都是空中楼阁。

总的来说，考察和评估一家成长性公司的盈利能力有很多指标，但主要是如下三大类：第一，经营活动赚取利润的能力；第二，公司的资产对公司利润的贡献；第三，公司给股东带来的投资回报。

接下来，我们就如下这些财务指标进行评估和分析，判断这究竟是不是一门好生意。

第一节　毛利率：这门生意的好坏

营业收入减去营业成本是毛利润，它是公司利润的源头。毛利率的计算公式为：

毛利率 = 毛利润/营业收入 ×100%

该指标表示每一元销售收入扣除销售成本后，还剩下多少钱可以用于各项期间费用和形成盈利。这个比率可以用来计量公司根据产品成本进行产品定价的能力，也就是产品还有多大的降价空间。

毛利率是公司净利率的最初基础，没有足够高的销售毛利率便无法形成盈利。对于公司管理层来说，可以按期分析销售毛利率，据此对公司销售收入、销售成本的发生及配比情况做出判断与调整。

毛利率越高，代表这是一门好生意；毛利率越低，代表这是一门艰难的生意。而如果毛利率为负（比较少见），则代表这的的确确是一门烂生意。

接下来，我们看看6家不同类型公司的毛利率表现，详见表7－1。

表7－1　6家公司的毛利率表现情况

项目	恒瑞医药	海天味业	乐普医疗	上汽集团	宝钢股份	永辉超市
毛利率	83.61%	35.68%	62.46%	9.61%	5.84%	19.68%

（资料来源：根据6家公司2022年年报整理）

可以看出，国内医药行业和创新药的龙头老大恒瑞医药，其83.61%的毛利率非常高，与贵州茅台约91%的毛利率差距不太大，即使是心血管系统药物和医疗器械的头部公司乐普医疗，其毛利率也高达63%，这些自然是一门好生意。

出人意料的是调味品行业的老大海天味业，其毛利率为35.68%，但因为其他费用控制得非常好，其净利率持续多年保持在25%以上，即使是新冠肺炎疫情影响巨大的2020年，海天味业的净利率仍然保持持续上升，达到28.12%。

零售行业的永辉超市，当仁不让地雄踞国内生鲜超市的龙头，其毛利率也很高，竟然高达19.68%。而作为重资产制造行业的上汽集团和宝钢股份，都是各自行业里绝对领先的头部企业，但因为周期性行业所属特性的问题，毛利率分别仅为9.61%、5.84%，明显偏低。

事实上，上汽集团和宝钢股份两家公司的管理和经营能力等非常强，各方面表现也相当优异，但股票在最近几年却一直少有投资者问津，一方面是周期性行业原因，另一方面则是因为它们的毛利率偏低，投资者对公司的未来前景预期与发展空间有相当的迟疑。

作为投资者，我们应该把视角投向毛利率反映公司的持续竞争优势之上。如果公司具有持续的竞争优势，其毛利率就处在一个较高的水平，公司可以对其产品或服务自由定价，让售价远高于成本而形成溢价。反之，如果公司缺乏持续竞争优势，其毛利率就必然处于较低的水平，公司就只能根据产品成本或竞争烈度来定价，赚取微薄的利润，甚至随时可能亏损。

我们来看一下中炬高新2019—2020年的毛利率，见表7－2。

表7－2　中炬高新2019—2020年度毛利率比较

单位金额：人民币亿元

科目	2020	2019	变动值	变动率
营业收入	51.23	46.75	4.48	9.58%
营业成本	29.94	28.26	1.68	5.94%
毛利润	21.29	18.49	2.8	15.14%
毛利率	41.56%	39.55%	0.02	6.1%

（数据来源：中炬高新2019—2020年财报）

由此可见，中炬高新的毛利率从2019年的39.55%增长至2020年的41.56%，这是公司收入增长的原因。为什么毛利率会增长？因为中炬高新营业收入的增长幅度高于营业成本的增长幅度，也就是收入大于成本，毛利润的变动率为15.14%。

这些数据和比率，也说明中炬高新在2020年的经营活动和业绩，并没有受到新冠肺炎疫情的影响，相反无论是营业收入还是毛利润，不仅没有下滑，而且都获得了一定幅度的增长，毛利率还提升了约2%，继续强化了中炬高新在调味品行业中的持续竞争优势。

高毛利率意味着公司的产品或服务具有很强的竞争优势，很难被对手的产品替代。而低毛利率往往意味着公司产品或服务存在着大量替代品，市场竞争激烈，产品价格的微小变动，都可能导致客户放弃购买。

一家公司的毛利率越高，可能代表着这家公司身处一个蓝海市场，或者拥有独特的竞争优势，或者该行业进入壁垒非常高，新的竞争对手很难进入等因素；一家公司的毛利率偏低，也许意味着进入门槛较低，公司没有自己的竞争力，市场竞争激烈，为了生存大家不得不打价格战，这种类似的行业和公司的前景不被看好。至于毛利率连续多年为负的公司，我们认为不值得去冒险和耗费精力。

芒格说："我并不试图超过七英尺（注：一英尺寸等于 0.3048 米）的栏杆，我到处寻找的是我能够跨过的一英尺高的栏杆。"总体上来说，我们建议投资者尽量选择高毛利率的公司，比如像白酒行业的贵州茅台、五粮液，生物医药行业的恒瑞医药、百济神州等。

这样说吧，毛利率能长期保持在 40% 以上的公司，通常其产品具有某种竞争优势。如果毛利率低于 20% 的公司，基本上不会纳入我们挑选成长股的"股票池"，直接放弃。

第二节　营业利润率：公司赚钱的真本事

毛利率越高越好，这种公司的未来成长性就非常大，短时间内很难看到天花板。但是，投资者需要注意的是，如果这家公司的期间费用支出很大，结果很可能是毛利率很高，但是公司最后反而没赚钱。

为了避免遭遇这种情况，我们在考察成长性公司的盈利能力时，接下来要看的第二个重要指标，就是营业利润率。

一家公司的收入减去成本与费用之后，就是营业利润，而这个金额的高低，往往意味着一家公司赚钱的本领高低。它的计算公式为：

营业利润率 = 营业利润/营业收入 ×100%

在公司的其他收益、公允价值变动收益、投资收益和资产处置收益等与营业收入关联不大的项目数额较小或者为零的时候，这个比率基本上与核心利润率一致。反之，如果上述收益占比过大，这个比率基本上没有价值。

营业利润率是分析公司的核心指标之一，它在营业收入中的占比，基本上可以完整地体现出公司的盈利能力，营业利润率越大越好。总体来说，营业利润率比较适合像白酒、美容、生物医药（医疗）等高毛利率的行业和公司，这也是成长股扎堆的地方，成本和费用占比变化不大，营业利润率会因此伴随着营业收入的高速增长而飙升，比如爱美客的营业利润率高达 71% 左右。

我们先来看一下很多年前的贵州茅台营业利润率的走势，见图 7 – 1。

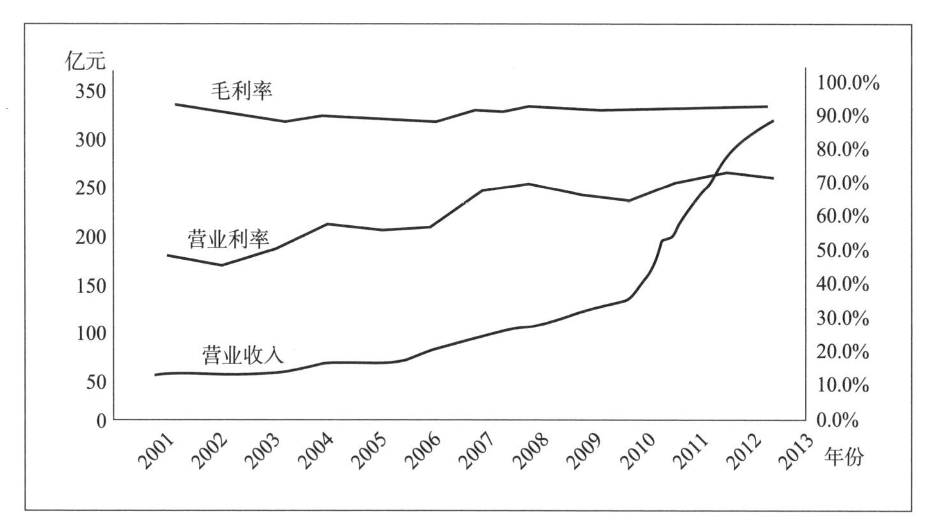

图 7 – 1　2001—2013 年贵州茅台营业利润率走势

资料来源：贵州茅台历年财报

我们再来看看贵州茅台自上市以来，其营业收入总和的构成分割，见图 7 – 2。

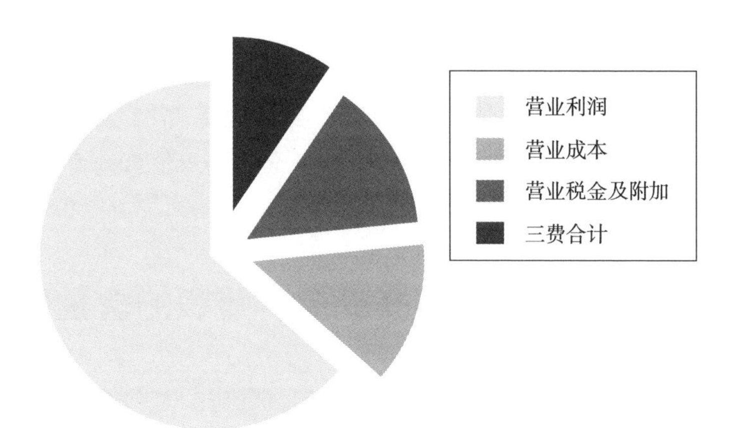

图 7 – 2　贵州茅台上市以来营业收入总和构成

资料来源：贵州茅台历年财报

接下来，我们来看一看 6 家公司的毛利率与营业费用率表现，详见表 7 – 3。

表 7 – 3　6 家公司的毛利率与营业费用率表现情况

项目	恒瑞医药	海天味业	乐普医疗	上汽集团	宝钢股份	永辉超市
毛利率	87.93%	42.17%	66.99%	10.76%	10.83%	21.37%
营业利润率	25.27%	33.54%	26.73%	4.93%	5.98%	2.45%
营业费用率	62.66%	8.63%	40.26%	5.83%	4.85%	18.92%

（资料来源：根据 6 家公司 2020 年年报整理）

下面对表7-3中6家公司的财报数据逐一解读。

恒瑞医药与乐普医疗：两家公司的毛利率都很高，但其营业费用率也同样很高，分别为62.66%、40.26%，这可能跟行业属性有关，它们生产的药品和医疗设备需要打通进入医院、连锁药店等强势渠道，导致费用率居高不下。

海天味业：属于传统行业，但毛利率高达42.17%，在整个调味品行业中居于高位，而且公司在细分品类上布局齐全，具有了一定的规模优势。此外，其经营费用也相当节省，费用率仅有8.63%。

永辉超市：生鲜超市也是属于传统行业，毛利率高达21.37%，但需要常常做行销活动吸引消费者重复购买，以及残次品消耗较大，包括居高不下的人工薪酬成本等，所以公司的费用率偏高，约为19%，导致其营业利润率仅为2.45%。

上汽集团与宝钢股份：同为重资产型的工业制造行业，毛利率均在10%左右，营业费用率也只有大约5%，这些数字都说明两家公司在自己的领域中，都是规模非常庞大的公司，而且非常节俭。可惜的是，作为波动起伏非常大的周期行业和公司，毛利率过低，对投资者缺乏吸引力。

实际上，投资者在面对营业利润率数据时，不仅要看数字的大小，也要去比对历史走势和轨迹。营业利润率上升了，为什么？是成本下降、费用控制好了，还是因为售价得到提升？数字背后的逻辑更为重要。

沿着这个思考方向深入下去，进一步探讨的内容就是：成本下降是全行业使然，还是自己“竭泽而渔”，是一次性影响还是持续作用；费用管控会不会挫伤团队的积极性，是一次性费用减少还是永久性减少；售价提升会不会导致市场份额下降，竞争对手是否迎头赶上，等等。

第三节　核心利润获现率：赚钱的含金量

在前面介绍营业利润计算时，大家可能已经发现既包括了与营业收入有关的收入和成本费用，也包括了与营业收入并没有直接关系的项目，比如炒股的短期投资收益、利用账户上的现金理财产生收入等。

在目前A股市场上的5300多家公司中，不少的中小市值成长性公司本身的盈利能力比较差，隔三差五地就出现亏损，常年徘徊在为避免ST或者保壳的路上。仔细分析后发现，它们在投资收益或者政府补贴等非主营业务方面的收入比较多，这就可能夸大了营业收入的真实性。

把营业利润拆解掰开来看，通过前面的了解很容易就明白问题的症结出在哪里了。我们知道，营业利润既与营业收入以及公司的经营活动有关，也与投资活动、政府补贴等有关，已经形成了一个“大箩筐”，凡是有钱的内容都往里面装。

基于此，张新民、钱爱民两位教授提出了一个新的利润概念：核心利润。一方面丰富了利润表的内容，更加真实地反映出公司的盈利能力；另一方面，投资者可以借助这个概念进一步深入剖析公司，炼就一双孙悟空式的“火眼金睛”，穿过迷雾和深不可测的陷阱。

核心利润的计算公式为：

核心利润 = 营业收入 - 营业成本 - 税金及附加 - 销售费用 - 管理费用 - 研发费用 - 利息费用

用张教授的原话来说，就是“1 收入减 1 成本 5 费用”：“1 收入”——营业收入；“1 成本”——营业成本；“5 费用”——税金及附加、销售、管理、研发和利息费用。

这个“1 收入减 1 成本 5 费用”几乎都是与公司的营业收入密切相关的，真实性自然可靠得多。所以，核心利润可以用来衡量公司营业收入的盈利能力。在这个概念的引导下，投资者就可以“顺藤摸瓜”，沿着这个逻辑对利润表进行更为深入的分析研判了。

在核心利润的基础上，延伸出了核心利润获现率这个考察成长性公司的指标，它的计算公式为：

核心利润获现率 = 经营活动现金流净额/核心利润 ×100%

两位教授认为，衡量一家公司经营活动的盈利能力，不仅要从数量上考察盈利的绝对规模（核心利润）和相对规模（核心利润率），还应该从质量上去考察公司盈利的含金量和可持续性。其中，核心利润的含金量可以通过核心利润获现率来考察。

大家可能已经从公式中看出一些端倪了，这个比率还涉及后面要讲解的现金流量表，但考虑到它毕竟是核心利润和核心利润率的“血亲”，加上现金流量表中可以直接获取“经营活动现金流净额”这个数据，所以就集中在一起进行讲解了。

由于经营活动产生的现金流量净额与核心利润的计算口径并非完全一致，因此在计算时往往需要进行一些调整。在我们的投资实践中，一般认为持续具有较高核心利润获现率的成长性公司质量更好、更优秀，但底线至少应该达到 80%。

我们以中炬高新和海天味业这两家成长性公司为例，分别看看它们的核心利润获现率的变化情况。先来看一下中炬高新 2019—2022 年核心利润获现率的变化情况，详见表 7 - 4：

表 7 - 4　中炬高新 2019—2022 年核心利润获现率变化情况

单位金额：人民币亿元

科目	2022	2021	2020	2019
核心利润	6.28	8.14	10.6	8.39
经营活动现金流净额	6.78	12.12	10.01	10.59
核心利润获现率	107.96%	148.89%	94.43%	126.22%

（资料来源：中炬高新 2019—2022 年度财报）

再来看一下海天味业2019—2022年核心利润获现率的变化情况，详见表7-5。

表7-5 海天味业2019—2022年核心利润获现率变化情况

单位金额：人民币亿元

科目	2022	2021	2020	2019
核心利润	63.47	69.19	71.71	57.57
经营活动现金流净额	38.30	63.24	69.50	65.68
核心利润获现率	60.34%	91.40%	96.92%	114.09%

（资料来源：2019—2022年度财报）

从上面两个表格中可以看出，这两个公司的核心利润获现率几乎都接近或者超过了100%，盈利能力和盈利质量非常高。但初露端倪的是，海天味业和中炬高新的核心利润获现率从2019年左右开始，正在呈现缓慢下滑的趋势，是否说明了调味品市场竞争激烈，参与者都在想方设法抢占市场份额，甚至不惜从竞争对手那里“虎口夺食”？

接下来，我们看一看前述6家公司的核心利润获现率，详见表7-6。

表7-6 6家公司核心利润获现率

单位金额：人民币亿元

项目	恒瑞医药	海天味业	乐普医疗	上汽集团	宝钢股份	永辉超市
核心利润	30.62	63.47	25.86	86.54	99.67	-24.08
经营活动现金流净额	12.65	38.30	27.91	95.05	447.2	58.64
核心利润获现率	41.31%	60.34%	107.93%	109.83%	448.68%	—

（资料来源：根据6家公司2022年年报整理）

从表7-6可见，核心利润获现率最高的竟然是被大家认为未来几乎没有什么成长性的没落行业的宝钢股份，其核心利润获现率竟然高达448.68%，让人大跌眼镜！而大家一致认为的大白马股恒瑞医药的核心利润获现率竟然只有41.31%，赚取真金白银的盈利质量堪忧。

另一个现象是永辉超市2022年的核心利润为-24.08亿元，但其经营活动现金流净额却高达58.64亿元。这就引发出一个值得商榷的问题，有些公司可能因为行业特殊性的要求，因为自身的商业模式，一方面做的是一手交钱一手交货的现金流生意，另一方面却可以向上游进行货品赊购，用别人的钱做生意。

实际上，其中还有一个比较特殊的公司是上汽集团，它因为自身产品涉及众多零部件，需要在产业链条的上下游公司中进行投资，比如对联营公司和合营公司等的投资。按照核心利润的计算方法，这些公司所产生的收益是不计入核心利润的，但它又确实是其盈利能力的重要体现。

我们看一看上汽集团2022年财报中的投资收益，详见表7-7。

表7-7　上汽集团2022年投资收益

单位金额：人民币亿元

项目	2022年度	2021年度
投资收益(损失以“-”号填列)	147.0	271.6
其中:对联营企业和合营企业的投资收益	108.4	173.7

（资料来源:上汽集团2022年年报）

从表7-7可以看出，上汽集团2022年投资收益为约147亿元，2021年高达271.6元，在其庞大的营业总收入中所占比例分别为约1.98%、3.48%，看起来并不高。但对于一个每年营收七八千亿元，而净利润率仅为约4%左右的汽车制造公司来说，投资收益已经几乎等同于其净利润了。

那么问题来了，针对像汽车行业这种上下游链条比较长的公司而言，如果剔除其对联营公司和合营公司的投资收益，会不会导致计算出的数据失真，从而不能体现出公司真正的盈利能力?

尽管如此，在我们的投资实践过程中，仍会采用核心利润及其计算公式，结合其他的数据分析，来对有意向的成长性公司的财报进行解读，主要运用于一些聚焦于主营业务、投资收益额度不大的公司，事实证明的确实用有效。

第四节　净利率：越高越好

净利率是指净利润占营业收入的百分比，它的计算公式为：

销售净利率=净利润/营业收入×100%

这个比率反映每一块钱营业收入带来的净利润的多少，表示营业收入的收益水平，用来衡量公司营业收入最终给公司带来盈利的能力。这个比率比较低，说明公司经营管理层没能创造出足够多的营业收入或者没有成功地控制成本。

净利率与净利润成正比，与营业收入成反比关系。也就是说，公司在增加营业收入额的同时，必须相应地获得更多的净利润，才能使净利率保持不变或者提升。

我们都知道，经营一家公司非常不容易，大都是经历了“九死一生”拼搏过来的，所以投资者对公司基本的要求是净利率大于资金成本，也可以叫作报酬大于成本。通常情况下，公司在银行获得贷款的资金成本约在5%左右，所以一家公司的净利率至少应该大于8%才值得投资，尤其是成长性公司的风险系数相对大一些。

当然，净利率越高越好，说明公司的盈利能力越强。一个公司如果能保持良好的持续增长的净利率，应该说公司的财务状况是向好的，但也并不能绝对地讲净利率越大越好，还必须观察公司的营业增长情况和净利润的变动情况。比如，在公司的净利润中，投资收益、公允价值变动收益等与营业收入无关的项目金额太大，则这个指标会失去意义。

从巴菲特过去60多年致股东的信来看，他非常关注投资公司的净利率，有时会分别用税前利润和税后净利润计算净利率，但多数情况下是用税后利润。

不同行业公司的净利率差异较大。巴菲特在1965年收购伯克希尔纺织厂后，发现纺织业务净利率非常低。但他收购报纸后，发现报纸行业的净利率明显高得多："虽然规模相当的报纸的高新闻成本与低新闻成本占营业收入的比率差异约为3个百分点，但这些报纸的税前净利率往往是这种差异的10倍以上。"

提高净利率，按照其驱动因素来看，主要有以下4种方法：提高营收、提高价格、降低成本、降低费用。

接下来，我们分别选择零售业的永辉超市、新材料行业的金发科技、调味品行业的海天味业和白酒行业的贵州茅台，就它们的净利率进行比较，这4家公司在所在行业里均是数一数二的头部企业，非常具有代表性，详见表7－8。

表7－8　2022年永辉超市、金发科技、海天味业、贵州茅台的净利率比较

单位金额：人民币亿元

科目	永辉超市	金发科技	海天味业	贵州茅台
营业收入	900.9	404.1	256.1	1276
净利润	－30.00	20.00	62.03	653.8
净利率	－3.33%	4.95%	24.22%	52.68%

（资料来源：永辉超市、金发科技、海天味业、贵州茅台的2022年度财报）

一目了然，这4家公司的净利率简直是天壤之别！从永辉超市几乎低到尘埃里的负利率，到净利率约53%的贵州茅台，命运就这样开始分岔了，二者在营业收入上的差距不是特别悬殊，但净利润却有着天壤之别！需要注意的是，净利率只是综合比较分析的指标之一，最重要的是先看这家公司在自身行业里所处的竞争优势地位。

但不管怎么样，你不得不承认，不同行业的赚钱能力是有很大差别的，有的行业天生就容易赚钱，有的行业即使使出吃奶的力气，也只能赚点辛苦钱。所以，对于我们投资者来说，这就像参与一场赛马，最重要的是选择赛道（行业），其次是选择马（商业模式），最后才是挑骑手（管理者）。

那么，在投资过程中会有哪些行业可供选择呢？以我有限的实践经验，更愿意选择消费、医药、金融、地产、消费电子等与生活紧密相连的行业。

以医药行业为例，每个人都不可避免地面临生老病死。人对医药的基本需求不会因为经济好坏、政局动荡、时尚娱乐等发生改变，反而会因为环境恶化、疫情突发等原因而产生更多需求。尤其是我们即将进入老龄化社会，还会进一步带动对医药医疗的需求。

持续、稳定的需求，是行业能够长盛不衰的基石。投资亦然。

第五节　每股收益（EPS）：股东可以赚多少

每股收益，也叫作每股盈利（EPS），是指在某一个财报年度内，以总的股份数为基数，计算出公司每股股票所得的净利润。在投资过程中，这是一个非常重要的选股指标，因为通常情况下每股收益越多，也就意味着公司所赚的钱越多，其股票价格也越高。

每股收益的计算公式很简单，就是将公司的净利润总额除以公司的股本总数。举例来说，老喻杂货铺公司今年赚了 100 万元的净利润，而公司总共有 100 万股股本，那么老喻杂货铺公司今年的每股收益为 1 元。

实际上，这个指标主要是让投资者了解，一家公司经过千辛万苦努力经营所赚到的税后净利润，除了净利润的总金额，如果换成股份，每一股能帮股东赚多少钱？当然是越多越好。

但这是一个经常被投资者忽略的指标，尽管它能传递出很多公司背后的信息，而且在针对营收、净利润等保持稳定增长的成长股估值时，使用起来简单便捷。

必须提醒的是，投资者在通过每股收益这个指标挑选成长股时，不能“断章取义”，只单独看某一年的每股收益。它也许适合用来考察周期股的盈利能力，但无法用来判断一个成长性公司是否具有持续竞争优势。因此，我们在实践操盘中，往往考察至少连续 5 年以上的每股收益。

一般情况下，连续 5 年的每股收益数据足以让投资者明确判断出这家公司是否具有成长性和长期竞争优势，因为我们寻找的是那些每股收益连续 5 年及以上都表现出持续上涨态势的成长性公司。

接下来，我们看一看恒瑞医药、海天味业、乐普医疗、上汽集团、宝钢股份、永辉超市 2018—2022 年财报的每股收益情况，详见表 7－9。

表 7－9　6 家公司 2018—2022 年每股收益

单位金额：人民币元

年度	恒瑞医药	海天味业	乐普医疗	上汽集团	宝钢股份	永辉超市
2018	0.92	1.62	0.68	3.08	0.96	0.15
2019	1.00	1.65	0.97	2.19	0.56	0.16
2020	0.99	1.52	1.01	1.75	0.57	0.19
2021	0.71	1.44	0.96	2.12	1.07	-0.43
2022	0.61	1.34	1.22	1.40	0.55	-0.30

（资料来源：根据 6 家公司 2018—2022 年财报整理）

限于篇幅，我们就不逐一针对每家公司进行展开分析了。归纳总结的表述主要基于如下两种情况，大家可以对号入座来进行解读：

一，每股收益持续增长。如果每股收益连续多年持续上涨，充分说明这家公司具有某种长期竞争优势，而且展示出了潜力巨大的成长性。持续的利润上升走势意味着公司从市场中赚到了钱，经营状况良好，有足够的经济实力来开疆拓土，投入研发保持技术领先，以及继续扩大市场份额，在整个产业链中建立强势地位。当然，公司也可以利用充裕的现金来进行主营业务的外延，甚至股票回购等。

二，每股收益持续下降或起伏不定。一般来说，我们在挑选成长股时，面对投资标的公司的每股收益走势不确定，以及呈现持续下降趋势，其中一些年度每股收益甚至表现为亏损，通常会直接放弃。它传递出的信号是，这家公司可能处于一个竞争激烈的行业，自己没有核心竞争力，生意时好时坏，充满了太多的不确定性，这就会让投资的风险系数增大，大大降低了赚钱的概率。

实际上，在目前 A 股 5300 多家上市公司中，充斥着诸多上述第二种情况的公司，其每股收益起伏波动走势不定，导致其股票价格极不稳定。需要警惕的是，每当这种公司股票大幅杀跌的时候，很容易让传统价值投资者“抄底”或者加仓，误以为到了买入的时机，但殊不知却陷入了“价值陷阱”。

第六节　净资产收益率：投资获得多少回报

在众多的财务报表数据中，巴菲特最看重的为数不多的选股指标就包括了净资产收益率，简称 ROE，也被称为“股东报酬率”或者“股东权益回报率”。实际上，后面的两个称谓似乎更贴切，因为作为投资者，我们买入一家公司的股票，就是它的股东了，我们投入的钱到底有多少收益，只需要看一看 ROE 就行了。

股东权益有三个来源。第一部分来源于最初对公众发行优先股和普通股所募集的资金；第二部分来源于上市公司运营后对社会公众增加发行股票筹措的资金；第三部分，也就是对我们投资者来说最重要的部分，即公司在经营过程中积累的留存收益。

净资产收益率的计算公式为：

$$净资产报酬率=净利润/平均股东权益\times 100\%$$

注意，首先公式中的分子是息税后净利润减去支付给优先股股东的股利后，考虑了公司资本结构的影响；其次，分母平均股东权益是用股东权益年初余额和年末余额之和除以 2 得到的，考虑了普通股股东权益的变化。

这个指标反映的是相对于股东出的钱，可以获得多少报酬率，因为我们投资一家公司，就是以股东立场进行投资。它也是衡量一家公司赚钱能力的重要指标，收益与投资的比率，自然是数值越高，说明投资带来的收益越高。

我们先来看一看片仔癀和同仁堂，这两家公司都拥有秘密配方，它们各自的净资产收益率如何呢？详见表 7－10。

表 7－10 片仔癀和同仁堂净资产收益率对比

公司	2019 年	2020 年	2021 年	2022 年
片仔癀	23.64%	23.07%	27.68%	23.50%
同仁堂	10.34%	10.82%	11.99%	12.71%

（资料来源：片仔癀和同仁堂 2019—2022 年财报）

片仔癀的净资产收益率总体上较高，常年维持在 23% 左右的水平。它的盈利优势体现在哪里呢？一方面是片仔癀拥有国家级绝密配方以及它的商标权，建立了非常深的“护城河”和竞争壁垒，使得它的品牌优势显著，定价可以获得比竞品高得多的溢价；

另一方面，片仔癀属于弱周期的医药行业，天生就容易赚钱，它也拥有类消费品公司的商业经营模式。片仔癀的“绝密配方”让其与其他药企相比，它对研发投入的要求不高，固定资产投入不多，资本开支也很少。相较于片仔癀，同样作为拥有保密配方的传统中药企业的同仁堂，其净资产收益率要差得多，不足片仔癀的 50%，说明同仁堂为股东创造价值的能力要差很多。

除了与可比公司进行横向对比外，我们还需要纵向比较，通过对公司净资产收益率变化趋势的走势，来观察公司为股东创造价值的能力变化过程。我们会发现，总体上两家公司的净资产收益率都呈现出下降的趋势，说明它们价值创造能力正在被削弱。

但比较起来，片仔癀总体上处于小幅波动的稳定状态，而同仁堂在前几年下降之后开始拉升，上涨了约 2%。这个数据背后，透露出同仁堂药业公司前几年面临了比较激烈的市场竞争，公司在经营过程中承受了非常大的压力，折射在净资产收益率上，就是投资回报率的下降。最近两三年来，不仅止住了下滑趋势，而且正在缓慢提升，这是一个比较好的迹象。

几乎对所有成功的投资者来说，净资产收益率非常重要，是挑选具有竞争优势的成长股的核心指标。如果一家公司的净资产收益率偏低，说明这家公司的盈利能力比较弱；如果一家公司的净资产收益率很高，那这家公司每年能够为股东创造的利润和回报就很多。显然，高净资产收益率的公司能够享有更高的估值。

在 A 股市场上，能够挑选出不少具有高净资产收益率的成长性公司的股票，它们的市净率（市净率 = 股价/净资产）不高，但比传统价值型公司要高。相反，很多低净资产收益率的公司，包括很多垃圾股，它们的市净率却高得多。而我们投资一定要远离那些净资产收益率很低，但市净率却很高的公司，哪怕它在最近几年时间里的成长性看起来不错。

有统计数据说，在目前的 A 股市场，净资产收益率水平大多在 5% 至 10% 之间。我们来看看上述 6 家公司的 ROE 表现，供大家参考，详见表 7－11。

表 7-11　6 家公司 2022 年净资产收益率

项目	恒瑞医药	海天味业	乐普医疗	上汽集团	宝钢股份	永辉超市
净资产收益率	10.89%	25.52%	17.60%	5.84%	6.33%	-30.21%

（资料来源：6 家公司 2022 年财报）

在研究“股神”巴菲特和芒格的投资哲学时，我们会发现他们非常重视下列三个指标：

一，长期稳定的盈利能力。这就是巴菲特经常提到的“护城河”“竞争壁垒”“推断特定公司的竞争优势”的投资理念。

二，自由现金流。这个指标主要是巴菲特用来衡量一家公司能够活得够长，以及这家公司是否能够每年为公司带来正向的现金流量。

三，净资产收益率（ROE）。虽然我们都知道这个指标越高越好，但问题是，净资产收益率到底多高以上比较好？多少以下算不好呢？

净资产收益率的高低，既取决于公司净利润的规模，也取决于公司股东权益的规模。一家成长性公司，净资产收益率长期能够达到 15% 已经算不错了，结合我们多年的投资实践，给出如下的指标仅供参考：

第一，长期以来 ROE > 20%，足以证明这是一家盈利能力非常强且持续增长的公司，可重点关注并综合判断。根据复利的力量，这个股东收益率几乎可以比肩巴菲特了。如果每年都维持在 20% 的报酬率，就能创造爱因斯坦所谓的世界第八大奇迹：时间的复利效果。

巴菲特说：假如你持有一家优秀公司，时间就是好朋友；但如果你持有的是表现平庸的公司，那么时间就变成了敌人。

如果跟踪的这家公司其他指标都不错的话，也可以适度放宽至 15% 为宜。

第二，长期 ROE < 8% 及其以下时，可能就是不值得投资的公司，直接放弃。主要有两个方面的原因：一是资金成本通常为 5~8%，ROE 无法覆盖；二是机会成本，如果我们投资了低 ROE 的公司，就必然减少或无法投资高 ROE 的公司，错失良机，从而造成机会成本损失。

巴菲特的搭档查理·芒格说，总体看来，ROE 是投资者挑选优秀行业或者成长性公司时非常重要的一个指标，长期持有股票的最终收益应该和 ROE 基本一致。但需要注意的是，ROE 反映的只是过去的成绩，不能过度外推，以此判断其未来走势，而是要结合公司的经营状况、现金流回笼、持续竞争优势以及行业赛道的前景等因素来综合考量。

第七节　两个辅助考察指标

如果投资者有充足的时间和精力，针对成长股的盈利能力考察，还可以从以下两个辅助指标入手进行分析，但不会影响上述指标形成的判断。

一、总资产报酬率

总资产报酬率是用来反映公司利用所有资产获取收益的能力，这里的所有资产包括了公司自有的资产（所有者权益）和通过借贷获得的资产（负债），而且为了更好地衡量总收益，由剔除了利息支出和公司所得税影响的利润来进行的计算。这个指标能从一家公司整体的角度来评估其运营资产获利能力。它的计算公式为：

总资产报酬率＝息税前利润/平均资产总额×100%

注意，公式中的平均资产总额，是用资产总额年初余额和年末余额之和除以2得到的。这个比率反映了管理层对所有资产进行管理所产生的效益，即管理层利用公司现有资源创造价值的能力。

总资产报酬率越高，说明公司运用资产获取收益的能力越强。当总资产报酬率超过了通过市场借贷资金的利率的时候，也就是说公司借钱来做生意，生意的回报大于借钱的成本了。

实际上，总资产报酬率的高低，既取决于公司的盈利规模，也取决于公司的资产规模。在现实中，我们会看到一些公司盲目增发、融资，资产中有大量与盈利能力无关的资产，比如像过高的存货、货币资金，以及大规模的应收账款和固定资产等，最后就导致公司的总资产报酬率会受到影响。

通常情况下，如果单独看一家公司某一个年度的总资产报酬率，不会分析出太多有价值的信息。多数时候，应该通过分析这家公司在不同年度的总资产报酬率的变化情况，来研读这家公司对拥有的资产资源的利用情况，然后再结合同行业其他公司的数据，据此对这家公司的总资产利用情况做出初步判断。

二、经营性资产报酬率

经营性资产报酬率的计算公式为：

经营性资产报酬率＝核心利润/平均经营性资产×100%

在公式中，平均经营性资产是经营性资产年初余额与年末余额之和除以2得到的。由于公司在自身经营活动过程中利用经营性的资产等资源，创造核心利润，因此该比率在一定程度上可以反映出公司管理层利用经营性资产在经营活动中创造价值的能力，是投资者对公司经营活动获利能力的考察指标之一。

事实上，任何一家公司的资产都可以分为两大类：一是经营性资产，二是投资性资产。投资者可以将它们分门别类地计算出各自的报酬率，分解经营活动和对外投资活动的相对盈利能力，便于公司及时发现存在的问题，并根据战略调整来优化资产结构，提高公司的盈利能力。

第八章

从营运能力考察成长股的赚钱本领

一家公司的运营能力，简单点说是公司运用各项资产和资源赚取利润的能力。公司的投资回报，一方面靠提升盈利能力，另一方面靠提升管理效率。盈利能力的效益可以通过毛利率、净利率等表示，效率可以通过资产的周转率来表现。

正如前文所述，偿债能力关注的是公司必须守住的“底线”，另外三个维度的财务分析考察的则是公司的发展问题，一方面靠提升盈利能力，另一方面靠提升经营管理效率。

任何一家公司的投资回报最终决定于效益和效率两个方面，净利润和毛利润这些可以表示效益，而我们用“周转率”这项财务指标来考察公司的经营管理效率。一般来说，用收入除以某项资产，就能得到该项资产的周转率，比如用收入除以应收账款，就可以得到应收账款的周转率，等等。

据说，周转率这个概念最早来自西方的游商，游商在一个月内出去卖货的次数越多，也就是“周转率”越高，赚的钱就越多。

举个例子，张三和李四各自开了一家餐厅，张三餐厅的味道好性价比高，晚上的翻桌率是四次，李四餐厅的晚上翻桌率是一次，那么这两家餐厅之中，谁家的经营能力比较好呢？答案不言而喻，当然是翻桌率越高的那一家餐厅越好。

在前面讲到三张报表时，我们谈到无论是利润，还是现金流量的产生，都是依托在公司的资产基础之上的。换句话说，一家公司的营运管理能力好不好，要看这家公司的资产在一个单位周期内能够帮公司做了几次生意？当然是越多次数越好。

显然，一家公司的资产就在资产负债表里。其中，最重要的几个资产分别是：存货、应收账款、固定资产、总资产等。所以，要判断一家成长性公司的经营能力，就要看这些资产在一年内能够帮公司做了几次生意。

任何一家公司的经营活动，都可以归纳为从现金到现金的不断循环，也就是“现金——原材料——存货——应收账款——现金”的过程，优秀的公司就是要打通各个环节，并且高速、高效率地运转起来。

对于一家成长性公司来说，营运能力的最高境界，就是让现金在最短的时间内变成更多的现金。

第一节　存货周转率：为公司做了几趟生意

存货周转率是指公司在一定时期主营业务成本与平均存货余额的比率。它用于反映存货的周转速度，即存货的流动性及存货资金占用量是否合理，促使公司在保证生产经营连续性的同时，提高资金的使用效率，增强公司的短期偿债能力。其计算公式为：

存货周转率＝营业成本/平均存货×100%

存货周转率是反映公司在采购、生产和销售三个环节平衡效率的一种尺度。一般来说，存货周转率越高，经营效率就越高，表明公司存货资产变现能力越强，存货及占用在存货上的资金周转速度越快，说明公司生产、销售形势比原来要好了。

因为存货会挤占资金，存货还可能降价。比如说，水果的存货就可能烂掉，服饰、电子消费品等的存货可能过时。当然，并不是所有的公司都有存货压力，比如贵州茅台、五粮液等公司生产酿造的白酒，反而是时间越长，价格越高。

一般来说，存货周转率是越高越好，但也不是太绝对，尤其对成长性公司来说，因为正处于快速发展阶段，提供的产品或者服务受到市场的追捧，这个时候如果存货太少，各个渠道铺货不及时，可能就会影响生产及销售，所以适量的库存是公司持续经营的必备条件。但这个尺度的把握，非常考验公司管理层的水平。

在实践中，存货周转率除了有越多次越好的“次数”观念，我们还会常用的一个数据是根据存货周转率延伸出来的，也就是一个关于“天数”的概念，即存货平均周转天数。实际上，它是存货周转率的另一种表达方式，比存货周转率更直观、更容易理解，其公式为：

存货周转天数＝平均存货/平均日常营业成本

或者，还可以表示为：

存货周转天数＝365/存货周转率

存货周转天数也叫作平均销货天数，就是指这些存货（如原材料、半成品、产成品等）平均在公司的仓库里待了多少天才卖出去。这个概念很容易理解，因为存货在仓库里待的时间，自然是越少越好。在仓库待的时间越短，说明公司的产品越畅销，受到市场的热捧。

接下来，我们分别来看一看恒瑞医药、海天味业、乐普医疗、紫金矿业、永辉超市这5家公司的存货周转率与存货周转天数。详见表8－1。

表8－1　5家公司的存货周转率和周转天数

	营运能力	2018年	2019年	2020年	2021年	2022年
恒瑞医药	存货周转率(次数)	2.57	2.21	1.98	1.79	1.44
	存货周转天数(天数)	140.35	162.97	181.94	201.11	250.55

（资料来源：恒瑞医药2018—2022年财报整理）

	营运能力	2018年	2019年	2020年	2021年	2022年
海天味业	存货周转率(次数)	8.13	7.19	6.75	7.09	7.13
	存货周转天数(天数)	44.30	50.10	53.30	50.78	50.47

（资料来源：海天味业2018—2022年财报整理）

乐普医疗	营运能力	2018 年	2019 年	2020 年	2021 年	2022 年
	存货周转率(次数)	2.33	2.42	2.19	2.47	1.89
	存货周转天数(天数)	154.62	148.85	164.72	145.62	190.04

（资料来源：乐普医疗 2018—2022 年财报整理）

紫金矿业	营运能力	2018 年	2019 年	2020 年	2021 年	2022 年
	存货周转率(次数)	7.80	8.75	9.17	10.19	9.37
	存货周转天数(天数)	46.16	41.13	39.26	35.34	38.44

（资料来源：紫金矿业 2018－2022 年财报整理）

永辉超市	营运能力	2018 年	2019 年	2020 年	2021 年	2022 年
	存货周转率(次数)	8.01	6.51	6.31	6.83	6.81
	存货周转天数(天数)	44.92	55.30	57.02	52.70	52.88

（资料来源：永辉超市 2018—2022 年财报整理）

一、恒瑞医药的存货营运能力

由上表可知，恒瑞医药的存货周转率由 2018 年的 2.57 次/年，逐步下滑到 2022 年的 1.44 次，五年之间存货的经营能力下降了 43.97%。与此相对应的是，其平均销货天数也从 2018 年的 140.35 天，下滑到 250.55 天的在库天数。

对于一家以创新药为主营业务的成长性医药公司来说，存货周转率的逐步下降，以及对应的存货在仓库天数的增加，可能意味着两种情况的发生：一是研发和生产的时间越来越久，技术难度越来越大；二是药品在市场中的竞争愈发激烈，包括集采在内的医改新政的影响。

如果结合其他财报数据来看，恒瑞医药在存货营运能力方面的下降，被其持续大幅增长的营业收入和净利润所覆盖，尤其是在创新药板块上形成的竞争壁垒，完全可以弥补其存货周转率及天数的短板。

但是，既然趋势是呈现下滑，公司的管理层仍应该采取适当措施，针对存货管理进行改善和调整。所以，这仍然是一个不好的信号，需要持续跟踪分析，综合三张财务报表的基本面数据来进行判断，以及商业定性等方面的逻辑推理。

二、海天味业的存货营运能力

作为调味品行业的绝对龙头老大，海天味业的存货周转率从 2018 年的 8.13 次/年，小幅下滑到了 2020 年的 7.13 次/年，存货的营运能力下降了 12.30%。与之对应的是，其存货周转天数，也从 44.30 天下降到了 2022 年的 50.47 天。

在前有堵截（中炬高新等）、后有追兵（千禾味业等）的激烈竞争格局下，海天味业提前多年布局的调味品细分品类，如蚝油、料酒、调味酱等，正在为其贡献营收和利润，与竞争对手拉开越来越大的差距。再结合其持续增长的营收和利润等财报数据的综合分析，海天味业一如既往地保持了自己的竞争优势。

三、乐普医疗的存货营运能力

作为心血管药品和医疗器械的龙头公司，乐普医疗的存货管理最近五年来的表现尽管有小幅下滑，但总体上仍然是相当平稳的，平均存货一年帮公司做了 2.3 次左右的生意。平均在库天数为 160 天左右，这个天数也符合药品和医疗器械行业的市场需求，因为细分行业心血管的病患增加数量是缓慢上升的，不会像超市里的商品，客户天天都上门消费，所以该公司的存货最近几年都在 160 天左右才销售出去。

四、紫金矿业的存货营运能力

从表格中可见，紫金矿业的存货周转率，在 2018 年只有 7.8 次/年，几乎是快速上升至 2022 年全年存货做了 9.37 次，五年时间内存货的经营能力提升了 20.13%。这个优秀的表现，也可以从紫金矿业的平均销货天数（存货周转天数）看出，其由 2018 年的 46.16 天，缩短到 2022 年的 38.44 天。

作为有色金属的头部公司，而且身处于一个典型的强周期行业，其存货周转率和周转天数在持续 5 年的时间里竟然获得了快速提升，的确让人大跌眼镜！这些数据表现也与现实情况比较符合，在国际环境动荡、通货膨胀和供给侧改革的多重刺激因素下，包括黄金在内的大宗商品持续走强，从而也直接拉升了紫金矿业的营收、利润和现金流同步大幅上涨。

五、永辉超市的存货营运能力

作为生鲜行业龙头公司的永辉超市，存货周转率由 2018 年的 8.01 次/年，到 2022 年的 6.81 次/年，五年时间内的存货的经营能力下降了 14.98%，且呈现每年逐步下滑的状况。另外，存货周转天数也由 2018 年的 44.92 天，下滑到 2022 年的 52.88 天的在库天数。

对于一家依靠薄利多销、周转率快速营运的公司来说，存货周转率的大幅下滑，必然会引发总资产周转率的下降，而在资产负债的权益乘数不可能继续上升的情况下，其净资产收益率（股东报酬率）自然也会同步下滑。这是一个危险的信号。

对于存货周转率和存货周转天数，以及从这两个数据折射出的一家公司的存货经营能力，林明樟老师曾经做过如下精辟的总结，可供参考：

一，不管什么行业，任何一家公司的存货能够在 30 天内销售出去，意味着这家公司非常优秀，属于投资者追求的优质公司。比如，每推出一代产品都热销的苹果公司，

2018 年的存货在库天数仅为 7.3 天。

二，如果存货的周转天数介于 30 ~ 50 天，这种公司属于流通行业的模范生，或是拥有热销产品的品牌公司，不然就是代表存货管理能力非常优秀的公司。

三，如果存货的周转天数在 50 ~ 80 天，这家公司的经营能力还算不错。

四，平均存货周转天数介于 80 ~ 100 天，其终端大多属于 B2B 的行业。

五，平均存货周转天数介于 100 ~ 150 天，大多属于工业制造或原物料（比如钢铁、石油等）产品的行业，一般情况下其需求不是太旺盛，或是客户很久才会购货一次。

六，平均存货周转天数大于 150 天，则往往意味着公司的经营能力不佳，要么就是公司所处于比较特殊的行业。比如说，房地产公司的库存天数，因为涉及买地、规划设计、建设盖楼、营销、竣工交楼等复杂的过程，所以通常都在 3 ~ 5 年；比如造船公司的存货在库天数，通常大于 250 天等等。

值得提醒的是，财务报表上的数据，除了公司自己与自己的纵向比较之外，还必须与同行业的平均值进行横向比较，多个角度综合分析解读，才能看出这些数字背后真正的意义。

第二节　应收账款周转率：越多次越好

应收账款周转率，是指在一定时期内（通常为一年）应收账款转化为现金的平均次数。应收账款周转率是销售收入除以平均应收账款的比值，也就是年度内应收账款转为现金的平均次数，它说明应收账款流动的速度。

这个指标主要是在说明：应收账款这个资产，一年内帮公司做了几次生意，越多次数越好。其计算公式为：

应收账款周转率 = 赊销净额/平均应收账款 × 100%
　　　　　　　 = 营业收入/应收账款的平均余额 × 100%

通常情况下，一家公司的销售活动主要采用两种方式进行：一是现销，二是赊销。显然，应收账款是在赊销的过程中产生的，所以计算应收账款周转率时应该采用赊销净额，但因为各种错综复杂的原因，投资者很难获得赊销净额这个数据，所以实践操作中用营业收入进行替代来计算这个比率。

应收账款本身没有任何资金效率，如果能够迅速收回应收账款，既可以补充公司资金，也说明公司信用状况良好，不易发生坏账损失。一般情况下，应收账款周转率越低越好，但如果公司应收账款周转率过高，说明公司的信用政策可能太紧，也许会失去一部分客户，不利于开拓和占领市场份额。

张新民教授曾经说，在计算应收账款周转率、平均收账期等指标时，应要注意以下两点：

第一，该公式是在假设公司应收票据规模不大的前提条件下，在应收票据规模较大的时候，应该采用商业债权周转率；第二，在实施增值税的情况下，销售额的项目还应乘以（1＋增值税税率），这是因为债权中包括销项增值税。

接下来，我们根据就2022年的财务报表数据，挑选出6家指标性公司的应收账款周转率来做比较，详见表8－2。

表8－2　6家公司的应收账款周转率

单位：次/年

项目	恒瑞医药	海天味业	乐普医疗	紫金矿业	宝钢股份	永辉超市
应收账款周转率（次数）	3.51	209.54	5.70	48.74	13.79	178.82

（资料来源：根据6家公司2022年财报整理）

如果用排名的方式来理解应收账款这个资产的经营能力，6家公司由高到低分别是：

海天味业209.54＞永辉超市178.82＞紫金矿业48.74＞宝钢股份13.79＞乐普医疗5.70＞恒瑞医药3.51

通过上面这个简单的排名，我们可以发现下列几个特点。

一，只要是现金交易的行业，应收账款经营能力的表现都会比较好。因为都是用现金交易，所以应收账款这项资产的金额会很少。比如，我们在日常生活中离不开的永辉超市，应收账款周转率的表现就非常优秀，高达178.82次/年。

二，需求强劲的行业，在应收账款经营能力表现也非常出色，比如调味品行业里的“酱油第一股”海天味业，无论是餐饮酒楼，还是个人家庭，都离不开酱油、蚝油、调味酱等，因此该公司的应收账款周转率高达令人吃惊的209.54次/年！这意味着海天味业几乎不存在应收账款，而且都是经销商提前支付的预收款项，与贵州茅台一样受到市场热捧。

三，大宗商品资源股紫金矿业和钢铁行业的宝钢股份，这两家公司的应收账款经营能力非常棒，分别高达48.74次/年、13.79次/年，可能超出了很多人的常规判断，因为它们面对的终端客户并非现金交易的个体消费者，而是可能存在账期的企业。

相较之下，我们原本以为应收账款经营能力应该不错的恒瑞医药和乐普医疗，可能是因国家推行药品集采和市场竞争激烈等原因，导致应收账款周转率远远低于其他4家公司。

一般来说，我们在挑选成长股的时候，要求应收账款这个资产在一年内至少要能够达到6次以上，否则就达不到标准，不能纳入“股票池”。但是，在这个基础上，也会要有考虑到不同行业之间的差异，应收账款周转率不能“一刀切”。

比如说，处于B2C行业的公司，因为几乎都是一手交钱一手交货的现金交易，所以这一类公司的应收账款周转率的表现会非常优秀。而B2B行业的公司，客户都会要求赊销，给予一定时间段的账期，必然导致应收账款周转率要低一些，但大于6次也算是非常不错了。

正是因为不同行业类别的公司，应收账款周转率会明显不同，所以财务专家们又创造出了另外一个更容易理解的指标：应收账款周转天数。

第三节　应收账款周转天数：时间越短越好

作为投资者，我们在日常实践操盘中经常用到的数据是平均收账期，也就是用时间表示的应收账款周转速度为应收账款周转天数，它表示从获得应收账款的权利到收回款项、变成现金所需要的时间。其计算公式为：

平均收账期 = 平均应收账款/平均日赊销额

或者，还可以表示为：

平均收款天数 =365/应收账款周转率

这个指标非常简单，而透过这个简单的指标，投资者可以一眼就看出一家公司应收账款的整体经营管理水平。

举例来说，老喻杂货铺一年的营业收入为400万元，应收账款为70万元，两者相除之后就获得了应收账款的周转率，即5.7次/年。一年周转了5.7次，应收账款周转一次的时间大约是64天，也就是差不多2个月。这就意味着，从公司卖出产品，再到收回所有货款，一共需要64天。

接下来，我们看一看前面6家公司的应收账款周转天数情况，详见表8－3。

表8－3　6家公司的应收账款周转天数

单位：天

项目	恒瑞医药	海天味业	乐普医疗	紫金矿业	宝钢股份	永辉超市
应收账款周转天数	102.44	1.72	63.15	7.39	26.10	2.01

（资料来源：根据6家公司2022年财报整理）

一般来说，B2C行业里大多是采用现金或是接受信用卡刷卡交易的公司，它们的应收账款周转天数通常会小于15天。从上表中可见，永辉超市的平均应收账款周转天数是2.01天，这个统计数字是现金与信用卡机构拨款天数叠加计算的结果。除了B2C行业是采用现金交易外，也有一小部分B2B行业采用现金交易，比如金、银、铜、石油等原物料的行业，所以我们才从上表中看到紫金矿业的应收账款周转天数仅为7.39天，甚至表现得比很多行业还好一些。

但现实是，绝大多数B2B类型的公司，在实施销售的业务往来时，通常会采取赊销的信用交易行为，给予客户一定时间段的账期，所以应收账款周转天数要长一些是正常的。正如前文所说，尽管每个行业之间交易的状况有所差异，但大多数会介于2~3个月，也就是60～90天的结算周期。

有了这个基础参考标准，我们来对应着看看上表中各家公司的表现。

海天味业、紫金矿业和永辉超市，这三家公司的应收账款周转天数分别是1.72天、7.39天、2.01天，属于非常优秀的变现。尤其是海天味业，不仅不占用任何资金，几乎都是依靠预收款项和应付款项等别人的钱来做生意，不用支付任何利息，即可赚得盆满钵满。

宝钢股份、恒瑞医药和乐普医疗，这三家公司的应收账款周转天数分别是26.10天、102.44天、63.15天。其中，宝钢股份的表现非常不错，相当于刷信用卡的机构拨款的天数，比业界平均值更早就能够收到客户的货款（变成现金）。

但有些令人诧异的是，大白马股恒瑞医药和后起之秀乐普医疗的应收账款周转天数表现比较差，也就是说它们公司的产品竞争激烈，面对的下游客户如医院都是很强势的，自然账期会长一些。尽管它们的平均应收账款周转天数也算是在平均值附近，但用常识来判断，说明这两家公司的应收账款管理能力，还有很大的进步空间。

事实上，除了与其他公司进行比较之外，财务报表中的数据也可以自我比较，尤其是应收账款周转天数，需要至少看三年以上的表现情况。总体来说，一家公司如果经营稳健，应收账款周转天数会比较稳定，不会有太大的起伏；如果每一年都能够逐步改善，就值得表扬了。

第四节　公司经营的完整周期

我们知道，任何一家公司的经营活动都是从现金到现金的循环，能够非常鲜活地描述公司的经营状况，即“投入资金——采购原材料——生产产品——销售产品——收回现金”。

采购原材料，可能是预付款，可能是一手交钱、一手交货，还可能是先拿货、再付款。

通常情况下，采购原材料之后不会马上投入生产，而是要先存放在仓库里。这个存放时间的长短，就体现出一家公司的规划和运营能力。

将原材料生产制作成产品的过程中，投入的资金是以在产品的形式存在的，而存在时间的长短，取决于公司管理层的生产管理水平。

产品生产出来后（产成品），一般都不会立即卖掉，而是又一次存放入仓库。产成品在仓库中存放时间的长短，反映出公司的销售能力。

产品卖掉后，大多数情况下会变成应收账款，账期过后，公司才能拿到现金。当然，极少数的公司也可能会先向客户预收款、再发货。

以上的整个过程，可以通过对应的资产、负债项目的周转率，清楚地计算整个公司一个现金循环所需要的平均天数。简单点说，通过前面的存货周转和应收账款经营能力的学习，把它们放在一起，就能发现一个很多人阅读财务报表时所缺少的概念：公司经营的完整周期。

我们可以通过这样一个公式来表示：

公司经营的完整周期 = 存货周转天数 + 应收账款周转天数(平均收账期)

一家公司从采购原材料、投入生产，到产品生产完成存放入仓库，再到销售掉产品，最后收回客户的货款，这个流程几乎是99%的公司都必须经历的，这一整个流程就叫作公司经营的完整周期。

任何一家公司都不是独立存在的，它一定会跟很多供应商、经销商或客户打交道。所以在经营活动过程中，公司可以借力使力，要求上游供应商提供采购原材料或货物的付款账期，比如先货后款，货到后60天、90天才付款。这相当于公司向供应商免费借钱来用60天、90天甚至更长的时间（账期），用供应商的钱来做生意。

用公司经营的完整周期减去应付账款天数之后，就是一家公司至少需要自己准备这么多天的营运资金，才能保证公司的正常经营，专业术语叫作“现金转换周期”。用林明樟老师的话来说，就是“缺钱的天数”，这样大家就更容易理解了。我们用一个公式来进行解读：

公司经营的完整周期 = 存货周转天数 + 应收账款周转天数(平均收账期)
= 应付账款天数 + 现金转换周期(缺钱的天数)

接下来，我们选择3家代表性公司，用公司经营的完整周期进行分析解读，大家可能会更直观了解了。详见表8－4至表8－6。

表8－4　海天味业的应收账款周转天数和存货周转天数

单位：天

		2022年	2021年	2020年
海天味业	应收账款周转天数	1.72	0.70	0.35
	存货周转天数	50.47	50.78	53.30

（资料来源：根据海天味业2020—2022年财报整理）

表8－5　紫金矿业的应收账款周转天数和存货周转天数

单位：天

		2022年	2021年	2020年
紫金矿业	应收账款周转天数	7.39	2.87	2.19
	存货周转天数	38.44	35.34	39.26

（资料来源：根据紫金矿业2020—2022年财报整理）

表 8 – 6　永辉超市的应收账款周转天数和存货周转天数

单位：天

		2022 年	2021 年	2020 年
永辉超市	应收账款周转天数	2.01	1.83	2.78
	存货周转天数	52.88	52.70	57.02

（资料来源：根据永辉超市 2020—2022 年财报整理）

从上述 3 个表格可以看出，以各自 2022 年财务报表数据为例，海天味业平均 52.19 天就可以完成一个做生意的周期，紫金矿业公司的完整经营周期约为 45.83 天，永辉超市经营的完整周期为 54.89 天。

通常情况下，我们对成长性公司的完整经营周期小于 60 天，看作是一家经营能力不错的公司，就好像海天味业平均 52.19 天，便可以完成一个经营的完整周期。当然，这个天数越少越好。

进一步来说，假设海天味业、紫金矿业、永辉超市这三家公司，向供应商采购原材料或者货物时，可以在 90 天后才需要付款。也就是应付账款天数 = 90 天。结合前面讲到的概念：

公司经营的完整周期 = 存货周转天数 + 应收账款周转天数（平均收账期）
= 应付账款天数 + 现金转换周期（缺钱的天数）

根据上述公式计算，这三家公司经营的完整周期，分别如下：

海天味业公司经营的完整周期 = 存货周转天数 + 应收账款周转天数
= 50.47 + 1.72 = 52.19 天
= 应付账款天数 + 现金转换周期（缺钱的天数）
= 90 + (37.81) = 52.19 天

紫金矿业公司经营的完整周期 = 存 38.44 + 7.39 = 45.83 天
= 应付账款天数 + 现金转换周期（缺钱的天数）
= 90 + (44.17) = 45.83 天

永辉超市公司经营的完整周期 = 存货周转天数 + 应收账款周转天数
= 52.88 + 2.01 = 54.89 天
= 应付账款天数 + 现金转换周期（缺钱的天数）
= 90 + (35.11) = 54.89 天

从上面计算的这些数据，可以分析出这三家不同行业、商业模式迥异的公司，却有着几个成长性好公司的共通性：

一，天天都收现金。

二，公司经营的完整周期不到 2 个月，也就是说不到 60 天就能做一次生意。

三，我们把应付账款天数假设为 90 天，这三家公司缺钱的天数是负数，代表以它们目前的规模，不需要任何资金就可以继续经营生意了。

四，具备长期稳定盈利能力。

实际上，除了通过公司的纵向分析外，透过公司经营的完整周期概念，还可以分析同行业的竞争对手的表现。把数据分析一对比，就能够知道彼此的经营实力差距有多大。

第五节　总资产的整体经营能力

一家公司的经营能力，除了看存货和应收账款这两个资产的管理效率之外，另一个重要的关键性指标是这家公司的总资产的整体经营能力，即总资产周转率。

总资产周转率，又称为“总资产周转次数”，它是公司一定时期的营业收入与平均资产总额之比，衡量资产投资规模与销售水平之间配比情况的指标，反映的是一家公司全部资产的利用效率。其计算公式为：

$$\text{总资产周转率} = \text{营业收入}/\text{资产总额} \times 100\%$$

总资产周转率可以粗略地计量公司资产创造收入的能力，是考验一家公司长期运营效率的非常重要的指标，公司有多少资产不重要，能不能赚钱最重要，所以它也能反映出管理层资产运营的能力。

资产能够带来的营业收入越大，就代表越是优质的资产。在现实中，有不少公司的资产表面看起来很多，但是利用率极低，营业收入也很低，这足以说明这家公司的资产并不优质，也许只是虚胖。

一般来说，资产的周转次数越多或者周转天数越少，表明公司周转速度越快，营运能力也就越强。通过不同的公司，或公司在不同阶段该指标的对比分析，可以反映出公司在本年度以及此前年度总资产的营运效率和变化轨迹，发现公司与竞争对手在资产利用上的差距，促进公司挖掘潜力，提高资产利用效率，从而助推产品抢占更大的市场份额。

通过对公司总资产周转率的考察，公司可以最大限度降低与营业活动无关的资产，优化整体资产的结构。需要注意的是，如果这家公司对外投资规模比较大的时候，平均总资产应该剔除并不引起主营业务收入增加的各项投资性资产。

以A餐厅为例，假设其一年的营业收入为500万元，平均资产总额为800万元，也就是负债+股东权益约为800万元，两者相除之后就得到了总资产周转率，为0.63次/年，也就是说公司所有的资产在一年时间内无法周转一次。这个周转率是比较低的，说明资产中沉淀了太多与营业收入不相干的资产，营运效率较低。

就国内的相对比较优势而言，我们的重资产型的传统制造业，其前期投入巨大，尤其需要强化总资产周转率，因为传统制造行业的毛利率比较低，能够赚到的利润微薄，比如国内传统汽车行业老大上汽集团的毛利率为10%左右，净利率仅为4%。所以，必须充分有效地运用公司投入的总资产来创造收入，否则就会造成太多的资产被闲置和浪费掉。一般情况下，传统产业的总资产周转率至少要大于1。

有的行业利润来源，主要是通过让商品或服务快速流动，也就是提高周转率，才能在利润不高的情况下赚到钱，比如生鲜超市、零售流通等行业，像这种类型的公司的总资产周转率通常要大于2。

多数情况下，只要总资产周转率介于1~2之间，基本上都是属于营运正常的公司。具体来说，如果一家公司的总资产周转率约等于1，说明这家公司的总资产营运能力一般；如果总资产周转率约等于2，而且不是上述的生鲜超市、零售流通行业，说明这家公司的经营能力非常优秀。

大家可能注意到了，在平常挑选股票的投资过程中，还有一种情况比较普遍，那就是很多公司的总资产周转率小于1。以上述A餐厅为例，投入800万元的总资产，该年度却只带来500万元的营业收入，所以其总资产周转率只有0.63次/年。

我们先来看一看前文6家公司的总资产周转率，详见表8-7。

表8-7　6家公司2022年底的总资产周转率

项目	恒瑞医药	海天味业	乐普医疗	紫金矿业	宝钢股份	永辉超市
总资产周转率（次）	0.52	0.76	0.47	1.05	0.95	1.35
总资产周转天数（天）	690.56	473.71	766.57	342.67	379.77	266.64

（资料来源：6家公司2022年财务报表整理）

就总资产周转率而言，6家公司由高到低分别是：

永辉超市1.35 > 紫金矿业1.05 > 宝钢股份0.95 > 海天味业0.76 > 恒瑞医药0.52 > 乐普医疗0.47

在表8-7中，最让人感到惊讶的是海天味业的总资产周转率仅为0.76，也就是说该公司所有的资产在一年时间内还没有周转一次，这与该公司的其他指标不太协调，也与大家的常规认识完全相反。

其次是身处于医药医疗赛道的恒瑞医药和乐普医疗，即使它们的创新药研发投入巨大，但仅为0.52和0.47的总资产周转率是比较低的，从另一个侧面说明资产中堆积了很多与营收并不相干的资产，营运效率较低。

通常情况下，总资产周转率小于1，往往意味着这家公司可能是资金密集型的行业，每年的资本开支比较大，属于烧钱的行业。比如，飞机制造、船舶制造、半导体、金银铜铁与石油等原料行业，都是属于资本密集行业。

当然，即使每年需要从利润中支出数额巨大的资本开支，持续不断地烧钱，但并不意味着这种行业或者公司就不能投资，尤其是处于成长阶段加速发展的成长性公司。只要它们保持持续稳定的成长，能够不断地提高营收、利润和现金流，也就是一边在烧钱，一边在创造良性的现金流入，逐渐形成自己具有持续竞争力的优势。

反之，如果明明在烧钱，账上却没有钱，或者像乐视那样自身无法创造经营性现金流入，而是长期依靠股东投资或者融资借贷，不仅加重公司的负担，而且一旦景气突然变化或者反转时，很容易就导致危机的发生。

投资者在通过财务报表选股时，如果看到一家公司的总资产周转率小于1，应该可以明确：这是一家资金密集型的公司。然后，马上去察看该公司账户上持有的货币资金及可快速转换为现金的可交易性金融资产（统称为“现金”），考察其现金在总资产的占比至少大于25%。手上的现金当然越多越好，这样才能够抵挡经济周期或者公司景气波动造成的现金流断裂的风险。

我们再来复盘一下上述6家公司的实际财务状况，详见表8－8。

表8－8　6家公司的实际财务状况

项目	恒瑞医药	海天味业	乐普医疗	紫金矿业	宝钢股份	永辉超市
总资产周转率（次）	0.52	0.76	0.47	1.05	0.95	1.35
现金占总资产比例	42.19%	71.35%	23.46%	8.28%	6.78%	13.69%

（资料来源：6家公司2022年财务报表整理）

在上表中，紫金矿业、永辉超市的总资产周转率都大于1，而恒瑞医药、海天味业、乐普医疗、宝钢股份这4家公司的总资产周转率小于1，它们都属于资本密集型的公司。我们需要进一步分析这4家公司手上持有的现金在其总资产中所占比例是否大于25%。

结果显示，海天味业和恒瑞医药手上持有的现金分别占总资产的比例为71.35%、42.19%，远远大于标准值25%。但令人担忧的是紫金矿业和宝钢股份，其现金在总资产中的占比分别仅为8.28%、6.78%，远远低于标准值25%，也就是说它们一旦遭遇经济周期或者公司景气波动造成的现金流断裂风险时，很容易发生危机。

第六节　两个辅助考察指标

如果投资者有充足的时间和精力针对成长股的经营能力考察，还可以从以下两个辅助指标入手进行分析，但基本不会影响上述指标形成的判断。

一、流动资产周转率

流动资产周转率，又称为流动资产周转次数，是指一定时期内营业收入与流动资产平均余额的比率，反映了流动资产周转速度和流动资产利用效果。其计算公式为：

流动资产周转率 = 营业收入/平均流动资产 ×100%

其中，平均流动资产 = (期初流动资产 + 期末流动资产)/2，而营业收入通常是指主营业务收入。流动资产周转率反映了公司流动资产的周转速度，是从公司全部资产中流动性最强的流动资产角度对公司资产的利用效率进行分析的财务指标。

一般来说，流动资产周转率越高，说明公司流动资产周转速度越快，资源利用越好。在较快的周转速度下，流动资产会相对节约，在一定程度上增强了公司的盈利能力；而周转速度慢，则需要补充流动资金参加周转，会形成资金浪费，降低公司的盈利能力。

如果公司的流动资产周转率不高，要么是公司的市场出现了问题，要么是公司的流动资产结构出了问题：当公司的存货、货币资金增加过快时，这些存货和货币资金不可能带来增量的营业收入。

这种情况下，如果要实现加快流动资产周转速度的目标，就要以营业收入增幅高于流动资产增幅做保证。通过该指标的对比分析，可以充分有效地利用流动资产，如降低成本、调动闲置货币资金用于短期投资创造收益等，还可以促进公司采取措施扩大销售，提高流动资产的综合使用效率。

举例来说，张三大排档一年的营业收入为400万元，流动资产为350万元，两者相除之后就获得了流动资产的周转率，为1.1次/年。流动资产的周转率，其实是由各项流动资产周转率加权平均决定的，按它们在总资产中所占比重来加权。

二、固定资产周转率

固定资产周转率，也称为固定资产利用率，是公司全年营业收入与固定资产净值的比率，表示在一个会计年度内固定资产周转的次数，或者表示每1元固定资产投资支持的销售收入。计算公式为：

固定资产周转率 = 营业收入/固定资产平均净值 ×100%

其中，固定资产平均净值 = (期初固定资产 + 期末固定资产)/2，而营业收入通常是指主营业务收入。固定资产周转率主要用于分析对生产厂房、机器设备等固定资产的利用效率，比率越高，说明利用率越高，管理水平越好。

如果公司的固定资产周转率与同行业平均水平相比偏低，则说明公司对固定资产的利用率较低，要么是公司的市场出现了问题，要么是公司固定资产的规模和结构出现了问题，比如说当固定资产的规模在不断增加、结构变化与公司的市场经营活动没有关系时，那么公司增加的固定资产不可能带来增量的营业收入，最终可能会影响公司的获利能力。

还有一种情况，当固定资产周转率出现了忽高忽低的变化时，一定不能直接认为公司的运营能力在短时间内出现调整，需要进一步综合各种数据，来分析固定资产净值组成项目是否在这个阶段有异动后再做出判断。

举例来说，李四连锁餐厅一年的营业收入为400万元，固定资产为580万元，两者相除之后就获得了固定资产周转率，为约0.69，也就是说花费一年时间还无法周转一次。这种情况在重资产行业里比较普遍。

第九章

从发展能力考察成长股的未来前景

一家现在优秀的公司，并不意味着未来一定继续优秀，明天、后天将会如何？是否具有持续竞争优势并稳定地赚钱？成长性指标是一种用来衡量公司发展速度的重要指标，反映出公司在未来可能的发展前景和态势。

一家公司是不是赚钱要看盈利能力，债务状况要看偿债能力，经营管理要看营运能力。但遗憾的是，这些数据和指标都是像拍摄的“照片”一样定格在某一个时间段内，或者说都是归纳总结的过去和现在的情况，并没有反映出未来的发展前景。

对投资者来说，大家不仅关心上述提到的这些财务指标，还关心这家公司未来的持续成长前景。一家现在优秀的公司，肯定是偿债、盈利、营运三个能力都很不错的，但是明天如何？后天怎么样？未来还能不能具有持续竞争优势并稳定地赚钱？这些就是公司的发展能力，或者叫作成长能力分析的重点。

美国著名的管理学家伊查克·艾迪思曾经提出一个非常经典的理论——企业生命周期，任何一家公司的发展轨迹，总结起来不外乎四个阶段：初创期、成长期、成熟期和衰退期，详见图9－1。

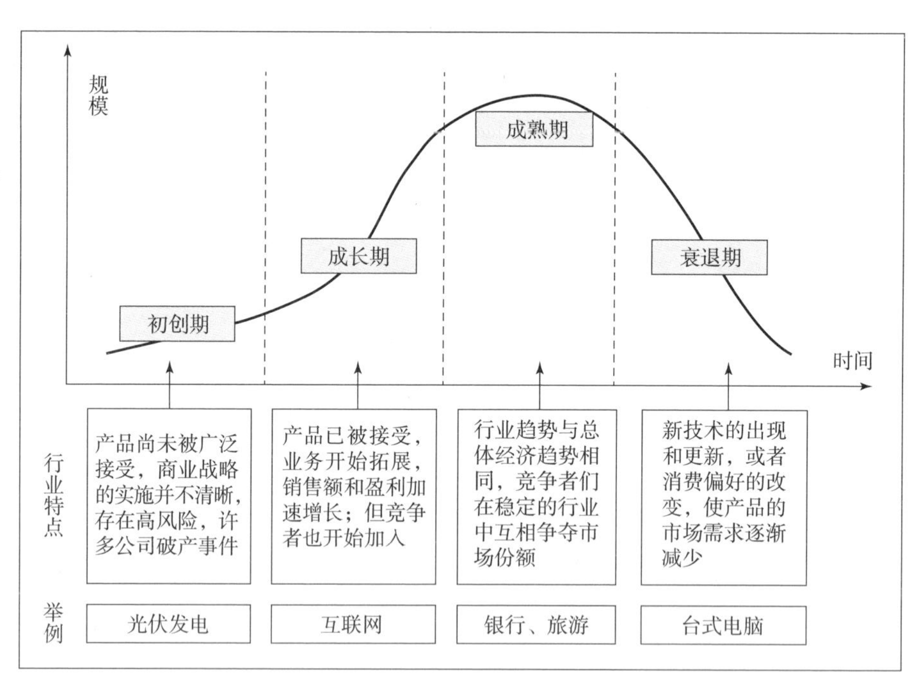

图9－1　企业生命周期

作为投资者，如果让你选择入股一家公司，你会更倾向于哪个阶段导入呢？答案大概率是第二个阶段——成长期。原因很简单，任何一家公司在初创的时候，因为提供的产品或者服务尚无法确定是否能够满足市场需求，突然死亡或破产倒闭的风险非常大，从而让投资充满了动荡的不确定性。

因此，理性而成功的投资，是在这家公司跨过了生死存亡的严峻考验之后，也即其提供的产品或服务能够解决客户的痛点与需求，受到市场的追捧。这一段曲线最陡峭，也是公司发展增速最快的时候，甚至在这个成长过程中，逐渐建立和形成了自己的技术或者品牌等某些优势，从而修筑起自己的“护城河”，让竞争对手难以攻破。

这些公司的产品或服务在市场上的竞争力很强，所以在未来就具有成为大公司的潜力。相应的，随着这些成长性公司的业绩高速增长，盈利与估值自然也会跟着水涨船高，迎来“戴维斯双击”，让投资者获得超额收益。

发展能力是一种用来评估公司成长发展速度的重要指标，上市公司发展能力分析的目的在于考察公司在未来一定时期内的经营能力的发展状况，它主要包括主营业务收入增长率、净利润增长率和市盈增长比率这三个核心指标。

第一节　主营业务收入增长率：核心增长趋势

主营业务收入增长率也称为主营业务增长率或者营业收入增长率，是公司营业收入增长额与上一年营业收入总额的比率，反映公司营业收入的增减变动情况。即本期的主营业务收入减去上期的主营业务收入之差，再除以上期主营业务收入的比值。其计算公式如下：

主营业务收入增长率＝(本期主营业务收入－上期主营业务收入)÷上期主营业务收入

举例来说，A公司2021年的营业收入是100亿元，2022年的营业收入是130亿元，那么营业收入额增长了30亿元，而营业收入增长率则为30亿元除以100亿元，等于30%。

通常情况下，具有持续成长性的公司大多数都是主营业务突出、经营比较专业的公司。主营业务收入增长率越高，说明公司产品越有竞争力，业务扩张能力强。该指标持续上升，说明公司的竞争力越大，公司股票属于典型的成长股。相反，公司的营业收入增长率越小，证明公司的竞争力在下降。

主营业务收入增长率大于零，说明公司的营业收入增长率呈正增长，公司的销售规模有所扩大，在销售毛利率等其他指标不发生变化的情况下，也会拉动公司的最终盈利出现同比增长。

主营业务收入增长率小于零，则说明公司出现了负增长，公司的经营状况出现了重大问题。如果营业收入增长率连续两年以上下滑超过30%，说明这家公司主营业务大幅滑坡，存在较大变数，应该引起投资者的高度警惕。

进一步具体分析，如果公司的主营业务收入增长率保持在15%以上，意味着这家公司的产品处于成长期，将继续保持较好的增长势头，没有面临产品更新或者竞争对手的打压，属于典型的成长性公司。

如果主营业务收入增长率稳定在7%～15%之间，说明公司已经进入成熟稳定期，不久之后将不得不面临进入衰退期的问题，公司需要投入研发开发新产品来满足市场的升级换代。

如果主营业务收入增长率连续低于5%，说明公司的产品进入了衰退期，同时可能遭遇竞争对手的挤压，试图继续保持市场份额已经很困难，如果公司没有开发新产品，将不得不进入残酷的衰退期。

我们来看一看调味品行业的千禾味业公司2017—2020年主营业务收入增长情况，详见图9－2。

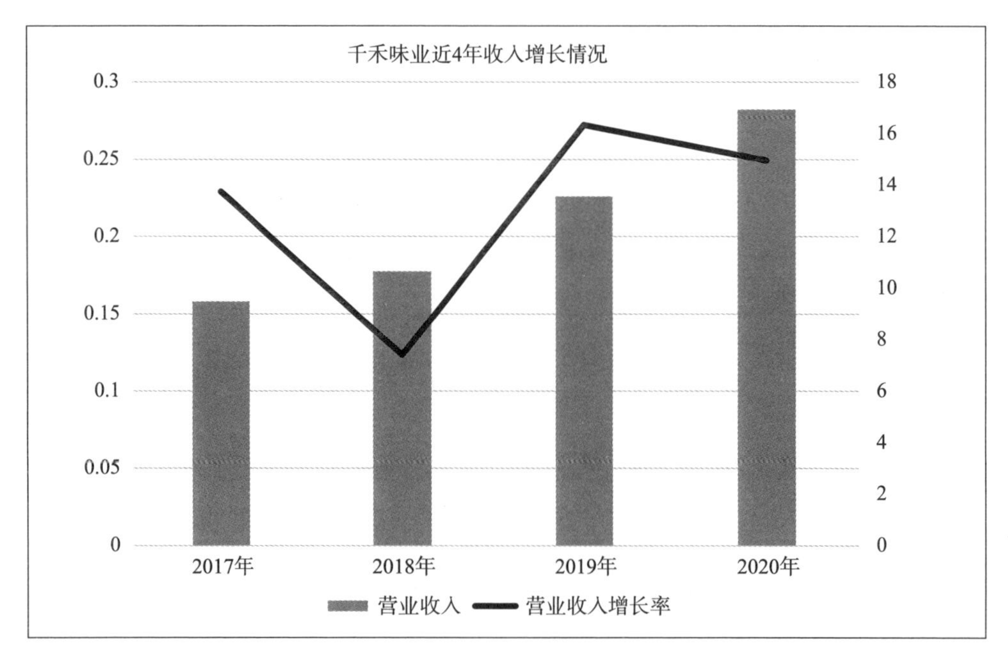

项目	2017 年财报	2018 年财报	2019 年财报	2020 年财报	2021 年财报	2022 年财报
营业收入（亿元）	9.48	10.65	13.55	16.93	19.25	24.36
营收增长率（%）	22.90	12.34	27.23	24.94	13.70	26.55

图9－2

（资料来源：千禾味业2017－2022年财务报表整理）

从图9－2可见，在2017年至2022年这6年时间内，千禾味业的主营业务收入增长率分别为22.90%、12.34%、27.23%、24.94%、13.70%和26.55%，基本上都保持了平均约22%的增长，说明千禾味业的酱油、醋、调味酱等产品处于快速发展的成长期，而未来也可能将继续保持较好的增长势头，属于典型的成长性公司。

接下来，我们将千禾味业与同行业的其他几家竞争对手进行横向比较，看一看各自的营收增长率情况，详见表9－1。

表9－1　3家公司2022年的营收增长率比较

项目	千禾味业	中炬高新	海天味业
营业收入(亿元)	24.36	53.41	256.10
营收增长率(%)	26.55	4.41	2.42

(资料来源:3家公司2022年财务报表整理)

一目了然，在这4家调味品竞业公司的营收中，千禾味业的营收为24.36亿元，无疑是最少金额的，但其营收增长率连续数年保持了22%以上的高增长，即使是在新冠肺炎疫情蔓延的2020年，千禾味业的营收增长率仍然保持了24.94%，似乎并没有受到影响。

最让人惊奇的，应该算是龙头老大海天味业，其以227.9亿元的营收金额遥遥领先，比其他三家竞争公司的总额还高出好大一截。但即使是在营收规模庞大的情况下，海天味业继续保持了2.42%的小幅增长，一旦调整经营策略、渠道开拓等方式，仍可能快速拉升营收和利润，毕竟市占率多年来在同行中遥遥领先，仍然具备成长股的状态和优势。

在投资实践过程中，营业收入增长率这个指标还具有以下作用；

一，营业收入增长率应跟毛利率、净利率等指标联系起来综合分析。如果营业收入增长较快，但利润增长却比较缓慢，可能意味着公司规模和成本的扩大，需要持续的资本开支投入。这种情况说明公司的内生增长性不足，需要通过扩大多种渠道等方式来完成销售目标，一旦成本降低下来，规模也就跟着下来了，主营业务收入增长率也将随之下降。

二，营业收入增长率可以用来预测股价走势。优质的上市公司一般会保持较高的营业收入增长率，比如长期稳定在15%以上，这种公司的股价稳定性较强。成长性公司的营业收入增长率表现为增长的趋势较长，估值也被预期较高，因此股价波动幅度往往较大，但只要持续保持高增长，股价也是持续上涨的。

三，营业收入增长率是选股的重要标准。作为价值型的成长股投资者，将营业收入增长率作为主要的参考指标来选择优质的成长股，以保证投资的大概率确定性。因为，挑选出来的这些公司的营业收入增长率趋于稳定，高于行业平均水平。

不少投资者一般只看营业收入一两年的短期增长率，巴菲特则更看重长期持续的增长率。每当分析及预测未来盈利时，他总是会从过去5年、10年等长周期来考察营收增长率的演变轨迹。而在具体分析时，巴菲特也有自己的一套推理逻辑，他会从以下两个方面来进行解读：

一，将营业收入增长率与盈利增长率进行比较，分析增长的含金量。

二，将营业收入增长率与市场占有增长率进行比较，分析竞争优势的变化。

由此可见，营业收入增长率不仅仅代表盈利，还可以分析出公司在市场中的处境。

第二节　净利润增长率：股价上涨的驱动力

净利润增长率，即本年度净利润减去上一年度净利润之差，再除以上一年度净利润的比值。它的计算公式如下：

净利润增长率 =（本年度净利润 - 上一年度净利润）÷ 上一年度净利润

净利润是一家公司经营业绩的最终结果。净利润的连续增长是公司成长性的基本特征，假如增长幅度较大，说明公司经营业绩突出，产品的市场竞争力强，形成了持续的竞争优势。反之，净利润增幅较小甚至出现负增长，自然也就谈不上具有成长性了。

因为我们寻找的是成长性较好的个股，所以净利润增长率采用过去 3 年净利润增长率的均值，它代表了公司长期持续增长的能力，其核心逻辑在于具有长期持续增长能力的公司，往往处于高速成长的前期，未来营业收入、净利润持续增长的确定性更高。

通过更长时间的预期周期来考察净利润增长率，可以很好地排除掉一些周期性行业的净利润变化波动起伏的问题。比如，房地产、钢铁、汽车等行业都是强周期行业，它在某些年度的业绩增长能够高达 300%，然而一旦经济周期进入不景气阶段，它的业绩会呈现出断崖式暴跌，净利润增长率可能是 -200%。在这种情况下，这些数据几乎都是失真的，没有任何参考和分析价值。

我们以国内临床 CRO 龙头公司泰格医药为例，来看一看它在 2016—2022 年期间的净利润增长的变化情况，详见表 9 - 2。

表 9 - 2　泰格医药 2016—2022 年净利润增长变化

项目	2016 年	2017 年	2018 年	2019 年	2020 年	2021 年	2022 年
净利润(亿元)	1.57	3.32	5.07	9.75	20.29	33.92	22.72
净利润增长率(%)	-9.77	111	52.71	92.31	108.1	67.18	-33.02

（资料来源：泰格医药 2016—2022 年财务报表整理）

从表 9 - 2 可见，作为国内 CRO 行业头部公司之一，泰格医药的净利润及其增长率连续多年实现了跨越式的成长，仅在最近的 6 年时间内，几乎每年都在持续高速增长，其中 2017 年、2020 年这两年内的增长率分别高达 111%、108.1%！

我们在挑选成长股时，用净利润增长率指标来考察公司，如果只是短暂的查看一年时间甚至几个季度内的变化情况，极有可能看到的数据是失真的。比如在 2016 年，泰格医药的净利润及净利润增长率出现了 10% 左右的下滑，如果以此去做分析比较，极可能认为这家公司没有连续稳定的净利润增长率，不具备成长性，从而错失掉一只成长性十足的大白马股。

但是，如果我们拉长时间来看，2016 年下滑约 10% 仅仅是泰格医药持续多年高速增长过程中的一朵小浪花，还可以认为是其在为后来数年高速增长做铺垫，一次性成本出清。所以，至少持续3年以上的净利润增长率变化考察，做纵向比较，投资者就会发现这是一只成长性极好的优质股：连续6年来，净利润增长率平均高达63%以上。

所以，在使用净利润增长率考察成长股的发展前景时，净利润的计算周期的选择很关键。一般来说，我们建议公司的周期选择用年净利润作为基准，至少3年以上的连续纵向比较，才能较好地反映一家公司的持续成长和盈利能力，用它来判断公司的成长性比较准确。

投资者需要注意的是，任何一家公司都不可能永远每年保持增长，总会在成长过程中的某一些年份里遭遇到波动起伏，比如说突然高速增长，然后又回到原来的增长轨道。在我们的实践操盘中，这种偶发性变动通常会在计算中删除掉，避免产生偏差。而且，我们建议投资者在挑选成长股时，千万不要短暂地考察一两年的数据就仓促做出判断，而是“风物长宜放眼量”。

基于此，在利用净利润增速这个指标挑选成长股时，投资者还需要分析一些异常因素，这些异常因素可能会导致增长率的失真，甚至其背后存在“伪成长”。具体来看，主要是警惕如下4个“陷阱”。

1. 偶发性暴涨

一家公司原本的净利润及其增长率表现平常，但是某一年或者某几个季度突然出现“暴涨”，比如因为新冠肺炎疫情导致生产和销售口罩、一次性手套等产品的金发科技，其2020年业绩突然之间增长了200%，这种现象称之为偶发性暴涨。按照以往的实践经验，这种大幅度的急剧变化不符合正常逻辑，持续性比较差，再回到原来的增长轨道概率较大。

2. 净利润“虚”增

投资者在通过财务报表的各种数据分析一个公司时，如果只是简单地以营收、净利润等高增长来预测和判断它未来的成长性，有可能会掉入净利润“虚”增的“陷阱”。什么意思呢？就是说有的公司表面上看起来高速增长，按理其净资产收益率（ROE）在不增资的情况也该同步上升，但相反时净资产收益率却原地徘徊甚至下降。显然，这种高增长并不牢固，公司净利润增长率比较“虚”，不是靠内生性净利润支撑，而是依靠不断扩充资本金等方式来实现。

3. 主业不好被掩藏

一家公司如果不是依靠主营业务收入来实现业绩增长，而是非主业的多元化投资等方式拉动，我们习惯将这种公司形容为“不务正业”。一般来说，主营收入增长率与净利润增长率之间是一个正相关性。但是，有些公司的净利润增速较快，而主营收入增速却很低或者为负，它可能意味着这些公司的主营业务处于萎缩或更糟糕的状态，其发展缺乏内生动力的支撑。净利润增长率之所以出现增长，其实是依靠投资收益、政府补贴等贡献，主营业务面临困境的事实却被表象上较高的净利润增速所“掩藏”。

4. 比较数据藏“猫腻”

净利润增长率代表的是公司当期净利润比上一期净利润的增长幅度，因此，公司上期净利润额是一个重要的参考指标，也是一个需要关注的核心因素。值得警惕的是，有许多公司本期净利润额较高，但上期净利润额很低甚至为负，这也就容易导致本期净利润增速看起来非常高，从而跻身“高成长”行列。

我们简单做一个小结。投资者要对A股市场中的公司的平均增长率水平（主营业务收入增长率与净利润增长率）有一个基本的概念，大部分年份的增长率在5%~10%区间。如果一家公司每年的增长率为10%左右，从成长性来说，它是一家普通公司。如果一家公司持续多年的增长率为20%以上，我们就把它称为高成长公司。

当然，我们不仅要纵向比较，而且还应该放眼整个A股市场，将目标公司和同行业公司做具体数据的比较。比如说，同行业公司的增长率都在40%以上，那目标公司即使是30%的增长率，也算是低速增长了。

第三节　市盈增长比率（PEG）：发现下一只“茅台股票”

每股市盈率是衡量一个投资者愿意为自己所挑选公司未来的成长付出多少钱，以及其他投资者已经支付了多少钱（即每股收益的多少倍）的指标。

市盈率指标（PE），其实质是相对于公司利润的一种溢价形式。尽管这是一个简单而粗放的选股方法，但市盈率已经是评估成长股是否值得买入的使用最为广泛的指标。实际上，这个指标隐含的更重要的信息，是我们所要挑选的这家公司的市盈率与其预期的每股收益增长率之间的关系。

吉姆·斯莱特将这个新指标称为市盈增长比率，简称市盈增长率（PEG）。

从另一个方面来说，对于我们挑选的成长股，即使各个指标都符合要求，但仍然不一定适合我们买入，因为它可能已经被炒作得太高了，价格远远超过了成长性在内的价值。所以，我们在基本面数据的基础上，要看它的估值是否合理，是否低估。

这个时候，我们也将要用到市盈增长比率，即PEG这个指标，这也是给成长股估值最核心和最重要的指标。

所谓PEG，即是用公司的市盈率（PE）除以公司未来3年或5年的预期增长率。市盈率（PE）仅仅反映了一只股票当前的价值，市盈增长率（PEG）则把股票当前的价值和其未来的成长联系起来了。

假设一家公司当前的市盈率PE为20倍，其未来每年的预期每股收益复合增长率为20%，那么其市盈增长比率即PEG就是20/20 = 1.0。当PEG等于1时，表明市场赋予这只股票的估值可以充分反映其未来业绩的成长性。

这家公司如果增长率达到更具吸引力的30%，则市盈增长比率将是20/30 = 0.66；

如果增长率是相对比较差的 10%，市盈增长比率就是 20/10 = 2.0。

著名基金经理彼得·林奇非常推崇 PEG，这个指标也被广泛使用。PEG = PE/G，G 为这家公司的净利润增长率。一般情况下，PEG 小于 1 时，代表可能股价被低估，越小则低估越多，反之大于 1 时，越大则高估越多。

PEG 指标基本上只适用于“正常增长”的成长股，即未来几年可预测性强、净利润复合增速大于 15% 的成长型公司。太低的增速，比如年复合增长 5%，已经不是成长股了，PEG 指标毫无意义。市盈率 5 倍，不需要增长，如果长期预期都保持稳定、不出现负增长，那近似于年化收益率 20%。

其次，许多周期性公司预测大幅增加的每股收益，是因为恰逢经济周期的景气阶段，在大多数时候都只是昙花一现，一旦切换到整体经济下滑，其业绩会立即断崖式暴跌，不具备可持续性，因此应用市盈增长比率概念将会产生谬误且毫无意义的计算结果。

任何一家公司，都会因为它本身的商业模式、行业格局、成长周期以及盈利能力等因素的不同，才导致它们的合理估值区间也不尽相同。但任何一家公司，都会必然存在一个合理的估值区间。

上述假设的一家公司的估值 PE 在经历股价的上涨后从 20 倍提高到了 40 倍，而净利润增速预期依然是 20%，那么它此时的 PEG 就是 2。如果投资者在 40 倍的估值高位时买入这家公司，未来它的估值如果向 30 倍的合理估值回归，那么就必然会侵蚀利润增长对股价的贡献。

如果我们在 PE 为 20 倍或者更低时买入，即使净利润增速保持不变，但我们依然可以享受 PE 从 20 倍上升到 40 倍（甚至更高）所带来的潜在收益。

我们以大白马成长股欧普康视为例，来说一下关于 PEG 的变化情况及其股价走势，详见图 9－3。

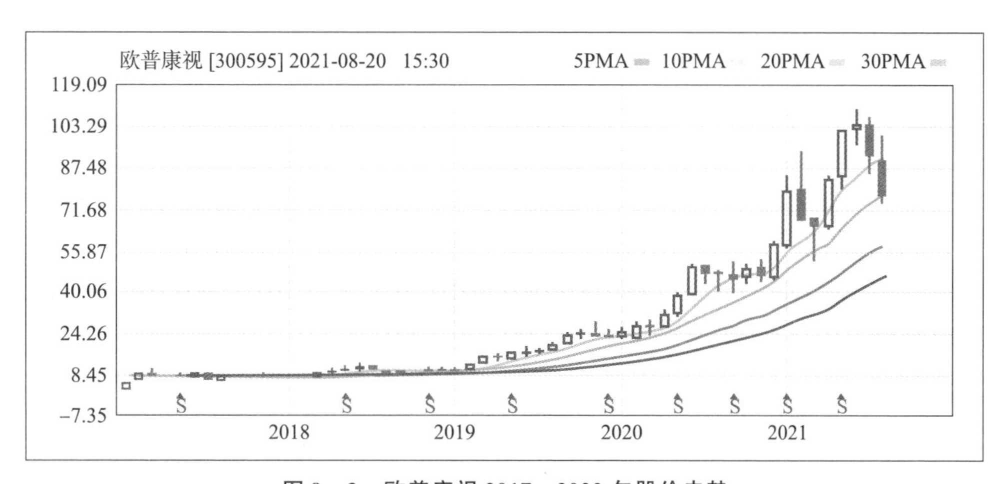

图 9－3　欧普康视 2017—2022 年股价走势

2019年，欧普康视还不被认知的时候，其PEG大约在1左右，即市盈率PE30倍，未来预期年净利润增速30%。经过2年的持续上涨后，欧普康视的PE已经高达100多倍的“市梦率”，而净利润增长预期却并没有同步明显提升。

这个时候，欧普康视的PEG已经高达3倍以上，这也就意味着在这个节点上投资欧普康视，长期持有的收益预期已经非常低了，而且还可能意味着大概率意义上的绝对亏损。因为估值达到历史高位后，易下难上。

不得不承认，欧普康视依然是一家高成长公司，它的商业模式仍然优秀，成长空间和确定性仍然巨大，但多轮爆炒后出现偏离，已经导致价格远远超过了内在价值，导致这个时候买入的赔率太低。

所以，我们利用PEG这个指标去挑选成长股，就是要选择那些PEG尽可能小于1的优质公司去长期持有，这样我们持股的赔率才是最大的。

购买低市盈增长率股票的吸引力在于，它们除了具备较高的安全边际外，还能不牺牲成长股前期的上行潜力。比如说，买入一只市盈率为10倍，预期每年每股增长速度为20%，市盈增长比率PEG为0.5的成长股，即使下一年的收益有点令人失望，但股价也不会跌得太多，因为相较于原来的预测以及整个市场，它的市盈率倍数已经很低了，而且往往意味着股价也很便宜。

进一步分析，如果投资者在每股收益为1元时买入，每股价格为10元，那么市盈率是10倍，预期收益增加20%，将把每股收益从1元提升到1.2元。这个时候，保持市盈率10倍不变，股价也将上涨20%至12元(10×1.2元)。

但是，市场的风向很可能发生转变，“聪明钱”会快速意识到这家公司的股票被低估的这一事实，他们认为这只股票的未来成长性巨大，应该享受到更高的市盈率，因此在业绩公告后，市盈率被提高到了18倍。此时，与它的增长率相比，股价依旧很低。

在此基础上，该股价格将提升到18×1.2=21.6元，相较于买入价格10元，收益为11.6元，收益率为116%。细心的投资者可能注意到了，收益里只有2元(10×0.2)来源于每股收益的增加，而其他9.6元是由市盈率的提升引起的。

总体来说，当市盈率在15~25范围内，每股收益增长率在20%~30%之间时，市盈增长比率PEG的结果最有效。一些比较好的成长股标的通常出现在收益增速为25%~30%的股票中，此时市盈率为15~20倍，市盈增长比率约为0.6。

在上述数据的基础上，如果市盈增长率完全相同，那么60%的增长率对应的是36倍的市盈率，但问题的关键是，长期来看，60%的增长率是“不可能完成的任务”，不具有可持续性。

目前A股市场上有5300多家上市公司，未来数量还会逐步增加，这就给A股投资者带来选股困难症。那么作为一个普通散户，我们该从哪些行业中去挑选成长股呢？

几乎所有的公司从某种意义上说都是周期性的，然而，处于高度周期性行业的公司很少成为优秀的成长性公司，比如建筑施工、商业材料、包装印刷、造纸等。汽车、钢铁、煤炭也都处于经济的末端，当利率上升时，它们通常是最先遭受损失的公司。如果经济萧条的周期比较长，那么它们很难坚持到下一次经济繁荣期。

相对来说，大多数成长性公司都处于“新兴”板块或行业中，根据我们多年的实践经验，在生物制药、医疗保健、半导体技术、酿造（酒和调味品）、互联网平台等板块中更容易挖掘出高成长股。至于其他行业，也许可以寻找到一些成长股，但这样的股票数量非常少。

特别需要提醒的是，在以下三种情况下，市盈增长比率（PEG）指标评估效果不会太好：

一，增长的确定性存疑较大。未来3~5年的复合增长没有想象的那么可靠，也许过程中增长情况就会发生变化，尤其是那些缺乏壁垒、管理水平差、行业受外部因素影响较大的公司。

二，增长的持续性村以较大。未来3~5年后整个行业可能被彻底颠覆，增长态势发生变化的可能性较大，比如市场容量趋于饱和、技术路线发生改变等。

三，超高增速下的PEG应谨慎。在增速（G）很高的情况下，即使PEG不高也会导致PE比较高，而如果预估超过的G一旦不及预期，杀跌会比较凶猛。相反，如果预估G不是很高的话，即使不及预期的冲击相对也会小很多。

第四节　其他辅助考察指标

一、总资产增长率

即期末总资产减去期初总资产之差，除以期初总资产的比值。它的计算公式如下：

总资产增长率 =（期末总资产 − 期初总资产）÷ 期初总资产

三张财务报表之间的逻辑关系是：资产产生营业收入，获得毛利与核心利润，然后核心利润带来经营活动的现金流量。所以，公司所拥有的资产是公司赖以生存与发展的物质基础，处于扩张时期公司的基本表现就是其规模的扩大：一是所有者权益的增加，二是公司负债规模的扩大。

对于前者，如果是由于公司发行股票而导致所有者权益大幅增加，投资者需要关注募集资金是否按照计划在使用，如果长时间处于货币形态或者委托理财，这样的总资产增长率反映出的成长性将大打折扣；对于后者，公司是在资金短缺时向银行贷款或发行债券，它受到资本结构的限制，一旦公司的负债率高企时，负债规模的空间有限。

二、固定资产增长率

即期末固定资产总额减去期初固定资产总额之差，除以期初固定资产总额的比值。

它的计算公式如下：

固定资产增长率 =（期末固定资产总额 – 期初固定资产总额）÷ 期初固定资产总额

对于生产制造型公司来说，固定资产的增长反映了公司产能的扩张，特别是在供给侧改革下供给存在缺口的行业，产能的扩张直接意味着公司未来业绩的增长。需要注意的是，对于增长的固定资产大部分还处于在建工程状态，投资者应跟踪关注其预计竣工时间，比如增长的固定资产在本年度较早月份已竣工，则其效应已基本反映在本期报表中了，希望其未来收益在此基础上大幅增长已不太现实，比如2018年开始规模扩张的金禾实业。

三、主营利润增长率

即本期主营业务利润减去上期主营利润之差，再除以上期主营业务利润的比值。它的计算公式如下：

主营利润增长率 =（本期主营业务利润 – 上期主营业务利润）÷ 上期主营业务利润

一般来说，主营利润持续稳定地增长，且所占利润总额的比例呈增长趋势的公司，正处于快速扩张的成长期。值得提醒的是，有的公司尽管年度内利润总额有较大幅度增加，但主营业务利润却未随之相应增加，甚至大幅下降，这样的公司质量不高且可能暗藏着巨大的风险。

第十章

如何读财报快速挑选成长股？

任何一份财务报表都不是完美的工具，都会存在或多或少的瑕疵，但正如投资大佬唐朝所说，只要能够懂得阅读财报，就能排除掉那些徒有虚名的“问题公司”。按照前面介绍的几个指标，就能初步建立起挑选成长股的分析框架，快速上手。

在生活中，我们经常会听到这样的问题：这家公司怎么样？好不好？实际上，当有人问这家公司怎么样这个问题时，基本上是不需要借助于财务报表的，回答的依据主要来自大家在日常生活中所接触到这家公司的产品情况，比如终端渠道的铺货随处可见，产品质量、销售情况都不错，也包括这家公司的员工薪酬水平、福利待遇以及媒体对其的报道与评价等。

通过财报分析来挑选出优质公司的股票这件事看起来似乎很简单，比如会计等做财务或者跟数据打交道的人，总是能够说出一些分析的理论来，但真正要系统、深入地做好解读与研判，往往又会感觉千头万绪无从下手。

实际上，财报研究的重点不能只看业绩本身，而是要深入思考产生这一经营结果的原因是什么，由此推导出一家公司过去、现在和未来的整体经营态势，到底是向好的方向还是向坏的方向在发展，各项财报指标与公司的经营重点及业务发展目标是否形成了良好的协同与验证，等等。

我们在阅读财报时不能毫无目的地“随机漫步”，而是应该揣着许多困惑与疑问去从中寻找答案。尽管财报不可能解答所有问题，但通过对至少连续 3 年以上的财报的阅读和分析，可以在一些重要的问题上形成初步的判断。

比如说，这家公司是不是值得信赖，它的管理层在营运、专业、管控等方面能力如何？它所处的赛道是否广阔，有没有触手可及的“天花板”？未来公司发展的最重大变量因素是什么？从财务特征上而言，应该出现什么样的变化趋势？

任何一家上市公司的财务报表，都是一份带着“外交语气”的官样报告，它不会像老朋友之间聊天那样真的跟你“掏心窝子”，所以这也决定了这份财务报表只是一些描述性和介绍性的内容，答案都深藏在各种数据背后。

作为一个投资者，读懂、分析与利用财务报表是一个不可或缺的技能，包括对财报的理解和灵活运用。

当然，这个硬技能不需要投资者成为注册会计师，但必须懂得主要财务数据的含义和主要会计科目之间的钩稽关系，更需要学会从管理者的角度去审视报表，挖掘那些埋藏很深的数据和证据。然后，我们才能从中去挑选出具有高成长性的优质公司，长期持有赚取超额收益。

我们应该承认，不管如何解读，任何一家公司的财务报表都是不完美的工具，但只要懂得一些阅读财报的基础知识，就能大概率避开那些“地雷阵”。

根据前面几章介绍的挑选成长股的四个指标，就能初步建立起用财报选股的立体分析框架，快速掌握一家公司的投资价值。接下来，我们从头到尾梳理一下用上述指标读财报快速挑选成长股的过程。其中的某些描述可能与前文有所重复，这些都是重点内容，读者可加深印象，尽早在投资实战中加以应用。

第一节　盈利能力：这是不是一门好生意?

先看这个指标的原因，是要帮助大家挑选出具有好生意属性的公司，首先从赛道上去进行甄别，因为有些行业天生就容易赚钱，而有些行业注定是赚取的辛苦钱。举例来说，贵州茅台的毛利率高达91%，且提供的飞天茅台酒供不应求，长期来讲看不到天花板；宝钢股份的毛利率约为9%，同质化产品竞争激烈，且处于一个景气波动较大的衰退行业。

作为投资者，你会选择哪一家呢?

答案不言而喻，当然是贵州茅台。所以，我们在挑选成长股时，首当其冲最重要的，就是考察投资标的公司是不是在从事着一门好生意。如果它具有某种长期竞争优势，又是一门长期稳定的生意，那就更好了。

为了分析一家公司的盈利能力，我们需要从下列6个指标入手来挑选成长股。

一、毛利率

一家公司的生意赚不赚钱?经营业务的竞争烈度如何?未来行业的天花板在哪里?这些问题都会涉及毛利率。如前所说，毛利率越高越好，它几乎意味着这真是一门好生意，比如贵州茅台的毛利率高达91%，恒瑞医药的毛利率高达88%等。持续多年的业绩高速增长，以及数百倍的股价涨幅，都充分证明它们的成功。

但这也带来了另一个问题：公司有没有竞争优势守住高毛利率?在除了需要获取牌照的垄断性行业之外的任何行业，高毛利率必然会吸引一大堆虎视眈眈的竞争对手席卷而来，纷纷争食这个“奶油蛋糕”。

所以，如果公司不具备某种独特的竞争优势，比如贵州茅台酱香型白酒的传统工艺、品牌、地域性等，恒瑞医药在创新药方面的持续大手笔研发投入与开发能力等，这种高毛利率很可能只是昙花一现。

我们在分析公司财务报表时，不能简单地查看公司一两年时间内的毛利率变化，而是应该拉长至少3~5年的时间来综合分析，用时间来熨平短期的波动起伏，观察公司是否持续多年保持了高毛利。

有些公司可能因为偶发性的外部因素，导致其在某个时间段内业绩高增长，毛利率直线拉高，比如2020年暴发的新冠肺炎疫情就让生产口罩、酒精、试剂等的公司赚得盆满钵满。在如今的“网红”经济时代，有些产品可能因为某个偶然因素一夜爆红，但也可能迅速灰飞烟灭。

高毛利率的另一面就是低毛利率，它往往意味着公司所处的行业竞争激烈，利润微薄，为了赚钱通常只能依靠不断的资本开支投入，以扩大规模的方式来降低成本。毛利率偏低的公司，其产品几乎没有差异化，使用功能也相差无几，它所面对的客户很难有忠诚度，都是货比三家，追求最低的制造成本。

一般来说，低毛利率行业里的大多数公司生存下来非常不容易。因此，作为投资者，如果能够有更好的投资机会，通常都不要考虑低毛利率的投资标的。

二、营业利润率

高毛利率的公司，未来成长性非常大，一般短时间内很难看到天花板。但是，如果这家公司的期间费用开支很大，结果可能是毛利率高却不赚钱。不同行业、不同规模的公司，在营业利润率方面存在明显差异，所以这个指标要跟同业比较。

营业利润率是我们挑选成长股的核心指标之一，它在营业总收入中所占的比例，可以完整地体现出公司的盈利能力，营业利润率越大越好。

正如第七章“从盈利能力考察这是不是一门好生意”里所说，营业利润率比较适合像白酒、美容、生物医药（医疗）等高毛利率的行业，这也是成长股扎堆的地方，成本和费用占比变化较小，营业利润率会因此伴随着收入的高增长而飙升，比如爱美客的营业利润率高达73%。

营业利润率能体现出一家公司有没有赚钱的真本事。在投资实践中，如果公司的费用率（毛利率－营业利润率）小于12%，说明这家公司具有相当不错的规模经济；如果小于8%，代表这家公司不但很有规模，而且内控管理能力也不错，因为大家在经营活动中都非常节省；如果费用率大于20%，则意味着公司可能是生物技术、医药医疗或者互联网新经济等。

三、核心利润获现率

我们先来看一看什么是核心利润。用张新民教授的话说，就是“1收入减1成本5费用”，“1收入”——营业收入；“1成本”——营业成本；“5费用”——税金及附加、销售、管理、研发和利息费用。

这个“1收入减1成本5费用”是与公司的营业收入密切相关的，真实性自然可靠得多。所以，核心利润可以用来衡量公司营业收入的盈利能力。在这个概念的引导下，投资者就可以“顺藤摸瓜”，沿着这个逻辑对利润表进行更为深入的分析研判了。

衡量一家公司经营活动的盈利能力如何，不仅要从数量上考察盈利的绝对规模（核心利润）和相对规模（核心利润率），还应该从质量上去考察公司盈利的含金量和可持续性。因此，在核心利润的基础上，延伸出了核心利润获现率这个考察成长性公司的指标。

由于经营活动产生的现金流量净额与核心利润的计算口径并非完全一致，因此在计算时往往需要进行一些调整。在我们的投资实践中，一般认为持续具有较高核心利润获现率的成长性公司质量更好、更优秀，但底线至少应该达到80%。

四、净利率

我们认为，净利率至少要大于10%才值得投资。投资者对公司基本的要求是净利率大于资金成本，也叫作报酬大于成本。一般情况下，公司在银行获得贷款的资金成本在7%左右，所以一家公司的净利率至少应该大于7%，但因为考虑到成长性公司的风险相对大一些，所以我们认为净利率大于10%，才算是真正拥有基本的赚钱能力。

在A股市场中，很多公司的净利率都在3%左右，投资这样的公司还不如直接去定存（至少有约3%的利息收入），或是投资其他有前景的行业，这样才算是“好钢用在刀刃上”。

当然，净利率越高越好，说明公司的盈利能力越强。一个公司如果能保持良好的持续增长的净利率，应该说公司的财务状况是向好的。

五、每股收益（EPS）

每股收益就是将公司的净利润总额除以公司的股本总数。这个指标主要是让投资者了解，一家公司经过千辛万苦努力经营所赚到的税后净利润，如果换成股份，每一股帮助股东赚了多少钱。

在投资过程中，这是一个被很多人忽略的，其实非常重要的选股指标，因为通常情况下，每股收益越多，也就意味着公司所赚到的钱越多，其股票价格也越高。

投资者需要注意的是，每股收益除了要越高越好，还要观察它连续数年以来的变化，据此来判断这家公司是否能够稳定地赚钱，还是已经呈现下滑的迹象。有一种最简单的方法，就是观察发生大事件的那些年，比如2008年、2018年、2020年等，查看这家公司是否仍然保持了稳定的EPS。

六、净资产收益率（ROE）

这是几乎所有价值型（包括成长股）投资者最为看重的核心指标，也是“股神”巴菲特最为倚重的三个指标之一，原则上要大于20%。如果其他指标都非常不错的话，也可以适度放宽至15%。

第二节　营运能力：赚钱的真本事

在考察了要投资公司的生意属性之后，接下来要分析它的营运能力，看它在经济周期的景气波动循环过程中，是否具有良好经营的能力，也就是有没有赚钱的真本事。这主要从三个重点指标入手。

一、总资产周转率

通常情况下，这个数据至少要大于1，因为大于1是最基本的要求。如果投资者是偏向谨慎型的，则可以把这个指标提高到1.5以上，具备更高的安全边际。

如果总资产周转率小于1，说明这家公司所从事的是资金密集型的烧钱行业，接下来投资者应该立即查看公司资产负债表中的货币资金和交易性金融资产这两个数据（统称现金），也就是公司所持有的现金是否在总资产中占比大于25%。综合诸多实践案例来说，在总资产周转速度较慢的情况下，投资标的公司的持有现金最好大于25%。

二、存货周转天数

这家公司的产品好不好卖？是不是畅销？存货周转天数这个考察指标非常重要，一方面，我们可以根据下列实践总结来进行分析，同时也需要跟同行业的其他公司进行对比，来判断什么样的存货周转天数才算是合理的。

一，小于30天，说明这家公司非常优秀，属于投资者追捧的优质公司。

二，介于30~50天，这种公司属于零售流通行业的模范生，否则就是存货管理能力非常优秀。

三，介于50~80天，这家公司的经营能力还算不错。

四，介于80~100天，这家公司所处行业，终端面对的大多是B2B的客户。

五，介于100~150天，大多属于工业制造或原物料产品的行业，购买频率较低。

六，大于150天，可能意味着公司经营能力较差，要么是房地产、飞机制造、船舶制造等特殊行业。

三、应收账款周转天数

任何公司都不是独立存在的，都会跟产业中的上下游公司发生交易，尤其是对下游客户销货时，如果自己的产品不具有差异化等优势，必然会被客户要求赊销和提供延迟付款的账期等。

如果是现金交易的零售流通行业，这个指标应该会小于15天；如果不是收现金的行业，则平均应收账款周转天数介于60~90天；如果应收账款的平均周转天数大于90

天，投资者需要进一步深入分析：是同业公司的普遍性做法，还是公司自身的产品竞争力差？我们要始终牢记的是：利润并不是真正赚到的钱。一家公司只会销售却无法及时或按期收回货款，那么客户所拖欠的应收账款必然会出现很多“烂账”。

第三节　成长能力：持续下金蛋的“鹅”

成长是成长股的通行证。应选择那些有出色成长前景的股票，并且享受它们带来的附加价值，比如年复合增长的收益。换句话说，在成长股中寻找价值提供了一种“双击”投资：当价格异常被纠正时的短期收益，以及当利润符合增长时的长期收益。

可以归纳为一句话：寻找具有持久竞争优势，能够保持盈利持续增长的优秀公司，以低于价值的价格买入。分析一家公司的成长能力，我们可以发现这是一个会让你一贫如洗的平庸公司，还是一个拥有持久竞争优势、让你赚得盆满钵满的公司。因为我们要寻找到，是一只能够持续下金蛋的“鹅”。

一、主营业务收入增长率

一家公司的营业收入来源有可能是多样化的，比如做纽扣的公司也会涉猎卫星导航业务，但通常来说，具有持续成长性和核心竞争力的公司大多是专注主营业务的。所以主营业务收入增长率持续上升，说明公司的竞争力越大，属于典型的成长股。

主营业务收入增长率小于零，代表公司的收入出现了负增长，一旦下滑超过30%且连续两年以上，则说明投资标的公司经营状况出现了重大问题，应引起高度重视。

主营业务收入增长率持续低于5%，说明公司的产品进入了衰退期，还可能受到同业公司的“围追堵截”，很难继续保持市场份额了，如果公司没有升级换代的新产品推出，则不得不面临被淘汰的现实。

主营业务收入增长率稳定在7%～15%之间，代表公司已经进入了成熟稳定期，吃老本也可能继续一段时间，但如果公司没有研发投入新产品满足市场的需求，则“躺平”之后就是“衰退期”。

主营业务收入增长率保持在15%以上，说明这家公司的产品处于成长期，未来一段时间内将继续保持较好的增长势头，甚至可能逐步建立自己的竞争壁垒和“护城河”，把竞争对手远远地抛在后面。

二、净利润增长率

大多数公司在满足市场需要的条件下，合法地获得利润。因此，绝大多数公司都是以盈利为目的的经济组织。而净利润是一家公司经营业绩的最终结果体现，它的连续增长是公司成长性的基本特征。比如说，公司的净利润增长幅度比较大，说明公司经营业绩突出，产品的市场竞争力强。反之，净利润增幅较小甚至出现波动起伏以及负增长，也就谈不上成长性了。

一般来说，A股市场中公司的平均增长率水平大部分介于5%~10%之间。如果我们打算投资的标的公司持续多年的增长率在20%以上，从成长性来说，它就是一家高成长公司。如果这家公司每年的增长率为10%左右，它就是一家普通类型的公司。

另外，考察和分析净利润增长率指标时，还要注意两个问题：

一是净利润增长率指标不能短暂看一两年的表现，而是采用至少过去3年以上净利润增长率的均值，它代表了公司长期持续增长的能力。其核心逻辑在这种具有持续竞争优势的公司，往往处于高速成长的前期，未来持续增长的确定性更高。

二是不仅要拉长时间纵向比较，而且还应该将标的公司和同业公司进行比较评估。比如说，当整个行业正处于风口期的时候，同业公司的增长率都在40%以上，如果标的公司的增长率是30%，也算是低速增长了。

三、市盈增长比率（PEG）

市盈增长比率只适用于成长性公司。

按照成长股的选股标准来说，市盈增长比率超过1.5的股票就缺乏吸引力了，市盈增长比率在1.0~1.5之间的股票不太有吸引力，只有市盈增长比率远低于1.0的公司才是投资者最感兴趣的。

进一步分析说，当市盈率在15~25范围内，每股收益增长率在20%~30%之间时，市盈增长比率PEG的结果最有效。一些比较好的成长股标的通常出现在收益增速为25%~30%的股票中，此时市盈率为15~20倍，市盈增长比率约为0.6。

在上述数据的基础上，如果市盈增长率完全相同，那么60%的增长率对应的是36倍的市盈率，但问题的关键是，长期来看，60%的增长率是“不可能完成的任务”，不具有可持续性。

诸多实践经验一再证明，低市盈增长率的股票同时具有安全性和进攻性。安全性是指低市盈增长率股票实际收益低于预期时应对市场情绪的能力；进攻性是来自市盈率向上修正的可能性，这个效应对股价的影响通常大于每股收益的增长对股价的影响。

第四节　偿债能力：有没有生存风险

最后一个考察的指标是投资标的公司对外偿还债务的能力，有没有可能面临生存风险问题。偿债能力越强，公司就可以利用贷款来扩大规模或者外延并购等加速发展，而且利息较低；如果偿债能力越低，经常无法按期偿还债务而违约，公司借款的渠道将越来越窄，最后不仅利息高而且贷不到款，也许就会面临现金流断裂的生存危机。

一、流动比率

教科书告诉我们，流动比率保持在2：1左右是比较合适的。但这也只是一个经验值，因为所处行业不同、受到季节性因素影响，或者公司处在不同的发展阶段，这个比率就会存在很大的差别。

按照实战操盘经验，我们认为这个数值最好大于250%，否则我们就必须要进一步考察其他三个指标，以此来进行综合分析与判断：一是公司账上持有多少现金（包括可快速变现的金融资产等）；二是应收账款周转天数是否远低于同业公司的平均值；三是存货（包括原材料、半成品和产成品等）在仓库的时间是不是太久。

二、速动比率

相对流动比率的还款来说，速动比率就是加速还款，这一个数值最好大于150%。它主要是用来补充流动比率的不足，扣除流动资产中的存货、应收账款等“不会动”的资产，确认公司有快速还款的能力。

速动比率不太好的公司，也需要进一步考察其他三个指标，以此来做最后的综合判断。

一是公司账上的货币资金和可交易性金融资产（统称“现金”）是否大于15%。现金越多，越能承受短期负债还款。如果它拥有的现金不足15%，又不是能够收现金的行业，加上速动比率比较低，一旦市场不及预期或者像2020年初那样突然出现新冠肺炎这样的“黑天鹅事件”，公司可能就会立即陷入危机。

二是应收账款周转天数是否小于15天。如果现金不足，而应收账款周转天数比较少，就可以一定程度上弥补差距，当然最好是天天收现金的公司。

三是总资产周转率是否大于1。当这个指标小于1，则意味着这家公司可能是投入巨大的重资产型行业。

第十一章

实战案例：片仔癀 2022 年度财报解读

要想在短时间内快速了解和分析一家公司，最高效的方法就是解读这家公司的财务报表，按照前面介绍的考察指标和选股策略，识别并找出能够长期稳定赚钱的优质成长股，不用担心市场的波动，在复利力量的帮助下获得超额收益。

我们在开始分析解读一家公司的财务报表之前，首先要搞清楚公司所在的行业、所处的经营环境是什么样的，竞争有多激烈，市场规模有多大。其次，我们还要搞清楚这家公司的商业模式是什么，也即生意是怎么做的，保持持续竞争优势的核心驱动因素又是什么。

那这些资料要从哪里去查找呢？或者说，怎么样才能快速了解一家公司是做什么生意的呢？有两种方法：

一是通过网络查询公司资料或者阅读其财务报表中的公司简介，获得公司的一些基础信息；二是从财务报表披露的收入构成中进一步获得公司具体信息。

第一节　公司概况：快速了解一家上市公司

一、基本状况

1999 年 12 月，片仔癀公司由成立于 1956 年的原漳州制药厂改制创立。2003 年 6 月，公司在上交所挂牌上市交易。持续多年来，片仔癀及其控股子公司等获得了高新技术企业、中华老字号、国家级非物质文化遗产项目目录、国家工业旅游示范基地等认定或称号。

片仔癀具有清热解毒凉血化瘀的功效，是国家绝密级的配方，也叫国家中药绝密品种，保密期限为永久。这个最高等级的配方，中国目前只有两个，分别是片仔癀和云南白药。

2003 年，公司 IPO 首发上市募集资金总额为 3. 42 亿元；2013 年，公司配股募集资金总额 7. 76 亿元。截至 2023 年 5 月，片仔癀以实施现金分红累计 19 次，累计现金分红 45. 15 亿元，远超其从市场上募集的资金。公司的总股本从上市初期的 1. 4 亿股增加至 6. 03 亿股，总市值已经超过 1400 亿元。

二、经营业务

2014 年开始，片仔癀开始实施“一核两翼”大健康发展战略，在医药制造业的基础上，延伸至化妆品、日化产品和保健品、保健食品，同时拓展医药流通业为补充。目前，公司基本形成了健康领域多业态聚集的产品结构优化的格局。

1. 医药制造业

这是片仔癀的最核心的业务之一，主要产品涵盖了肝病、感冒、皮肤科用药等众多领域，其中核心产品为片仔癀系列，如片仔癀、片仔癀胶囊，以及复方片仔癀含片、软膏、痔疮膏等。此外，片仔癀公司还在生产销售如“安宫牛黄丸”等传统中药产品，以丰富公司产品管线。

2. 医药流通业

片仔癀公司旗下有两家控股子公司，分别是厦门片仔癀宏仁医药有限公司、片仔癀（漳州）医药有限公司，它们是以现代医药物流为基础，拓展延伸“配送、维护、推广”的医药配送产业链上下游。

3. 化妆品、日化板块

控股子公司片仔癀化妆品拥有“片仔癀”“皇后”等多品牌，布局“3+3+1”产品线，比如雪肌无瑕润白系列三大高端护肤产品线，珍珠臻白系列新三国大众护肤产品线，以及特色特殊护理系列产品线，同时还在打造轻奢草本护肤高端化升级品牌。控股子公司漳州片仔癀上海家化口腔护理有限公司，其产品以“清火”为核心定位，推出口腔护理解决方案，包括“片仔癀专效深养系列”“片仔癀牙火清系列”等，涵盖了牙膏和漱口水类别。

二、财报概要

在获取上述资料的基础上，我们可以从片仔癀公司的财务报告披露的诸多信息中，进一步获得公司的收入构成、市场规模、商业模式等更具体详细的资料。比如，片仔癀公司在财报中披露营业收入的总额和构成，常见的维度包括业务板块、地域分布以及商业模式。收入构成信息非常重要，它能告诉我们公司的布局，在哪些板块和区域发力等。

我们来看一看片仔癀公司 2022 年财报中披露的收入构成信息，详见表 11－1。

表 11－1　片仔癀 2022 年营业收入分析

单位金额：人民币亿元

	2022 年		2021 年		同比增减
	金额	占营业收入比重	金额	占营业收入比重	
营业收入合计	86.94	100%	80.22	100%	8.38%
分行业					
医药行业	78.72	90.55%	71.18	88.74%	10.59%
日用品、化妆品	6.34	7.29%	8.41	10.49%	－24.61%
其他（补充）	1.69	1.94%	0.62	0.77%	172.58%

续表

	2022 年		2021 年		同比增减
	金额	占营业收入比重	金额	占营业收入比重	
医药流通	40.59	46.69%	31.46	39.22%	29.02%
医药制造业	38.13	43.85%	39.72	49.51%	-4.00%
日用品、化妆品	6.34	7.30%	8.41	10.49%	-24.61%
其他(补充)	1.88	2,16%	0.62	0.77%	203.22%
分地区					
华东	60.90	70.05%	56.58	70.53%	7.64%
华南	8.45	9.72%	7.88	9.82%	7.23%
境外	4.02	4.62%	3.72	4.64%	8.06%
华北	5.84	6.72%	4.38	5.46%	33.33%
华中	3.62	4.16%	3.07	3.83%	17.92%
西南	2.04	2.35%	2.17	2.71%	-5.99%
东北	1.13	1.30%	1.40	1.75%	-19.29%
西北	0.75	0.86%	0.84	1.05%	-10.71%
其他(补充)	0.195	0.22%	0.173	0.22%	12.72%

(资料来源:根据片仔癀2022年财务报表整理)

从成长性的角度考察，片仔癀未来的市场规模有多大？竞争有多激烈？片仔癀在市场中处于什么样的地位呢？我们可以通过行业研究报告等资讯信息来获得。

先来看看片仔癀最知名的肝病用药的情况。肝病用药一般分为化药和中药两大类，化药重在治疗，中药重在养护。肝病化药又分为抗病毒药物、肝病辅助用药以及免疫调节药等，而中药主要是传统的保肝护肝的中药以及抗纤维化中药等。

据统计数据显示，2017年中国城市零售药店终端中成药肝炎用药的市场规模16.3亿元，2018年达到17.7亿元，2019年达到20亿元，年增长率约为13%。

在中国城市零售药店中成药肝炎用药市场中，片仔癀药业的市场份额逐年走高，2019年其主要产品片仔癀的销售额达到7亿元，其次是护肝片销售3亿元。片仔癀药业与第二位的葵花药业拉开了较大的差距。详见图11-1。

据此可知，片仔癀所处的中成药肝病用药的市场特点是“小市场、大公司”，行业集中度比较高，而拥有国家级绝密配方的片仔癀药业，无疑是整个行业的龙头公司。

那么问题来了，小市场中的龙头公司如果要持续保持领先的竞争优势，显而易见的策略是要形成对市场的“垄断”。自然，“垄断”不可能完全依靠政策性因素，尽管对

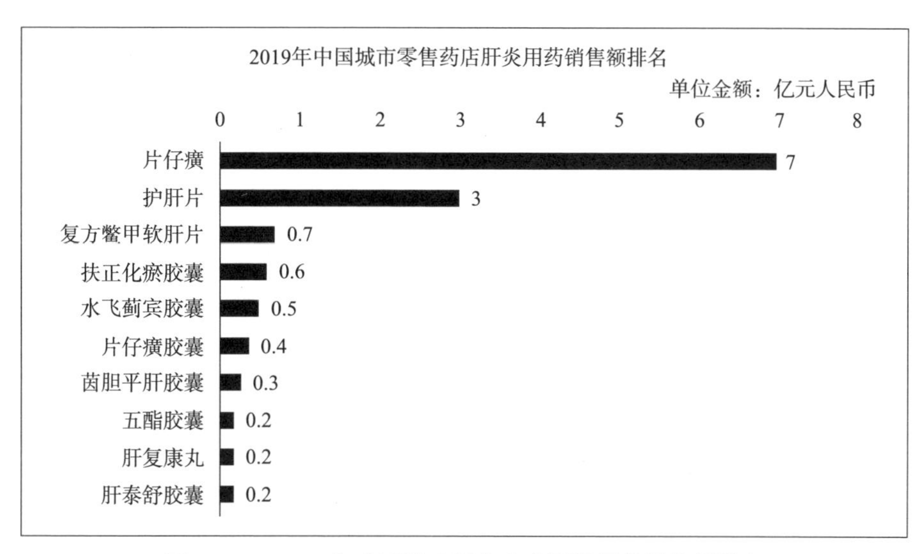

图 11－1　2019 年中国城市零售药店肝炎用药销售额排名

片仔癀来说，国家级绝密配方事实上已经形成了某种意义上的“垄断”，但它还得面临两方面的问题：一是对品牌的掌控；二是对原材料的掌控。

我们认为，片仔癀的品牌已经拥有了比较高的知名度和美誉度，主要棘手的问题在于后者，即对原材料来源的掌控。片仔癀系列产品涉及的重要药材包括麝香、牛黄、蛇胆、三七等，其中，牛黄、三七可以通过市场渠道采购，但麝香、蛇胆必须严格按照国家有关规定组织采购。

片仔癀在2022年财报中称，重要药材品种价格的波动对其系列产品的成本产生了一定的影响。从长期来看，麝香、牛黄和蛇胆的价格呈现持续上涨趋势，未来必然会对片仔癀系列产品成本产生上升压力。

面对原材料价格的大幅上涨，片仔癀一方面自建林麝养殖基地、与农户合作共建三七种植基地等，力求合理控制重要中药材品种的成本，而另一方面，片仔癀这10多年间一直在“涨价”。

统计显示，2003年片仔癀上市以来，调价了16次，其零售价格从单粒平均约为102元上涨到如今的每粒590元。毫无疑问，片仔癀将提价作为应对策略之一，将成本的增加转嫁给了消费者。

值得一提的是，片仔癀产品毛利率长期以来居高不下。2003年，片仔癀系列产品营收为1.82亿元，毛利率超过了72%。2022年报开始，片仔癀已经不明确写“片仔癀系列产品”利润情况，而是转换为“肝病用药”收入为35.92亿元，毛利率为80.90%。

第二节　财务分析：四个维度诊断公司健康

在初步了解了片仔癀公司概况、经营业务和商业模式之后，接下来我们将对片仔癀的财务报表进行重点分析，从盈利、营运、成长和偿债这四个方面的维度，看它是否符合成长股的入选条件和标准。

一、盈利能力

片仔癀公司的盈利能力到底如何？这究竟是不是一门好生意？我们先来看一看2015—2022年片仔癀的毛利率变化情况，详见图11－2。

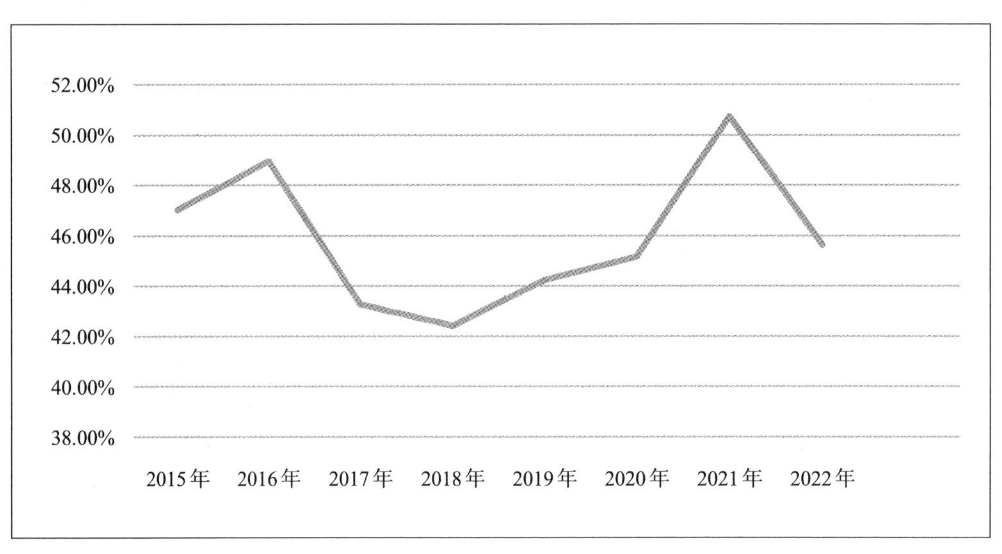

图11－2　片仔癀2015—2022年毛利率变化

过去这些年，片仔癀在2016—2017年出现大幅下滑的“拐点”，其毛利率从2018年见底后开始在缓慢增长和回升，且从2018年42.42%迅速拉升至2021年的50.72%，短暂的3年时间涨幅达到19.57%。毛利率越高越好，有了这个特点的公司相当不错，说明片仔癀的成本管控比较有效率。

再来考察一下其营业利润率和营业费用率的变化情况，详见图11－3。

从图11－3可知，片仔癀的营业利润率几乎毫无阻挡地呈现出持续的上涨趋势，跟利润率的增长实现同步发展，而这个数值的高低，代表着一家公司赚钱的真本事的高低。片仔癀的营业费用率从2017—2022年分别为17.75%、14.72%、15.61%、14.8%、12.81%、9.36%，持续在降低，且与营业利润率呈现一个“剪刀差”。

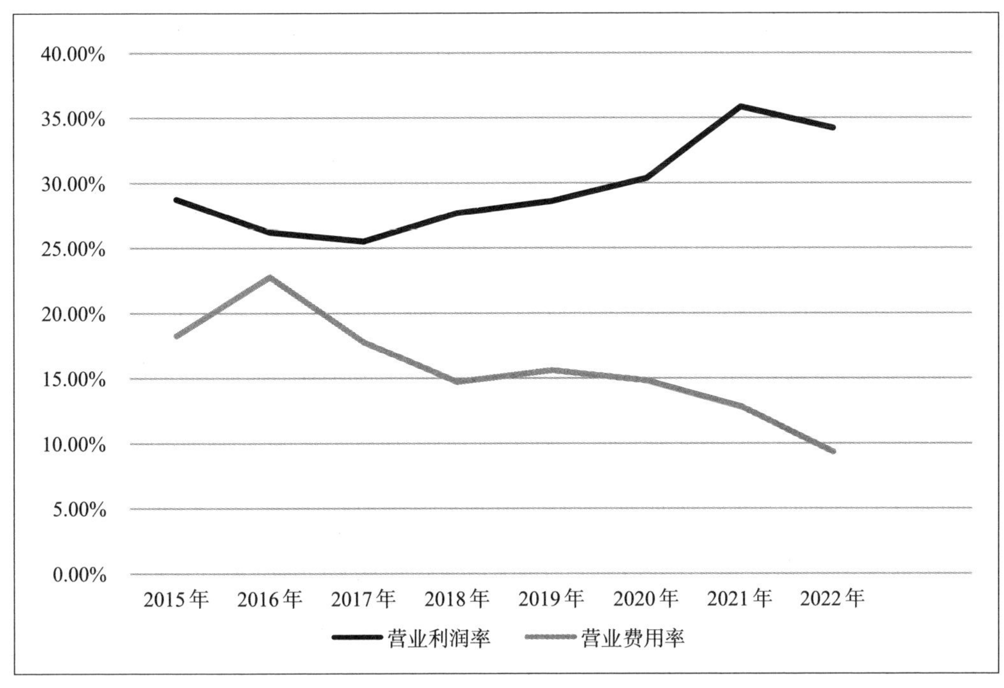

图11－3　片仔癀2015—2022年营业利润率和营业费用率

这两个数据传递出的背后意义，一方面是片仔癀的费用管控能力相当不错，因为一般品牌公司的费用率几乎可以使用到20%左右，另一方面则是片仔癀这家公司在自己的领域已经具有相当规模，且具有持续的竞争优势。

接下来，再看一下片仔癀的净利率变化情况，详见图11－4。

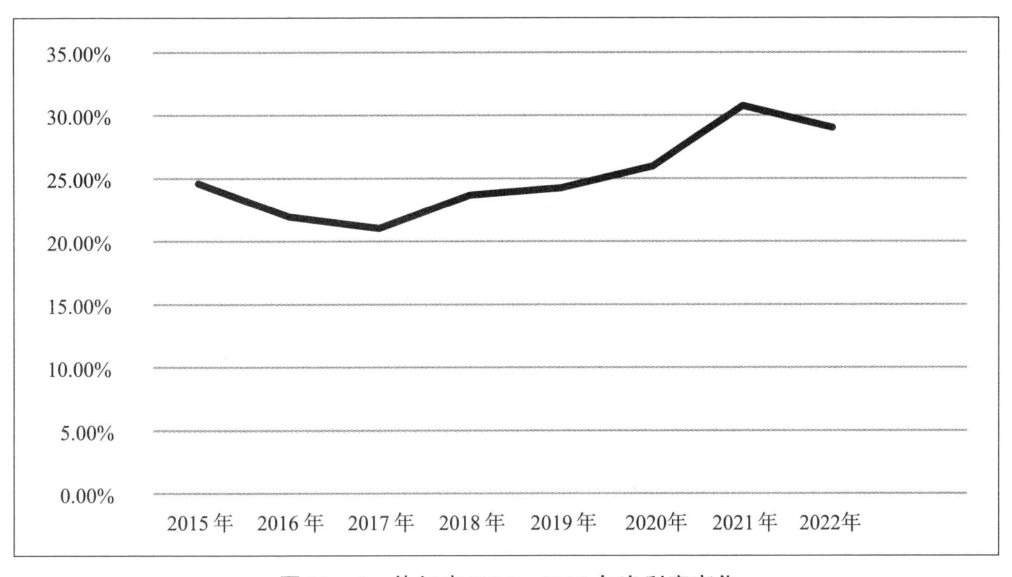

图11－4　片仔癀2015—2022年净利率变化

经营一家公司相当不容易，所以投资者对公司最基本的要求是：净利率 > 资金成本，或者叫作报酬 > 成本。正如前文所说，我们要投资的成长股的净利率至少要大于10%，才具有投资价值，当然净利率越高越好。

从 2017—2022 年间，片仔癀的净利率分别是 21.01%、23.68%、24.24%、25.95%、30.73%、29.02%，总体呈现出持续上升的态势，说明这家公司的产品非常具有竞争力，在成本不断上涨的过程中，尽管在不断地提价，但仍然获得了客户的追捧。

继续来看片仔癀 2019—2022 年核心利润获现率的变化情况，详见表 11－2。

表 11－2　片仔癀 2019—2022 年核心利润获现率变化情况

单位金额：人民币亿元

科目	2022	2021	2020	2019
核心利润	28.14	27.37	17.8	15.39
经营活动现金流净额	68.73	4.62	14.67	－8.79
核心利润获现率	244.24%	16.88%	82.42%	—

（资料来源：片仔癀 2019—2022 年度财报）

从表 11－2 可知，在过去 4 年中，片仔癀的核心利润获现率不稳定，波动幅度比较大，即使除开 2019 年因为特殊情况，2021 年的数值也较低，没有达到我们在选择成长股时要求的核心利润获现率 80% 的底线。这是一个瑕疵。

接下来，再看片仔癀的净资产收益率（股东报酬率）变化情况，详见图 11－5。

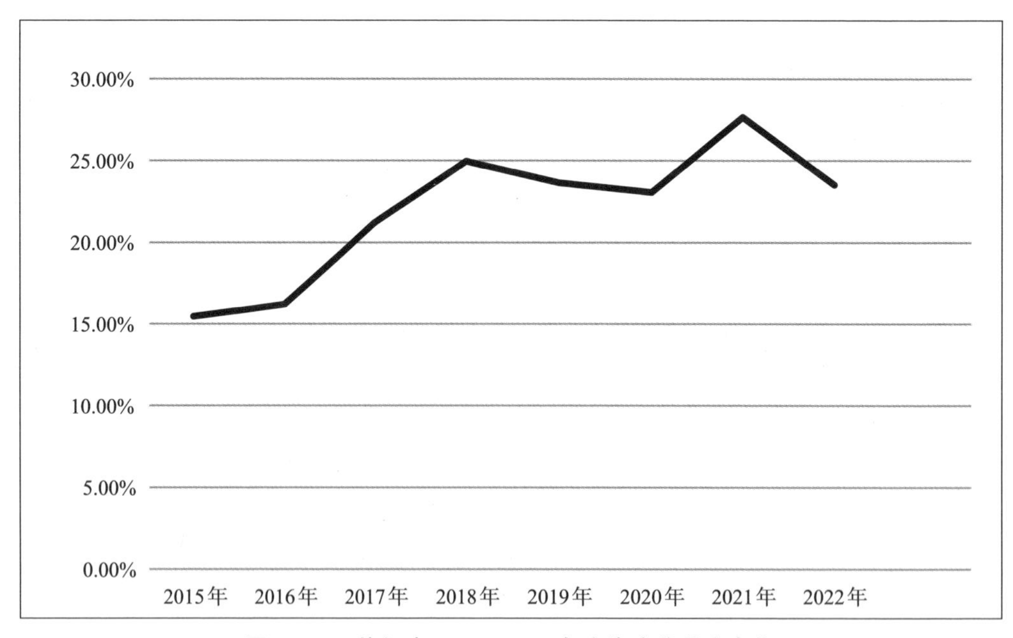

图 11－5　片仔癀 2015—2022 年净资产收益率变化

从 2018 年开始，片仔癀的净资产收益率呈现出下滑的趋势，短暂的两年时间下降幅度达到 8.7%！在其净利率、权益乘数基本没变的情况下，我们查到片仔癀的总资产周转率在下滑，其总资产周转天数从 2018 年的 464 天增加到 2022 年的 562 天，营运效率在下降。

当然，片仔癀的净资产收益率常年维持在 23% 以上的水平，总体上是比较高的。

它的盈利优势体现在两方面：一是片仔癀属于弱周期的医药行业，天生赚钱就容易，它也拥有类消费品公司的商业模式；二是片仔癀拥有国家级绝密配方以及它的商标权，建立了非常深的竞争壁垒，品牌优势显著，可以获得定价上的溢价。

二、营运能力

我们接着来看看片仔癀的营运能力如何。

前文说过，片仔癀作为中成药养肝护肝细分市场的龙头企业，其对市场的持续垄断主要体现在两个方面：一，对麝香、牛黄、三七等重要原材料有足够的掌控力（自建和合营基地等），这可以从存货相关指标（包括年度变化和周转率等）中看出；二，对产业链上下游合作方有比较强的话语权，也就是我们所说的能不能形成“两头吃”，用上下游的钱来做生意，这可以从应收账款和应付账款的相关指标（包括年度变化和周转率等）中看出。

前面章节说过，公司经营活动的赚钱问题，就会涉及公司与上下游的收付款关系管理问题。一般来说，行业龙头企业的竞争优势体现在可以将营运资本压力转嫁给上游的供应商、下游的经销商或客户。片仔癀 2022 年的财务报表显示，它的话语权在小幅下降。其 2022 年的应收账款为 7.44 亿元，比 2020 年的 5.10 亿元多出了 2.34 亿元，上涨幅度达到 45.88%，占总资产的比例从 4.99% 上升到 5.10%。

进一步分析应收账款周转率和应收账款周天数会发现（详见表 11－3 和图 11－6），这两个指标仍在持续加速提升之中。

表 11－3　片仔癀 2011—2020 年周转情况

单位：次

年份	2013	2014	2015	2016	2017	2018	2019	2020	2021	2022
应收账款周转率	9.16	8.73	7.80	6.45	8.40	9.55	11.52	12.64	13.21	11.73
存货周转率	0.97	0.89	1.13	1.18	1.78	1.89	1.70	1.67	1.71	1.87
固定资产周转率	6.23	5.29	7.64	9.35	15.22	20.54	24.88	24.95	30.58	33.31
总资产周转率	0.52	0.43	0.49	0.51	0.70	0.77	0.74	0.68	0.71	0.64

（资料来源：根据片仔癀 2013—2022 年财务报表数据整理）

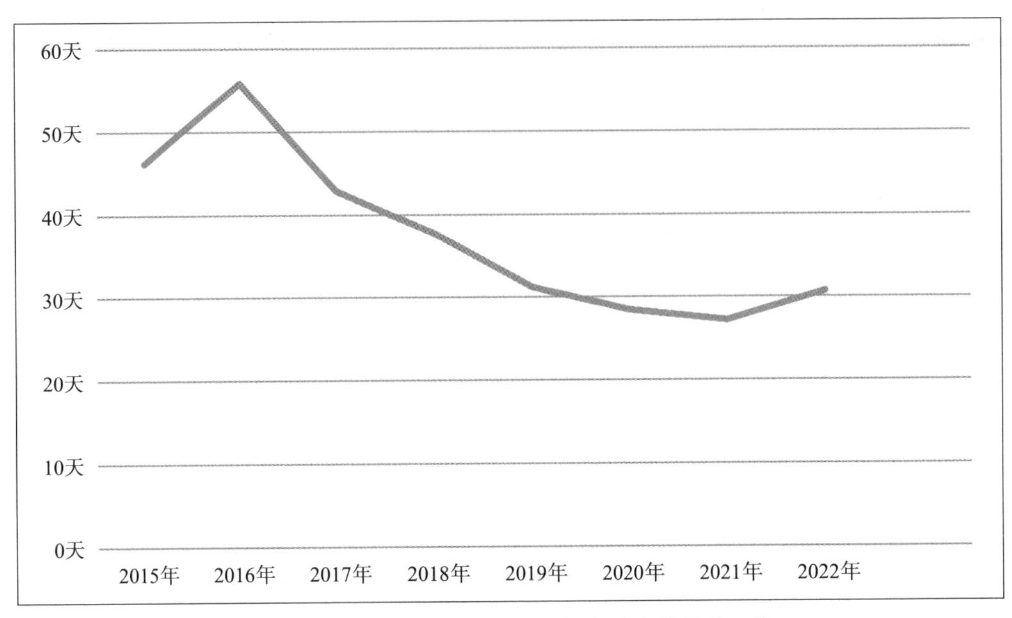

图 11－6　片仔癀 2015—2022 年应收账款周转天数

（资料来源：根据片仔癀 2015—2022 年财务报表数据整理）

从表 11－3 和图 11－6 可以推测出两个合理的可能性：一，片仔癀与上游供应商的竞争优势仍然明显，具有非常强的话语权；二，片仔癀对下游经销商大部分仍采用预收款制，没有放宽信用来向渠道压货提升业绩，其包括产成品在内的存货几乎与前一年差不多。

此外，片仔癀的应付账款在 2022 年为 3.63 亿元，比 2019 年 2.06 亿元多出 1.57 亿元，仍在持续小幅增长中，这些都进一步说明公司对上下游的把控能力继续增强。

接下来，我们看一下片仔癀对原材料的掌控能力在财务报表中是如何体现的。这个指标主要反映在存货中。如图 11－7 和图 11－8 所示，片仔癀的存货数量一直在逐年小幅增长，但其存货周转天数总体上却是下降的，但 2018 年至 2020 年间开始小幅上升。

片仔癀 2022 年度财务报告披露，公司存货包括各类原材料、库存商品、周转材料、在产品及半产品、委托加工物资、发出商品等。从存货结构来看，片仔癀的存货主要由原材料和库存商品两个大类构成，占存货总额的 89.33%，而医药制造业的原材料为 14.16 亿元，占原材料比率为 97.93%，详见表 11－4。

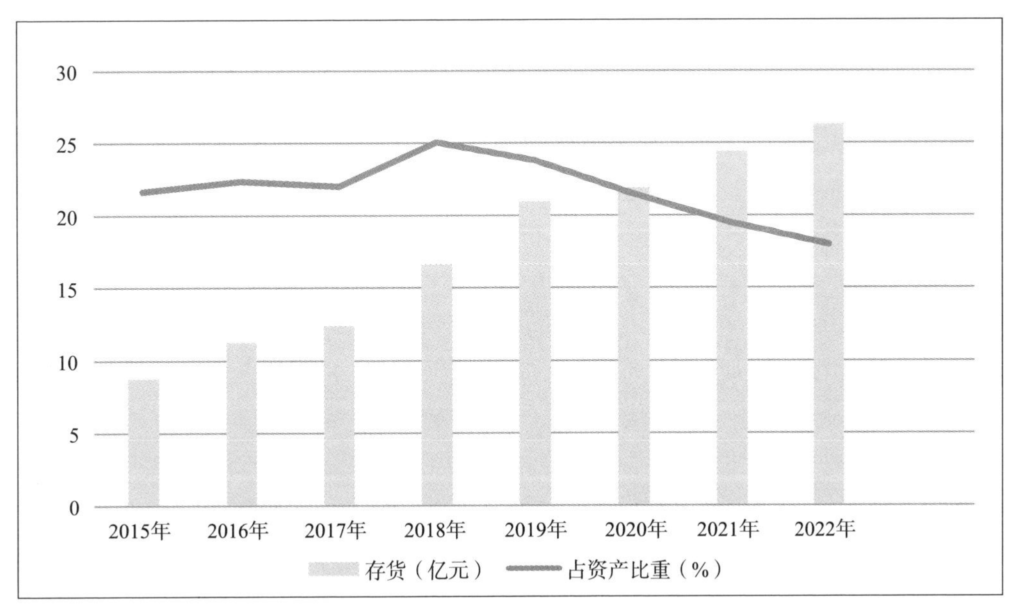

图 11－7　片仔癀 2015—2022 年存货趋势

（资料来源：根据片仔癀 2015—2022 年财务报表数据整理）

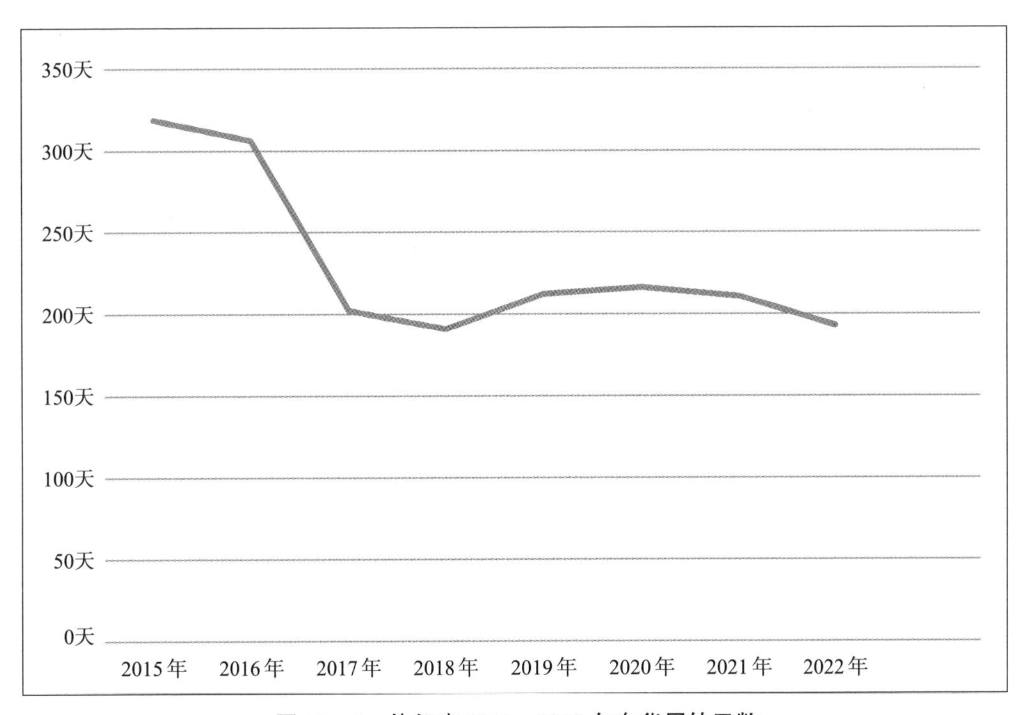

图 11－8　片仔癀 2015—2022 年存货周转天数

（资料来源：根据片仔癀 2015—2022 年财务报表数据整理）

表 11－4　片仔癀 2022 年存货分类情况

单位金额：人民币元

项目	2022 年			2021 年		
	账面余额	跌价准备	账面价值	账面余额	跌价准备	账面价值
原材料	1,445,901,245.98	2,473,228.97	1,443,428,017.01	1,496,706,561.51	4,019,927.33	1,492,686,634.18
库存商品	915,758,182.71	10,518,171.77	905,240,010.94	607,749,917.79	12,451,791.43	595,298,126.37
周转材料	38,086,567.42	133,265.17	37,953,302.25	50,452,963.72	126,045.81	50,326,917.91
发出商品	38,163,540.21	18,957.18	38,144,583.03	37,611,318.24	1,438,693.09	36,172,625.15
委托加工物资	1,635,063.19		1,635,063.19	12,682,457.23		12,682,457.23
在产品及半成品	204,165,354.96	2,750,701.03	201,414,653.93	252,123,110.79	1,786,492.15	250,336,618.64
合计	2,643,709,954.47	15,894,324.12	2,627,815,630.35	2,457,326,329.28	19,822,949.80	2,437,503,379.48

（资料来源：片仔癀 2022 年度财务报告）

我们再来看一下片仔癀存货中分行业的主要构成情况，详见表 11 –5。

表 11 –5 片仔癀 2022 年存货中分行业构成情况

单位金额：人民币元

分产品	原材料		库存商品		在产品及半成品	
	金额（元）	占原材料比例（%）	金额（元）	占库存商品比例（%）	金额（元）	占在产品及半成品比例（%）
医药制造业	1,416,473,881.41	97.97	246,787,657.79	26.95	199,701,990.69	97.81
医药流通业	21,166,468.81	1.46	523,796,060.35	57.20		
化妆品业	8,162,934.58	0.56	91,322,785.72	9.97	4,463,364.27	2.19
其他	97,961.18	0.01	53,851,678.85	5.88		
合计	1,445,901,245.98	100.00	915,758,182.71	100.00	204,165,354.96	100.00

（资料来源：片仔癀 2022 年度财务报告）

公司主营业务片仔癀系列产品涉及的重要药材包括麝香、蛇胆、牛黄、三七。其中，麝香、蛇胆是严格按照国家有关规定组织采购，牛黄、三七可通过市场渠道进行采购，价格随行就市。

但多年以来，上述原材料日渐紧缺，市场供给量一直不高，而且价格呈持续上涨趋势。因此，公司为了控制成本而囤积原材料。从图 11 –7 可知，片仔癀的原材料库存不断增加，这说明它在有意识地囤积这些重要的中药材。

囤货总不是长久之策，要想长期解决原材料紧缺和价格大幅上涨的问题，还是要“自力更生”，从源头出发。从片仔癀 2020 年度财报中披露的业务概况和经营分析讨论可以看出，片仔癀一直在试图解决原材料紧缺的问题，采取自建、合营等诸多方式建设养殖场，避免中药材价格波动对公司业绩造成影响，详见图 11 –9。

在上述针对片仔癀公司营运能力的分析可以推断出，片仔癀在持续多年以来的应收账款保持了相对稳定，而应付账款却在增加，这说明它对产业链上、下游公司的控制力保持了比较强势的话语权，这是一个值得称赞的地方。

另一方面，从长期增长角度来看，片仔癀为了从根本上解决原材料问题，尤其是片仔癀系列产品所依赖的麝香、牛黄、蛇胆、三七等紧缺的重要中药材，在进行全产业链布局，向上、下游延伸。

值得一提的是，这些投资使用的都是自有资金，并且主要依靠内生性而非外延并购的增长模式。

麝香：麝香的采购需获得国家林业主管部门的核准，林业主管部门核准数量以后，价格由买卖双方根据供需情况自行协商。近年来天然麝香价格缓慢上升，报告期内麝香价格基本保持稳定但略有上涨。由于天然麝香资源日益紧缺，公司在做好麝香原料战略储备的同时，积极布局养麝事业。公司通过建立林麝标准化养殖基地，加快林麝养殖产业化进程，促进濒危动物麝种群的保护和麝香原料的可持续开发利用，为未来片仔癀麝香原料的长期稳定供应提供一定的保障。公司成立养麝事业领导小组，充分发挥养麝事业的生态效益、社会效益和经济效益，加强统筹、规划、协调养麝事业的发展。目前，公司已在陕西和四川投资设立两家养麝公司，建立多家养麝基地，并发展农户养麝。

牛黄：牛黄供应容易受到产地供给与市场需求的影响。报告期内，牛黄价格呈持续上涨趋势。公司积极做好牛黄资源的战略储备。

蛇胆：蛇胆需按国家有关规定组织采购，价格由买卖双方根据供需情况自行协商。报告期内，蛇胆价格略有上涨。近期，公司将加大做好蛇胆原料的战略储备。

三七：为了保证三七原料质量及供应来源稳定，公司继续在云南文山与当地企业合作共建标准化、规范化三七种植基地，公司根据生产原料需求按市场价格向基地进行定点采购。报告期内，同等规格的三七价格略有下降。

图 11－9　片仔癀 2022 年度财务报告中有关中药材原材料的讨论

三、成长能力

正如前文所说，作为一家公司的投资者，我们不仅关心盈利、运营等方面的能力，还更关心这家公司未来的持续成长前景。如果一家公司已经处于成熟期向衰退期过渡的阶段，显然这种类型的公司并不是我们想要挑选的投资标的，具有持续的成长性和竞争优势，才能让我们等到“戴维斯双击”，从而获得超额收益。

考察一家公司的成长能力指标，主要有主营业务收入增长率、净利润增长率和市盈增长比率。前两个指标的计算很简单，后一个指标稍微有点难度，但如果遵照我们在“从发展能力考察成长股的未来前景”一章中的衡量方法，是完全可以“按图索骥”的。

我们先来看一看片仔癀公司的主营业务收入增长率情况，详见图 11－10。

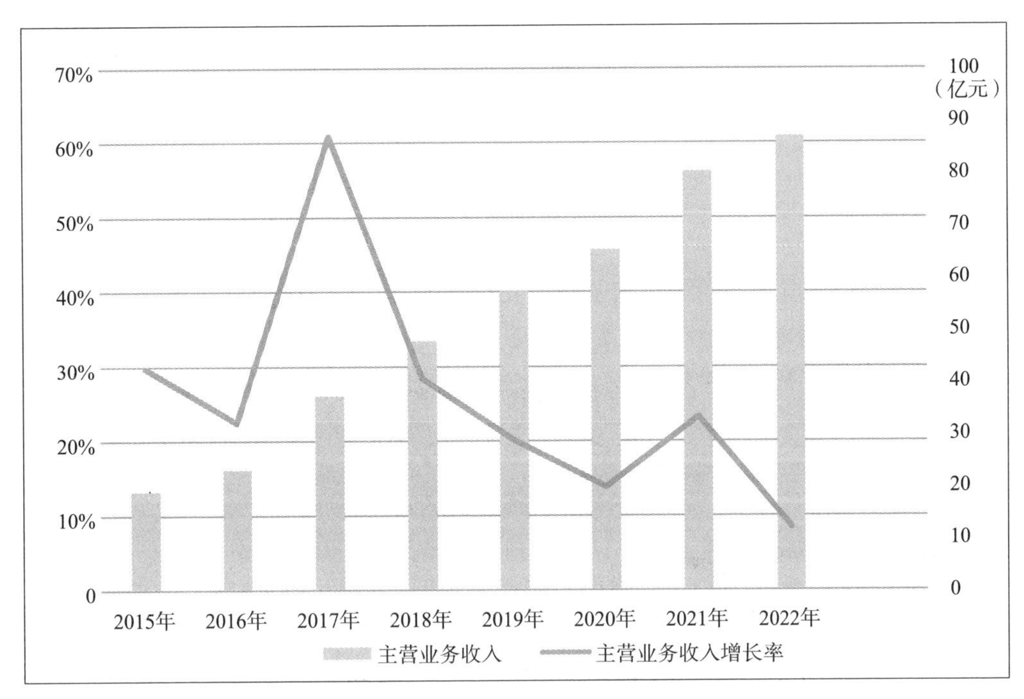

项目	2015 年财报	2016 年财报	2017 年财报	2018 年财报	2019 年财报	2020 年财报	2021 年财报	2022 年财报
营业收入（亿元）	18.86	23.09	37.14	47.66	57.22	65.11	80.22	86.94
营收增长率（%）	29.71	22.43	60.85	28.33	20.06	13.79	23.20	8.38

图 11－10　片仔癀 2015—2022 年主营业务收入增长情况

（资料来源：片仔癀 2015—2022 年度财务报告）

从图 11－10 可知，在 2015 年至 2022 年这 8 年时间内，片仔癀的主营业务收入增长率分解为 29.71%、22.43%、60.85%、28.33%、20.06%、13.79%、23.20%、8.38%，除了因新冠肺炎疫情暴发影响，导致 2020 年和 2022 年主营收入增长率只有 13.79% 和 8.38% 外，其余年度持续保持了至少 20% 以上的高速增长。

让人惊奇的是，在 2017 年增长率高达 60.85% 的情况下，2018 年仍然保持了 28.33% 的增长持续性，实属难得。上述数据也充分说明，片仔癀公司的系列产品处于快速发展的成长期，而未来也可能继续保持良好的增长势头，属于典型的成长性公司。

除了自我纵向分析外，我们将片仔癀与其他同属传统中药行业的知名公司进行横向比较，看一看各自的营收增长率情况。为了保证数据的正常性，我们避开新冠肺炎疫情暴发和蔓延的 2020—2022 年，而选择之前 2019 年各自的财报数据，详见表 11－6。

表 11－6　5 家公司 2019 年营收增长率比较

项目	天士力	云南白药	济川药业	片仔癀	华润三九
营业收入(亿元)	190.0	296.6	69.4	57.22	147.9
营收增长率(%)	5.62	9.77	－3.72	20.06	10.13

（资料来源:5 家公司 2019 年财务报告）

在我们选择的这 5 家以传统中药为主营业务的公司中，尽管片仔癀的营业收入仅为 57.22 亿元，是除济川药业之外其他三家公司的约 30%，但其营业收入增长率持续多年保持了 20% 以上的高速增长，远远高于其他 4 家公司约 5%～10% 区间的增长，国家级绝密配方和品牌优势等因素打造了其极高的竞争壁垒。

实际上，其他 4 家公司约 5%～10% 区间的增长率，在 A 股市场中大部分年份是正常水平。而片仔癀持续多年来的增长率都在 20% 以上，算得上是名副其实的高成长性公司，具备了持续竞争优势。

一般来说，主营业务收入增长自然会拉动公司的净利润增长。净利润的持续增长是公司成长性的基本特征，增长幅度较大，说明公司经营业绩突出，产品的市场竞争力强，形成了持续的竞争优势。

表 11－7　片仔癀 2015—2022 年净利润增长变化

项目	2015 年	2016 年	2017 年	2018 年	2019 年	2020 年	2021 年	2022 年
净利润(亿元)	4.63	5.07	7.81	11.29	13.87	16.89	24.65	25.23
净利润增长率(%)	5.80	9.50	54.04	44.56	22.85	21.77	45.49	2.35

（资料来源:片仔癀 2015—2022 年度财务报告）

从表 11－7 可知，作为传统中药细分行业的龙头公司，片仔癀的净利润及其增长率持续多年实现了跨越式的发展。2017 年是片仔癀的“分水岭”，此前多年的增长幅度均在 10% 以下，只是达到了 A 股市场中普通公司的水平。但从这一年开始，片仔癀的营业收入和净利润像突然坐上了“高速列车”，持续至 2021 年底，即使新冠肺炎疫情的暴发和蔓延，也没有阻挡其高速成长的步伐，持续增长率均在 21% 以上。但 2022 年的净利润增速突然呈现断崖式下跌，仅有约 2.35%。

前文说过，我们在挑选成长股时，不能只是短暂地查看一两年时间甚至几个季度内的变化情况，这样统计的数据及其分析极有可能失真。比如说，片仔癀在 2015—2016 年间，其净利润增长率分别仅为 5.8%、9.5%，如果以此作为判断依据，很可能会错失掉一只成长性十足的大白马股。

我们再将其与上述 4 家传统中药公司进行横向比较，详见表 11－8。

表 11－8　4 家公司 2022 年净利润增长率比较

项目	天士力	云南白药	济川药业	华润三九	片仔癀
净利润(亿元)	-3.41	28.40	21.72	26.95	25.23
净利润增长率(%)	—	1.50	26.50	30.83	2.35

（资料来源:5 家公司 2022 年财务报告）

2020 年初新冠肺炎疫情的暴发和蔓延，给众多公司带来了不小的“麻烦”，当然，投资者也可以把它理解为一只猝不及防的“黑天鹅”，所以我们看到在上表中，片仔癀、云南白药、天士力这些曾经声名卓著的制药公司出现了低增长甚至负增长。

在新冠肺炎疫情之上，还叠加了药品集采等国家政策形成的冲击，无疑对药业公司来说是雪上加霜。但分化也由此开始出现，一方面是拥有核心技术和研发优势的创新药企持续遥遥领先，比如恒瑞医药、复星医药；另一方面是不受集采影响，已经建立起竞争壁垒的 OTC 药品的公司仍然高速成长，比如华润三九、同仁堂、葵花药业、东阿阿胶等。

在其他指标相同的情况下，利润增长率高的股票当然比增长率较低的股票更受投资者欢迎。吉姆·斯莱特发明了一个叫作市盈增长比率（PEG）的指标，也就是用市盈率除以公司的利润增长率，以此来评估成长股的估值高低。

如果该比率大于 1，比如说 30 倍市盈率除以 20% 的净利润增长率，即 30 ÷ 20 = 1.5，那么意味着这只股票的价格高了；如果该比率小于 1，比如说 30 倍市盈率除以 50% 的净利润增长率，即 30 ÷ 50 = 0.6，那么这只股票就很便宜。

市盈增长比率（PEG）是在 PE 估值的基础上发展起来的，它弥补了 PE 对公司动态成长性估计的不足。实际上，换一种说法就是高增长率的公司可以有比较高的市盈率，低增长率的公司就应该更便宜。

在我们的实践操盘中，PE 是用近一年的滚动市盈率，也就是 TTM－PE。而公司的盈利增长速度，因为是对未来股价的预测，所以需要用的是未来 3～5 年的盈利增速。但未来的盈利增速我们不可能准确地知道，所以我们采用近三年的盈利增速的平均值来替代。

通过上表“片仔癀 2015—2022 年净利润增长变化”可知，过去三年片仔癀的利润增长率平均值约为 25.79%。考虑到片仔癀的国家级绝密配方和品牌优势建立起来的竞争壁垒，内生和外延同步发力，尤其是片仔癀系列产品的畅销和持续提价，因此确定性和持续性都很好。

在这个基础上，我们还要意识到业绩的波动起伏和安全边际，保守预测片仔癀未来三年复合增长率约为 20%。

接下来，我们根据片仔癀 2024 年 3 月 12 日盘后股价 237.15 元（假设不变）和动态市盈率 TTM－PE 为 51.4 倍，以及据此计算出的每股盈利（EPS）4.61 元（EPS = P/PE）

为起点等数据基础上，对其未来几年的复合增长率进行预测和计算，详见表11－9。

表11－9 片仔癀2024—2028年市盈增长比率预测

项目	2024年	2025年	2026年	2027年	2028年
TTM－PE	51.4	42.88	35.77	29.79	24.83
每股盈利(EPS)	4.61元	5.53	6.63	7.96	9.55
预测增长比率	20%	20%	20%	20%	20%
市盈增长比率(PEG)	2.57	2.14	1.79	1.49	1.24

（资料来源：根据片仔癀2024年3月12日盘后数据计算整理）

从表11－9可以明显地看出，我们预测片仔癀未来5年的利润增长率均为20%的情况下，其每股收益的年复合增长率也是比较高的，意味着约3.7年即可翻倍。即使在这样的美好预期之下，片仔癀的市盈增长比率分别为2.57、2.14、1.79、1.49、1.24，随着每股收益的复利增长而快速下降，但仍远远高出PEG＝1这个临界点，也就是说片仔癀不仅目前的估值非常高，而且在5年后测算的估值也是偏高的。

实际上，仅从片仔癀持续居高不下的市盈率来看，50多倍（其在2021年市盈率曾经高达113倍）的数值对一个传统行业而言，无疑是匪夷所思的，至少要花掉很多年的时间与持续增长的业绩来消化这个高估值。

由于成长性较高，也许片仔癀仍有一定的长期投资价值，但目前极高的估值会在短期内充满不确定性。

在以PEG为主的时候，可以用行业平均市盈率和市值比较来辅助判断，比如同行业普遍高PE的时候，低PE个股采用PEG指标就可以更安心，反之行业普遍低PE的时候，高PE个股采用PEG指标就需要谨慎。

投资者要引起注意的是，我们在设定一家公司未来数年内的预测增长比率时，基于市场和公司等不同阶段的风险角度综合考虑，不能过于乐观，因为任何公司的利润在中长期来看都是有增长极限的。

对于A股市场中的绝大多数公司来说，10%～15%的利润复合增长率已经是一个很不错的表现。在未来10年甚至20年内，在GDP增速放缓的现实面前，利润的复合增长率达到20%或者25%，只有极少数公司能够做到，全世界恐怕都是如此。

要知道，在某些年份的利润下降（或者亏损），是需要随后年份的超高增长率才能弥补的。可是，超高增长率谈何容易！大家要记住：市值规模大的公司较难高速成长，因此其市盈率应该比较低。

四、偿债能力

任何一家能够“活下来”的公司都是很不容易的，各个行业都是一片充满了惨烈竞争的“红海”，商业活动竞争总是无比残酷，尤其在整个世界经济处于下滑趋势的阶段，破产倒闭的公司比比皆是。如果生存都成了问题，公司还谈什么成长呢？

对于理性的投资者来说，作为考察一家公司的关键指标，偿债能力能够反映公司用享有资产偿还短期债务和长期债务的能力，可以用来分析公司目前是否存在不能偿还债务的风险，这是所有成长性公司持续发展的基础。

片仔癀的短期偿债能力如何？这一点可以从流动比率来看，详见图 11－11。

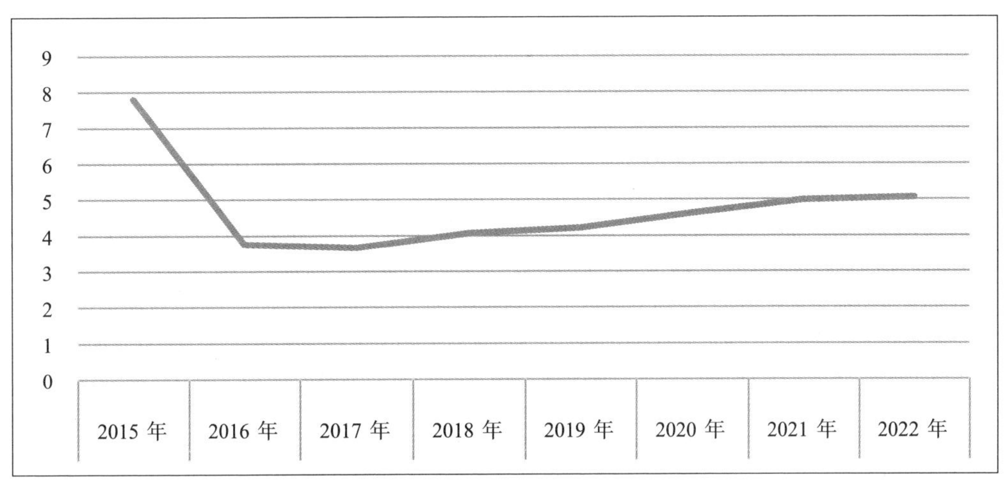

图 11－11　片仔癀 2015—2022 年流动比率

（资料来源：片仔癀 2015—2022 年度财务报告）

从上图可见，片仔癀 2015—2022 年间的流动比率分别是：7.80、3.75、3.66、4.06、4.21、4.61、4.98、5.06。虽然在 2016 年突然断崖式下滑到谷底 3.75，但很快就触底反弹，开始了逐步缓慢上升的稳定趋势。

其流动比率常年都在 3.5 以上，尤其 2022 年突破 5 至 5.06，远高于 A 股上市公司 1 的这条底线，也远高于我们挑选成长股的基础值 2，应该说是非常安全的。

再来看一看另一项比较苛刻的短期偿债指标，即现金流量比率，它是衡量公司现金流量健康状况的指标之一。

它是企业经营活动产生的现金流量与净利润之间的比率关系，反映出企业每一元净利润中有多少实际收到了现金，以及这些现金是否满足企业日常运营和未来发展需要。

如果现金流量比率过低，说明企业的现金流可能存在问题，无法满足其短期债务和运营支出；而如果该比率过高，则意味着企业可能有大量的现金没有被充分有效利用，这可能会影响企业的盈利能力。

一般来说，现金流量比率在 20%～30% 之间是比较合理的，这是一个大致的合理范围，但具体合适的数值可能因行业、公司规模等因素不同。比如，对于一些轻资产或服务型的行业或成熟稳定的公司来说，他们可能不需要那么多的现金储备，因此其现金流量可能会相对较低。

我们来看一看片仔癀的现金流量比率到底如何，详见图 11－12。

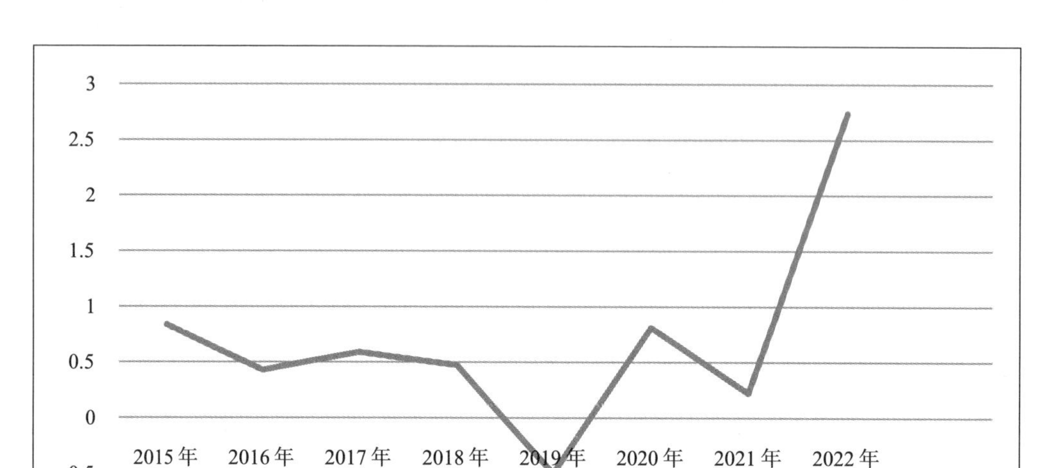

图 11－12　片仔癀 2015—2022 年现金流量比率

（资料来源：片仔癀 2015—2022 年度财务报告）

细心的读者朋友可能注意到了，片仔癀 2015—2022 年度的流动比率和现金流量比率的走势都比较好，其现金流量比率在 2019 年跌到谷底后开始反弹，然后一直持续震荡上升，即使是在相对低点的 2021 年，其现金流量比率也为 0.22 倍，略高于 A 股上市公司的平均值 0.2 倍。

总体来看，片仔癀的现金流量比率近 8 年的平均值为 0.7 倍，甚至高于我们挑选成长股标准的近三年来现金流量比率大于 0.5 的均值。

我们进一步关注片仔癀 2015—2022 年现金流量表中的现金构成情况，就可以发现除了 2019 年突然支付其他与经营活动有关的巨额现金 24.88 亿元导致现金流为负外，其他几乎所有年份经营活动现金流均持续为正，且呈现出逐年递增的态势，同时其筹资活动产生的现金流量净额也多年为负。

也就是说，片仔癀的现金主要来源于自己的经营活动产生，并没有大举进行外部融资或者股东定增等活动，从而摊薄现有股东的股份权益，这也可以从其财务费用持续多年来均为负值的数据中得到验证。

所以，片仔癀的短期偿债能力非常强。那么，它的长期偿债能力又如何呢？详见图 11－13。

从图 11－13 中可以看出，从 2016 年的 25.55% 的资产负债率摸高后，此后一直呈现出持续下降的态势，至 2022 年仅为 19.04%。总体来说，片仔癀的资产负债率常年稳定保持在 20% 左右，而且一直在下降，显著低于上市公司的资产负债平均水平。

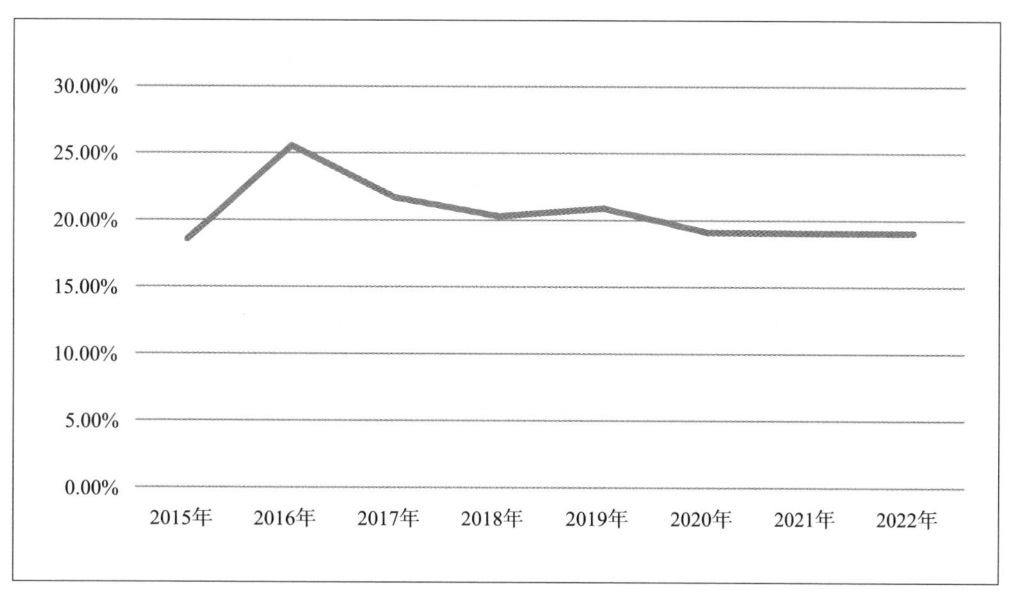

图11－13 片仔癀2015—2022年资产负债率

（资料来源：片仔癀2015—2022年度财务报告）

通过进一步考察发现，片仔癀的负债构成主要是短期借款、预收款项、应付款及其他应付款项等流动负债，非流动负债仅占负债总额的7.63%。这几个数据中间，最让人感到奇怪的是约7.2亿元的短期负债，按理说，在片仔癀账户上躺着约52亿元的货币资金，完全没必要通过其他外部渠道融资，因为其当年支付的利息费用为0.27亿元。

这可能只有一种解释，就是公司为了维护和银行等金融机构的往来关系，而不得不进行少量的借贷，不过好在其贷款利息比较低，粗略测算年息仅约为3.86%。

我们基于偿债能力分析可以推断出，片仔癀的短期偿债能力和长期偿债能力都非常强，远远高于同行业的平均水平，公司的财务安全风险非常小。此外，它账上常年躺着数十亿元的货币资金，说明其具有很强的现金支付能力。但也同时说明，其资金使用效率较低。

我们来看一下片仔癀2022年底的货币资金情况，详见表11－10。

表11－10 片仔癀2022年底货币资金

单位金额：人民币元

项目	2022年	2021年
库存现金	206,444.16	130.166.29
银行存款	2,463,377,980.86	7,078,163,392.58
其他货币资金	32,841,566.04	18,537,522.12
合计	2,496,425,991.06	7,096,831,080.99

（资料来源：片仔癀2022年财务报告）

一目了然，片仔癀躺在账上的约 24.63 亿元现金，2021 年现金存款高达 70.78 亿元，几乎都是存放在银行收取利息的。2021—2022 年，其利息收入分别为 1.26 亿元、0.96 亿元，经过粗略测算，其年息分别约为 1.77%、3.85%。

这从另一个方面说明，公司不差钱，并不代表其资金使用效率高，比如说片仔癀的现金比率长期在 0.6 倍以上，远远高于上市公司的平均水平。

总体上来说，片仔癀的财务政策是偏向保守型的，手里握有大量的现金，而且基本没有利用财务杠杆提升净资产收益率。

我们讲过，公司要学会合理使用杠杆，用别人的钱来赚钱。如果片仔癀接下来能够优化资本结构，提升资产负债率，其净资产收益率将会有更大的提升空间，股东们也将能获得更多的回报。

通过以上四个维度对片仔癀公司进行考察和分析之后，我们发现片仔癀未来能否可持续高增长取决于三个核心问题：提价策略是否可行？原材料问题能否有效解决？日用化妆品的赛道前景有多大？

片仔癀在过去的 16 年间，相继提价了 19 次。仅 2021 年，市场上片仔癀的价格被哄炒，3 克的一粒片仔癀，一度在某电商平台被炒到 1800 元，相当于 1 克 600 元，比当时的黄金价格还要高出一倍。

通常来说，提价策略是否成功与商品的属性有关。贾宁老师曾经认为，商品属性可以分为以下三类。

一，商品具有价格弹性，即需求容易受到价格的影响。价格上涨，产品的销量就会下降，呈负相关关系。

二，商品的需求不容易受到价格的影响，无论价格是上涨还是下跌，需求都不会发生多大变化。这被称为“无价格弹性”或者“弱价格弹性”。

三，产品价格越涨，其需求越旺盛，也就是出现“量价齐升”的特殊现象，比如贵州茅台酒。

经过梳理发现，片仔癀在过去的 16 年间，价格的复合增速为 7%，销量的复合增速为 8.7%，实现的是量价同涨，也就是上述的第三种情况。

在这一点上，我们认为片仔癀不会像当前的东阿阿胶一样，不断的提价最后导致渠道存货很多，价涨量不涨。这主要得益于片仔癀所拥有的绝密配方，也就是品牌优势和竞争壁垒，从其过去持续多年的财务数据可以获得验证。

片仔癀主营业务的几款片仔癀系列产品，受到麝香、牛黄、蛇胆和三七这几种重要中药材原材料问题的困扰。实际上，麝香、牛黄等供应紧缺是制约片仔癀以及整个行业发展的重要因素之一，养牛、林麝，种植三七等面临时间周期长、规模化进程慢等问题。

片仔癀在 2022 年度财务报告中说，公司通过建立林麝标准化养殖基地，加快林麝养殖产业化进程，促进濒危动物麝种群的保护和麝香原料的可持续开发利用。此外，为了保证三七原料质量及供应稳定，公司继续在云南文山与当地企业共建种植基地，根据生产原料需求按市场价格向基地进行定点采购。

尽管片仔癀原材料在逐年增加，但增加幅度非常小，并不存在依靠囤积原材料来解决“瓶颈”，这也许可以说明其找到了有效解决原材料问题的方案。

近年来，片仔癀实施“一核两翼”大健康发展战略，产品延伸至健康食品、保健食品、特色功效化妆品及日化品，比如牙膏、护肤品、饼干等。

目前最有起色的，应该是其重点发力的化妆品、日化行业，公司现有产品主要有两大板块：一是以片仔癀珍珠膏、珍珠霜为主的皇后及日化产品，该类产品定位于大众护肤市场，主要功效为润肤、护肤和养颜；二是以片仔癀雪融霜为主的特色功效护肤品，该品类主要功效为差异化美白、调理提亮肌肤等，打造轻奢草本护肤品牌。

根据片仔癀披露的2023年中报，其营业收入为50.45亿元，比上年同期增加了14.18%，毛利率为47.08%，比上年同期减少了0.6个百分点。其子公司福建片仔癀化妆品有限公司2023年1—6月营业收入为2.4亿元，毛利率约为61.2%，净利润为0.62亿元，与上期相比均有所下滑。

总体上来讲，在多元化路径上，虽然片仔癀高度借鉴了云南白药的“中药+”模式，即靠近日用消费品领域，比如说片仔癀牙膏、珍珠霜、雪融霜等产品，但其并没能像云南白药的产品那样不断地推陈出新，获得更广泛的终端市场消费者的认可。

在竞争激烈的日化市场，片仔癀的脚步已经慢了几拍。